westermann

Karl Schmitt

SPS-Programmieren mit STEP7 im TIA Portal

Steuerungs- und Automatisierungstechnik mit Hinweisen zu CoDeSys V3

4. Auflage

Bestellnummer 23129

Zusatzmaterialien zum Titel

Für Lehrerinnen und Lehrer:

Lösungen zum Arbeitsheft Download: 978-3-427-01852-0

westermann GRUPPE

Die Seiten dieses Arbeitshefts bestehen zu 100 % aus Altpapier.

Damit tragen wir dazu bei, dass Wald geschützt wird, Ressourcen geschont werden und der Einsatz von Chemikalien reduziert wird. Die Produktion eines Klassensatzes unserer Arbeitshefte aus reinem Altpapier spart durchschnittlich 12 Kilogramm Holz und 178 Liter Wasser, sie vermeidet 7 Kilogramm Abfall und reduziert den Ausstoß von Kohlendioxid im Vergleich zu einem Klassensatz aus Frischfaserpapier. Unser Recyclingpapier ist nach den Richtlinien des Blauen Engels zertifiziert.

Druck und Bindung: Westermann Druck GmbH, Braunschweig

ISBN 978-3-427-23129-5

Vorwort

Mithilfe der interaktiven Webseiten „Buch+Web“, die die notwendigen Informationen, Projektvorlagen und virtuellen Anlagen für das TIA-Portal und mehr enthalten sowie des Arbeitsheftes, können Sie sich in die Programmierung von Automatisierungssystemen mit SIMATIC STEP 7 im TIA-Portal einarbeiten.

Buch+Web
Da Programmieren mit STEP 7 im TIA-Portal nur am PC möglich ist, wurden Projekte und notwendige Hilfestellungen sowie virtuelle Anlagen auf Buch+Web in Form von interaktiven Webseiten zusammengestellt. Diese können Sie im Webshop (www.westermann.de) unter Angabe der Bestellnummer (23129) herunterladen und auf Ihrem PC entpacken.
Ein selbstständiges, eigenverantwortliches und ganzheitliches Lernen wird durch den Aufbau der interaktiven Buch+Web-Seiten mit praxisnahen Lernsituationen gefördert.

Was behandeln die interaktiven Webseiten und das Arbeitsheft?
Die Lernsituationen beinhalten eine umfangreiche Einführung in den Umgang mit STEP 7 im TIA-Portal. Sie erhalten aber auch Hinweise zum Umgang mit CoDeSys V3.
Verknüpfungssteuerungen ohne und mit Speicherverhalten sowie Ablaufsteuerungen mit boolschen Datentypen, Zeiten und Zähler und die dazugehörige Programmentwurfsmethoden werden behandelt. Sie programmieren FC- und FB-Bausteine und rufen sie auf. Betriebsarten und Ablaufsprache „GRAPH 7“, Datentypen wie WORD, Byte, INT, REAL, anwenderdefinierte Datentypen, WORD- und Analogwertverarbeitung, Sprünge, digitale Software-Regelungen, Netzwerke und Bussysteme wie AS-Interface, PROFIBUS, PROFINET, IO-Link und Steuern eines Antriebs über einen Umrichter. Sie wählen Bauteile nach deren Kenndaten aus und ergänzen Schaltpläne mit dem CAD-Programm SEE Electrical.
Sie berücksichtigen Sicherheitsrichtlinien in der Steuerungs- und Automatisierungstechnik.

Für wen wurden die interaktiven Webseiten und das Arbeitsheft geschrieben?
- Für Auszubildende in den Berufen Elektroniker/in und Mechatroniker/in.
- Für Schüler/innen an beruflichen Gymnasien.
- Für Schüler/innen an Technikerschulen.
- Für Umsteiger/innen von STEP 7 V5 auf STEP 7 im TIA-Portal

Welche Voraussetzungen sind zur Bearbeitung der Projekte in den Lernsituationen notwendig?

Software:
- Um die Projektbeschreibungen und Hilfestellungen der interaktiven Webseiten aus Buch+Web lesen zu können, muss auf Ihrem PC ein Browser, z. B. Google Chrome, installiert sein. Achten Sie darauf, dass Javascript von Ihrem Browser ausgeführt werden kann.
- Um ein Programm zu erstellen und testen zu können, muss **SIMATIC STEP 7 Basic oder Professional und PLCSIM** von der Firma Siemens auf Ihrem PC installiert sein. Es stehen Trainer Package für Schulen sowie Studentenlizenzen oder eine kostenlose Trial-Version zur Verfügung. Weitere Informationen erhalten Sie unter www.siemens.de/sce/tp.
- Falls Sie einige Lernsituationen mit **CoDeSys V3** lösen und testen wolten, können Sie die aktuelle Version unter www.3s-software.com nach einer Registrierung kostenlos herunterladen.
- Um die Zeichnungsvorlagen bearbeiten zu können, muss auf Ihrem PC **SEE Electrical** installiert sein. Sie finden die kostenlose Schulversion über www.ige-xao.com/de/servicede/ausbildung.

Hardware:
- Für die meisten Aufgaben ist eine CPU, z. B. 1214C, sowie Förderbänder usw. **nicht unbedingt erforderlich**, da die Funktion des Anwenderprogramms am PC mithilfe von virtuellen Anlagen getestet werden kann. Dazu muss **PLCSIM**, ein Programmmodul des TIA-Portals, installiert sein. Dieses Modul ist im Paket von SIMATIC STEP 7 enthalten.

- Um jedoch eine Inbetriebnahme durchführen zu können, sollten eine CPU bzw. zwei CPUs sowie zwei Förderbänder vorhanden sein.

Sulzbach, im Dezember 2020
Karl Schmitt

Inhaltsverzeichnis

Verknüpfungssteuerung ohne Speicherverhalten untersuchen 1

1.1 Behälterüberwachung

Sie erhalten den Auftrag, ein bestehendes Projekt „2 aus 3“ zu analysieren und zu erweitern sowie alle Änderungen zu dokumentieren.

Öffnen Sie auf Buch+Web im Inhaltsverzeichnis das Kapitel 1. Überwachung eines Behälters und bearbeiten Sie die Aufträge.
In einem Behälter, in dem die Temperatur überwacht wird, soll zusätzlich der Druck überwacht werden.
Aus Sicherheitsgründen sind drei Druckschalter (Öffner) einzubauen, wie dies auch bei der Temperaturüberwachung der Fall ist. Zwei Leuchtmelder zeigen den unzulässigen Zustand „Übertemperatur“ bzw. „Überdruck“ an.

Hardware
Überprüfen Sie die Hardwarekonfiguration in Hinblick darauf, ob die Baugruppen für das erweiterte Projekt ausreichend sind. Ergänzen Sie die Tabelle und beantworten Sie die Fragen.

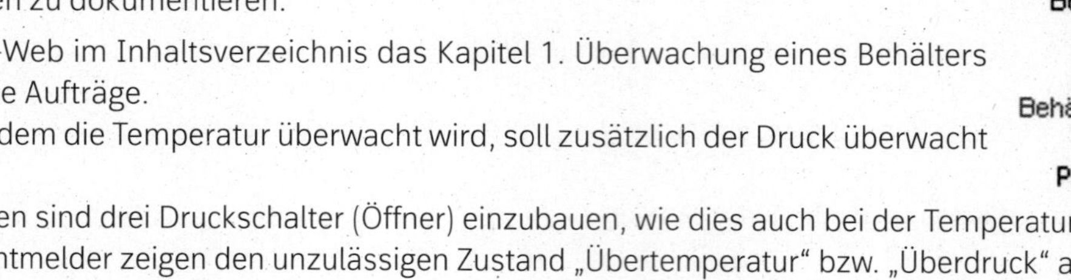

Geräteübersicht			
Baugruppe/Typ	E-Adresse	A-Adresse	Kommentar
			Netzteil
			Zentraleinheit
			Digitale Eingänge
			Digitale Ausgänge

1. Ist das Netzteil ausreichend dimensioniert?

2. Sind weitere Signalmodule (SMs) nötig?

3. Wird der Digitalausgang bei 24 V/2 W überlastet?

Variablendeklaration in der PLC-Variablentabelle
Ergänzen Sie die Tabelle.

Variablentabelle			
Name	Datentyp	Adresse	Kommentar
B1_Temp	BOOL	%I0.1	Temperaturschalter 1, Öffner
B2_Temp	BOOL	%I0.2	Temperaturschalter 2, Öffner
B3_Temp	BOOL	%I0.3	Temperaturschalter 3, Öffner
P1_Uebertemp		%Q0.1	Meldung Übertemperatur

Baustein, Programmcode, Programmsprachen FUP, KOP – Ergänzen Sie den Code.

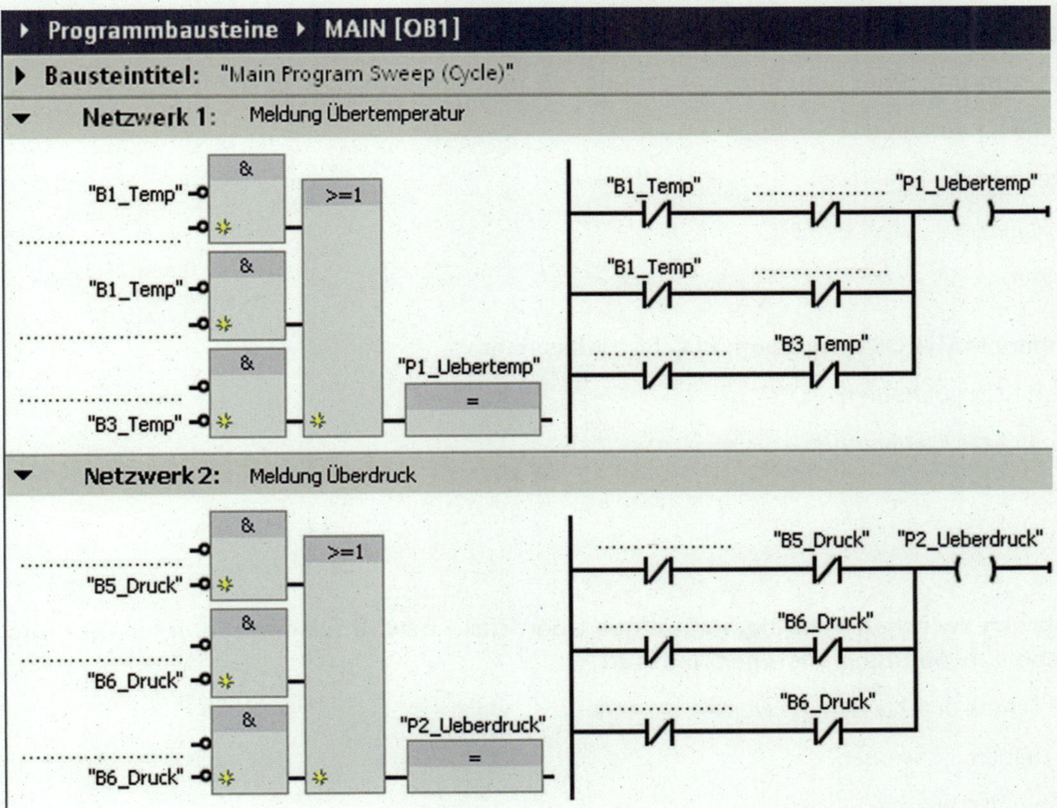

Funktion überprüfen – Schreiben Sie dazu die Funktionsgleichung auf, benutzen Sie die Adressen (ohne %).

Temperaturüberwachung:
Q 0.1: = NOT ____ AND ________________________________

Drucküberwachung:
Q 0.2: = NOT ____ AND ________________________________

Überlegungen für die Bewertung und Präsentation des Projekts in Stichworten:

____

____

____

____

____

Selbsttest: Verknüpfungssteuerung ohne Speicherverhalten untersuchen

Wählen Sie die richtigen Aussagen aus.

1. Die Spannungsversorgung einer Ausgangsbaugruppe mit Transistorausgang darf

- ☐ 24V DC oder 24V AC betragen.
- ☐ 24 V DC betragen.
- ☐ nur 24 V AC betragen.
- ☐ 230 V AC betragen.

2. Das Hauptprogramm MAIN[OB1] wird vom PLC-Betriebssystem

- ☐ in der Betriebsart RUN aufgerufen
- ☐ beim Einschalten der PLC aufgerufen
- ☐ zyklisch aufgerufen
- ☐ sequentiell aufgerufen

3. Damit ein Drahtbruch zwischen Schaltkontakt eines Überdruck- bzw. Übertemperaturschalter und PLC so wirkt, als ob eine Meldung anstehen, müssen

- ☐ Schließer- oder Öffnerkontakte benutzt werden.
- ☐ Schließerkontakte benutzt werden.
- ☐ Öffnerkontakte benutzt werden.
- ☐ Wechslerkontakte benutzt werden

4. Sind im Programm MAIN[OB1] alle Anweisungen des Anwenderprogramms enthalten, so ist es ein

- ☐ gemischtes Programm.
- ☐ lineares Programm.
- ☐ gegliedertes Programm.
- ☐ strukturiertes Programm.

2 Bibliotheksfähige Funktionen (FCs) erstellen

2.1 Behälterüberwachung mit FC

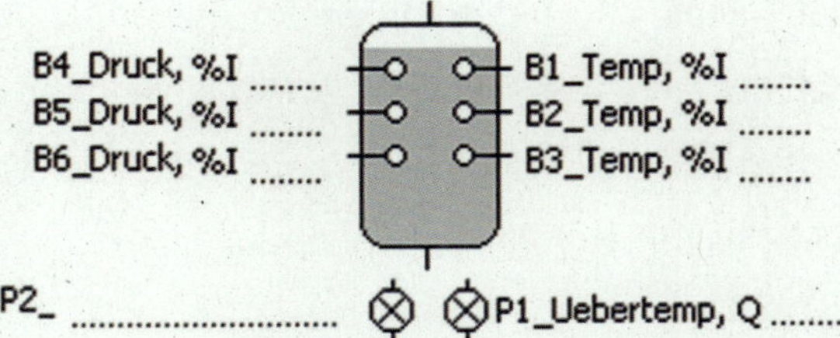

Sie erhalten den Auftrag, eine parametrierbare Funktion mit dem Namen „FC_2AUS3“ zu erstellen, die für die Temperatur- und die Drucküberwachung benutzt werden kann.

Öffnen Sie auf Buch+Web im Inhaltsverzeichnis das Kapitel 2 und bearbeiten Sie die Aufträge.
Sprechen zwei oder alle drei Temperatur- bzw. Druckschalter an, so erfolgt eine Meldung „Übertemperatur bzw. Überdruck“.

Wie wird ein FC-Baustein erstellt und aufgerufen?

1. Den Funktionsnamen beim Einfügen der FC eingeben.
2. Schnittstelle der Funktion im ______________-teil festlegen.
3. Titel und Kommentare eintragen.
4. Code im ______________-teil schreiben.
5. FC im ______________ aufrufen, den ______________-parametern die Aktualparameter zuordnen.
6. Baustein testen.

Wie wird eine Bibliothek erstellt und in ihr der FC-Baustein abgelegt?

1. ______________________________
2. ______________________________
3. ______________________________
____
____
____
____

Überlegungen für die Bewertung und Präsentation des Projekts in Stichworten:

____
____
____
____

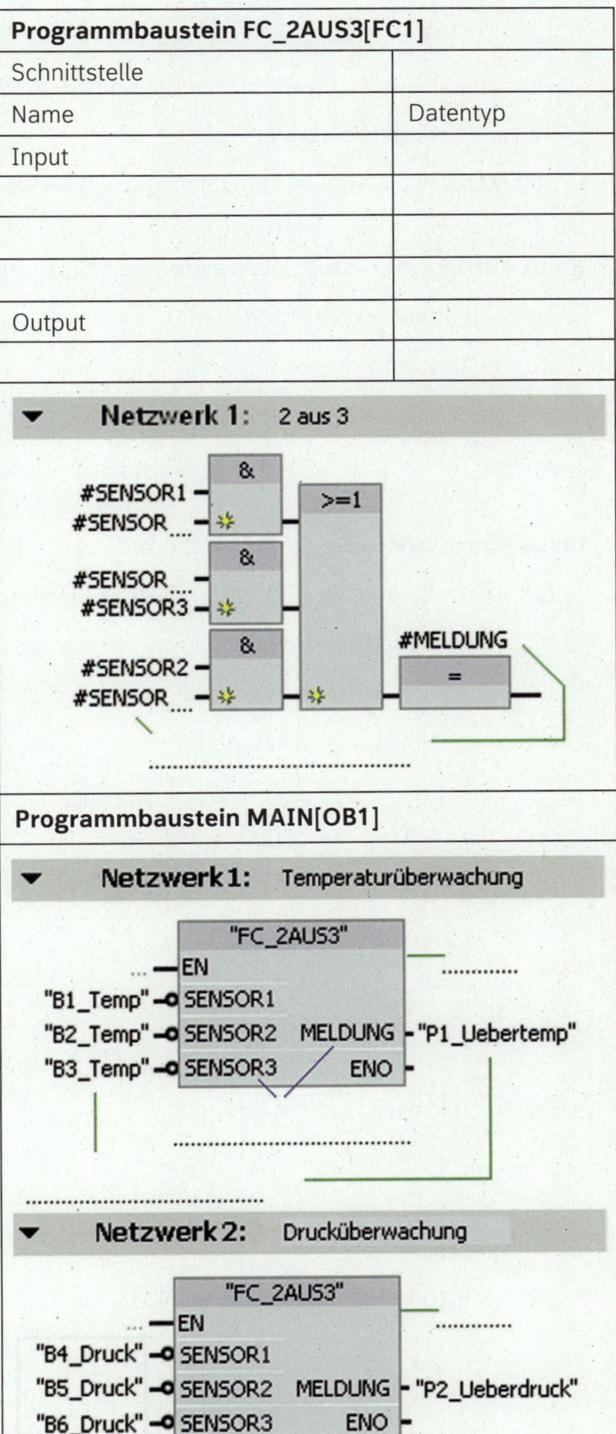

Programmbaustein FC_2AUS3[FC1]	
Schnittstelle	
Name	Datentyp
Input	
Output	

Selbsttest: Bibliotheksfähige Funktionen (FCs) erstellen

Wählen Sie die richtigen Aussagen aus.

1. Die bibliotheksfähige Funktion

- ☐ darf nur einmal im Unterprogramm aufgerufen werden.
- ☐ darf nur einmal im MAIN-Programm aufgerufen werden.
- ☐ darf mehrmals in einem Programm aufgerufen werden.
- ☐ wird in der PLC-Variablentabelle deklariert.

2. In einem bibliotheksfähigen Baustein dürfen

- ☐ nur Ein- und Ausgangsadressen verwendet werden, wie z. B. %I0.1.
- ☐ nur lokal deklarierte Variablen verwendet werden.
- ☐ keine Variablen verwendet werden.
- ☐ nur in der PLC-Variablentabelle eingetragene Variablen verwendet werden.

3. Beim Aufruf einer Funktion werden den Eingangsparametern

- ☐ keine Variablenwerte übergeben.
- ☐ nur die Netzwerk-Titel übergeben.
- ☐ die Werte der Aktualparameter übergeben.
- ☐ die Werte der Formalparameter übergeben.

4. Im Deklarationsteil einer Funktion müssen

- ☐ die Variablen aus der PLC-Variablentabelle eingetragen werden.
- ☐ nicht unbedingt Parameter eingetragen werden.
- ☐ unbedingt Parameter eingetragen werden.
- ☐ immer lokale Variablen eingetragen werden.

2.2 Übungen: Bibliotheksfähige FC-Bausteine erstellen

Entwerfen und testen Sie die parametrierbaren FC-Bausteine, die die folgenden Forderungen erfüllen. **Hilfen** finden Sie auf Buch+Web im Inhaltsverzeichnis unter 2.2 Übung: FCs erstellen.

1. Äquivalenz-Funktion: FC41

Die EQ- (*equal* = gleich) bzw. Äquivalenz-Funktion ist eine Funktion, die häufiger benötigt wird.
Ist der Wert der beiden Eingangsparameter gleich, so ist der Ausgangsparameter „TRUE" (logisch 1).

Vorüberlegungen, Vorgehen

1. Die Schnittstelle des FC-Bausteins festlegen und lokal deklarieren.
2. Übertragen Sie die geforderte Funktion in die Funktionstabelle und entwickeln Sie daraus die Funktionsgleichung.

IN1	IN2	OUT
0	0	_
_	_	_
_	_	_
1	1	

OUT:= ______________________

OR ______________________

3. Aus den Funktionsgleichungen können Sie anschließend leicht das Programm entwickeln.

2. Bahnkorrektur: FC42

Zum sensorgeführten Verschleifen von Schweißnähten mit einem Roboter soll eine Funktion entwickelt werden, die Bahnkorrektursignale OUT_R, OUT_L, OUT_ALARM liefert.

IN_L	IN_M	IN_R	OUT_L	OUT_R	OUT_ALA
0	0	0	0	0	1
0	0	1	_	_	_
_	_	_	_	_	_
_	_	_	_	_	_
_	_	_	_	_	_
_	_	_	_	_	_
_	_	_	_	_	_
1	1	1	_	_	_

OUT_ALA:= ______________________

____

____

OUT_R:= ______________________

____

OUT_L:= ______________________

____

Programmbaustein EQ[FC41]	
Schnittstelle	
Name	Datentyp
Input	
Output	

Netzwerk 1: Äquivalenzfunktion

#IN1, #IN2 → ..... ; #IN1 (negiert), #IN2 (negiert) → ..... ; → ..... → #OUT =

Zu 2. Bahnkorrektur

Programmbaustein Bahnkorr[FC42]	
Schnittstelle	
Name	Datentyp
Input	
Output	

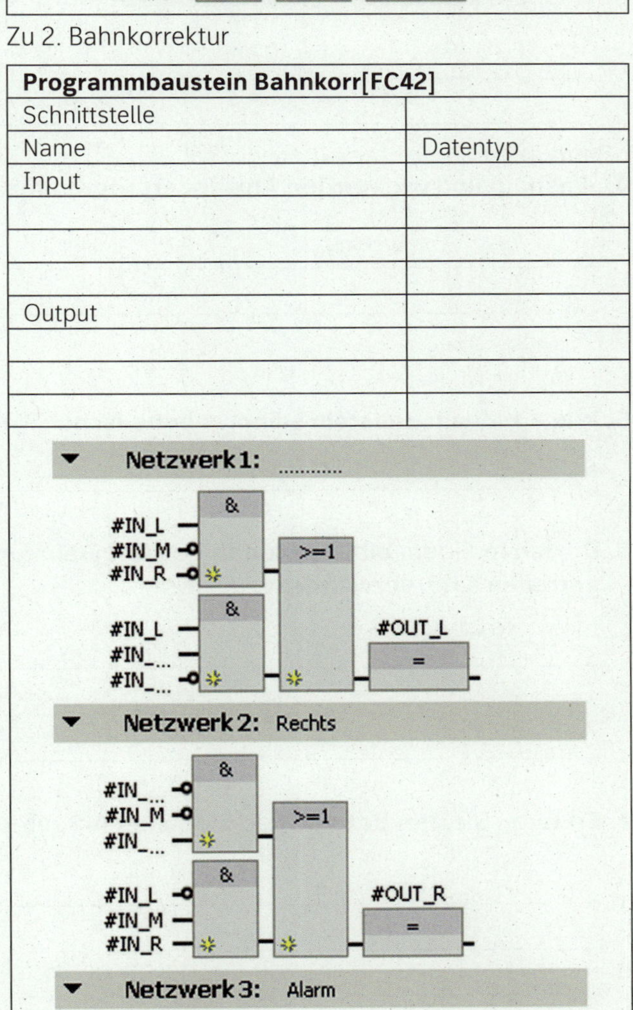

Wiederholungsfragen zu Kapitel 1 und 2

1. Was beachten Sie bei der Auswahl einer Ausgangsbaugruppe für eine SPS?

2. Wie wird das Hauptprogramm MAIN[OB1] aufgerufen?

3. Weshalb müssen Öffnerkontakte für Überdruck- und Übertemperaturschalter verwendet werden?

4. Weshalb und wie werden Anwenderprogramme gegliedert?

5. Wie erhält ein Baustein seinen symbolischen Namen?

6. Dürfen in einem bibliotheksfähigen Baustein globale Variablen, die in der PLC-Variablentabelle eingetragen sind, verwendet werden?

7. Erklären Sie den Unterschied zwischen Aktual- und Formalparameter.

8. Wann werden im Deklarationsteil eines FC-Bausteins keine In- und Output- Variablen deklariert?

3 Speichernde Verknüpfungssteuerung mit SR-Tabelle entwerfen

3.1 Förderanlage

Sie erhalten den Auftrag, die notwendigen Änderungen in der Dokumentation durchzuführen sowie das Programm zu erstellen, zu testen und die Anlage in Betrieb zu nehmen.

Öffnen Sie Buch+Web im Inhaltsverzeichnis das Kapitel 3.1 Förderanlage.

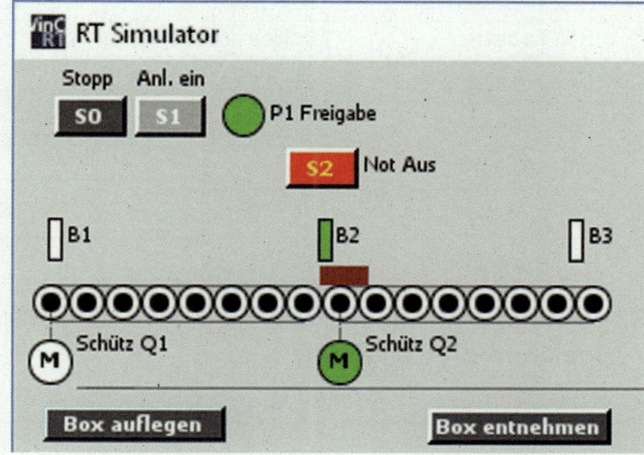

Anforderungen

1. Die alten Antriebsmotoren mit 1,1 kW werden ersetzt durch Energiesparmotoren der Effizienzklasse IE2.
2. Der jeweilige Bandantrieb soll nur eingeschaltet sein, wenn die Anlage über den Taster „S1_AnlEin" freigegeben ist und sich eine Palette auf dem Band befindet. Wählen Sie geeignete Sensoren aus.
3. Der Zustand „Freigabe" wird über den Leuchtmelder „P1_Freigabe" in der Befehlsstelle, die im Schaltschrank eingebaut ist, angezeigt.
4. Die zwei Energiesparmotoren werden über sicherungslose Verbraucherabzweige, die von einer SPS angesteuert werden, am 4-Leiter-Drehstromnetz über einen Hauptschalter angeschlossen.

Überlegungen für die Bewertung und Präsentation der Förderanlage zum Schaltplan

1. Was ist bei der Auswahl der Vorsicherung zu berücksichtigen?

____

____

2. Auf was ist bei der Auswahl des Hauptschalters zu achten?

____

3. Was bedeutet in diesem Beispiel der Kennzeichnungsblock =B1+E1-Q1?

____

____

4. Der Leiter M ist mit dem PE zu verbinden, damit es im Erdschlussfall

____

____

5. Aus welchem Grund muss trotz Kleinspannung an der SPS bzw. deren Tragschiene der PE angeschlossen werden?

____

____

6. Welche Gründe sprechen bei der Auswahl des Sensors für eine Reflexions-Lichtschranke?

____

7. Könnte auch ein induktiver Näherungsschalter in 2-Leiterausführung verwendet werden?

____

____

Überlegungen zur Software

1. Warum ist ein SR-Funktionsblock zum Ansteuern des Förderbandes notwendig?

____

____

SR-Tabelle	rücksetzen, wenn	setzen, wenn
"P1_Freigabe"	______________________	__________
"SR_Band1"	______________________	__________
"SR_Band2"	______________________	__________

"Q1_Band1" := "SR_Band1" AND ______________________

"Q2_Band2" := ______________________

2. Weshalb müssen für die SR-Funktionsblöcke Merker benutzt werden, die nicht im remanenten Speicherbereich liegen?

____

____

____

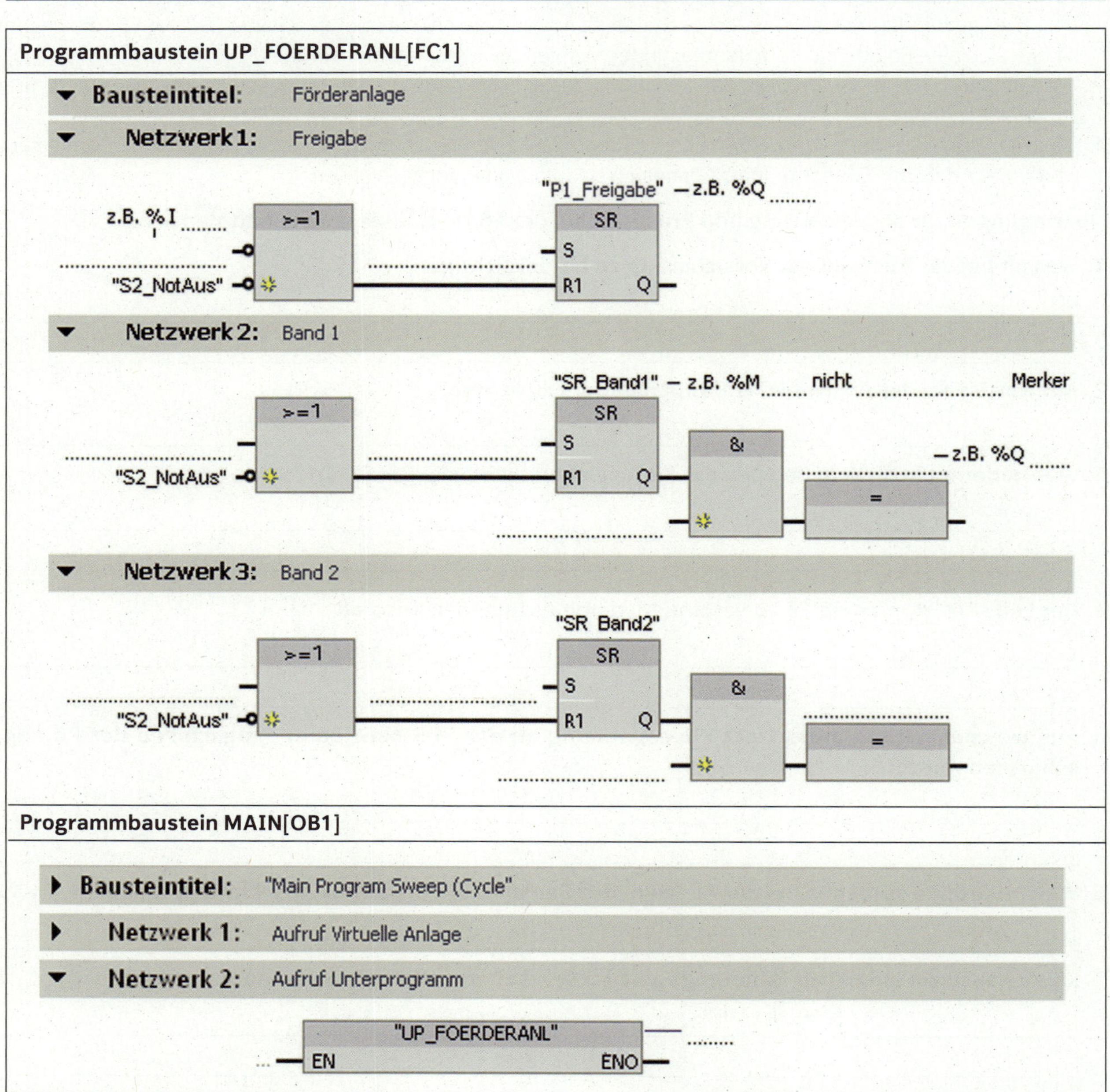

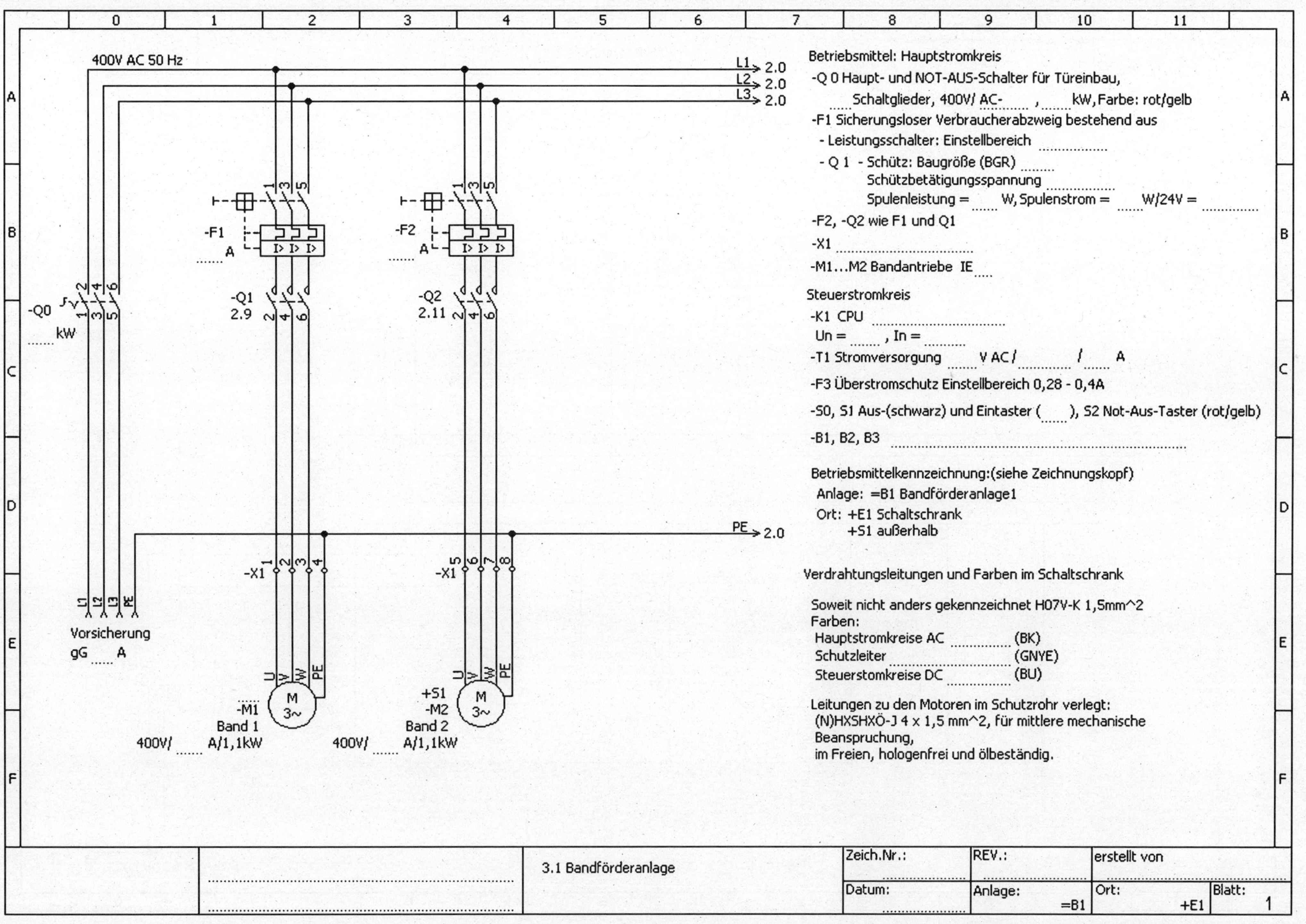
400V AC 50 Hz
L1 2.0
L2 2.0
L3 2.0
PE 2.0
-Q0
kW
Vorsicherung
gG ..... A
-F1
A
-Q1
2.9
-X1
-M1
Band 1
400V/ A/1,1kW
M
3~
U V W PE
-F2
A
-Q2
2.11
+S1
-M2
Band 2
400V/ A/1,1kW
Betriebsmittel: Hauptstromkreis
-Q 0 Haupt- und NOT-AUS-Schalter für Türeinbau,
..... Schaltglieder, 400V/ AC- ..... , ... kW, Farbe: rot/gelb
-F1 Sicherungsloser Verbraucherabzweig bestehend aus
- Leistungsschalter: Einstellbereich .....
- Q 1 - Schütz: Baugröße (BGR) .....
Schützbetätigungsspannung .....
Spulenleistung = ... W, Spulenstrom = ... W/24V = ...
-F2, -Q2 wie F1 und Q1
-X1 .....
-M1...M2 Bandantriebe IE .....
Steuerstromkreis
-K1 CPU .....
Un = ..., In = ...
-T1 Stromversorgung ..... V AC / ..... / ..... A
-F3 Überstromschutz Einstellbereich 0,28 - 0,4A
-S0, S1 Aus-(schwarz) und Eintaster (.....), S2 Not-Aus-Taster (rot/gelb)
-B1, B2, B3 .....
Betriebsmittelkennzeichnung:(siehe Zeichnungskopf)
Anlage: =B1 Bandförderanlage1
Ort: +E1 Schaltschrank
+S1 außerhalb
Verdrahtungsleitungen und Farben im Schaltschrank
Soweit nicht anders gekennzeichnet H07V-K 1,5mm^2
Farben:
Hauptstromkreise AC ..... (BK)
Schutzleiter ..... (GNYE)
Steuerstomkreise DC ..... (BU)
Leitungen zu den Motoren im Schutzrohr verlegt:
(N)HXSHXÖ-J 4 x 1,5 mm^2, für mittlere mechanische
Beanspruchung,
im Freien, hologenfrei und ölbeständig.
3.1 Bandförderanlage
Zeich.Nr.:
REV.:
erstellt von
Datum:
Anlage: =B1
Ort: +E1
Blatt: 1

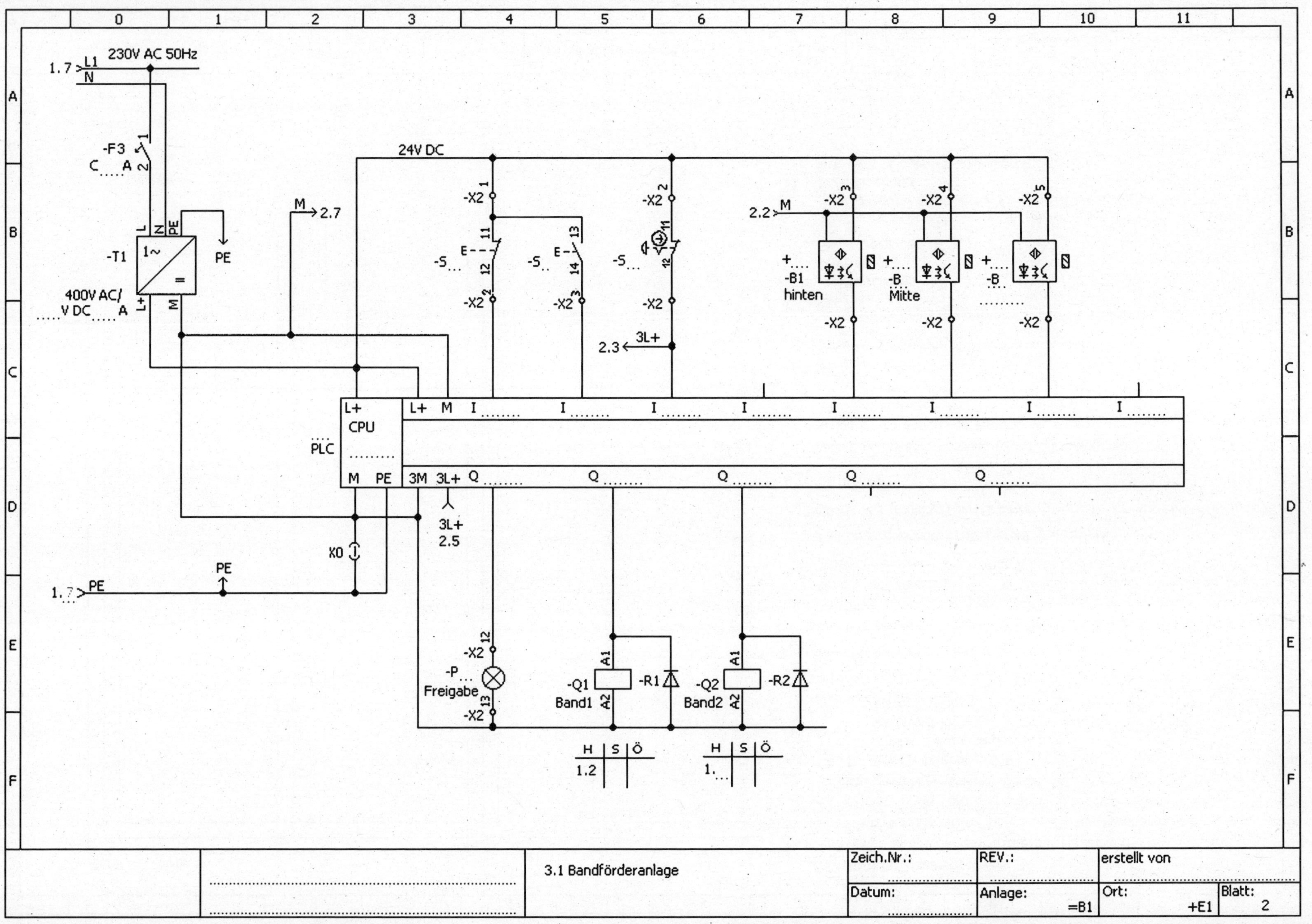
230V AC 50Hz
L1
N
-F3
-T1
400V AC/
V DC
PE
M
2.7
2.2
24V DC
-S...
-B1
hinten
-B...
Mitte
3L+
2.3
2.5
PLC
CPU
L+
M
PE
3M
X0
-Q1
Band1
-Q2
Band2
-R1
-R2
A1
A2
-P...
Freigabe
H
S
Ö
1.2
Zeich.Nr.:
REV.:
erstellt von
Datum:
Anlage:
Ort:
Blatt:
2
=B1
+E1
3.1 Bandförderanlage

Inbetriebnahme

Beschreiben Sie kurz das Vorgehen bei der Inbetriebnahme der Förderanlage.

____
____
____
____
____
____
____
____

Beispiele

Fehlerprotokoll: Förderanlage		**Bearbeiter:** ______		**Datum:** ______
Nr.	Istzustand	Sollzustand	Möglicher Fehlerort	Möglicher Fehler
1	Band 1 läuft nicht	______	______	______
2	______	______	______	______
3	______	______	______	______

Funktionsprotokoll: Förderanlage	**Bearbeiter:** ______	**Datum:** ______
Ereignisse: zeitlich aufgelistet	Folgen:	
S1_AnlEin –>	______	ok
______	______	___
______	______	___
______	______	___
______	______	___
______	______	___
______	______	___

Überlegungen für die Bewertung und Präsentation des Projekts in Stichworten:

____
____
____
____
____
____
____
____
____
____

Selbsttest: Speichernde Verknüpfungssteuerung mit SR-Tabelle entwerfen

Wählen Sie die richtigen Aussagen aus.

1. Der Not-Aus-Taster muss einen zwangsgeführten Kontakt haben, der im Programm abgefragt wird und zusätzlich bei Betätigung die Spannungsversorgung der

- ☐ DI-Baugruppe unterbricht,
- ☐ DO-Baugruppe unterbricht,
- ☐ der CPU unterbricht,
- ☐ der Station unterbricht,

um den Antrieb im Gefahrenfall sicher abzuschalten.

2. Bei einem SR-Speicherglied werden die Variablen, die am R-Eingang ODER-verknüpft werden, am S-Eingang

- ☐ noch einmal ODER-verknüpft verwendet,
- ☐ UND-verknüpft verwendet,
- ☐ nicht mehr verwendet,
- ☐ immer verwendet,

da das SR-Speicherglied rücksetzend vorrangig ist.

3. Der Merkerbereich, welcher im remanenten Speicherbereich liegt, kann

- ☐ im Unterprogramm konfiguriert werden.
- ☐ bei der CPU 12xx in der Gerätekonfiguration konfiguriert werden.
- ☐ bei der CPU 12xx in der Variablentabelle konfiguriert werden.
- ☐ im MAIN[OB1] konfiguriert werden.

4. Eine Reflexions-Lichtschranke erkennt nur Objekte, die

- ☐ aus Metall sind.
- ☐ aus Kunststoff sind.
- ☐ sich zwischen Reflektor und der Lichtschranke befinden.
- ☐ das ausgestrahlte Licht der Lichtschranke reflektieren.

3.2 Übung: Bandförderanlage mit Klappe

Sie erhalten den Auftrag, für eine Bandförderanlage das Programm zu erstellen, zu testen und zu dokumentieren. **Hilfen** finden Sie auf Buch+Web im Inhaltsverzeichnis unter 3.2 Übung: Bandförderanlage mit Klappe.

Anforderungen:
Band 1 wird über den Ein-Taster -S1 und über den Aus-Taster -S0 gesteuert. Es darf jedoch nur laufen, wenn die Klappe sich in Position 1 befindet.
Band 2 wird über den Ein-Taster -S2 und über den Aus-Taster -S0 gesteuert. Es darf jedoch nur laufen, wenn die Klappe sich in Position 2 befindet.
Band 3 wird über den Steuerschalter -S5 gesteuert. Es darf nur laufen, wenn Band 1 oder Band 2 läuft.
Die Position der Klappe, die von Hand verstellbar ist, wird über die Zweileiter-Näherungsschalter -B3 „Pos1" und -B4 „Pos2" erfasst und über die Meldeleuchte -P1 (grün) gemeldet.

Programmentwurf:

SR-Tabelle	rücksetzen, wenn	setzen, wenn
"Q1_Band1"	______________________	__________
"Q2_Band2"	______________________	__________

"P1_inPos" := ____

"Q3_Band3" := ____

Überlegungen für die Bewertung und Präsentation der Bandförderanlage:

1. Welcher Sensor ist geeignet, um die Klappenposition zu erfassen? Begründen Sie Ihre Entscheidung.

____

____

2. Weshalb ist für die Ansteuerung der Bänder 1 und 2 ein SR-Funktionsblock notwendig?

____

____

3. Warum ist für Band 3 und die Meldung „Klappe in Position" kein SR-Speicherglied notwendig?

____

____

____

____

____

4. Zeigen alle Bilder die gleiche Funktion? Welches Bild ist für die Ansteuerung des Bandes geeignet?

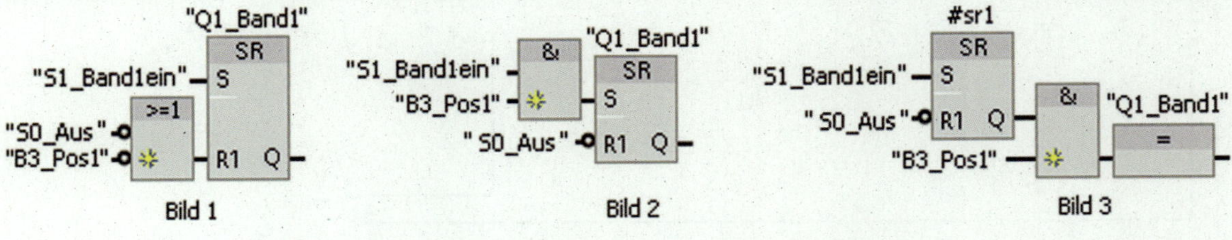

____

____

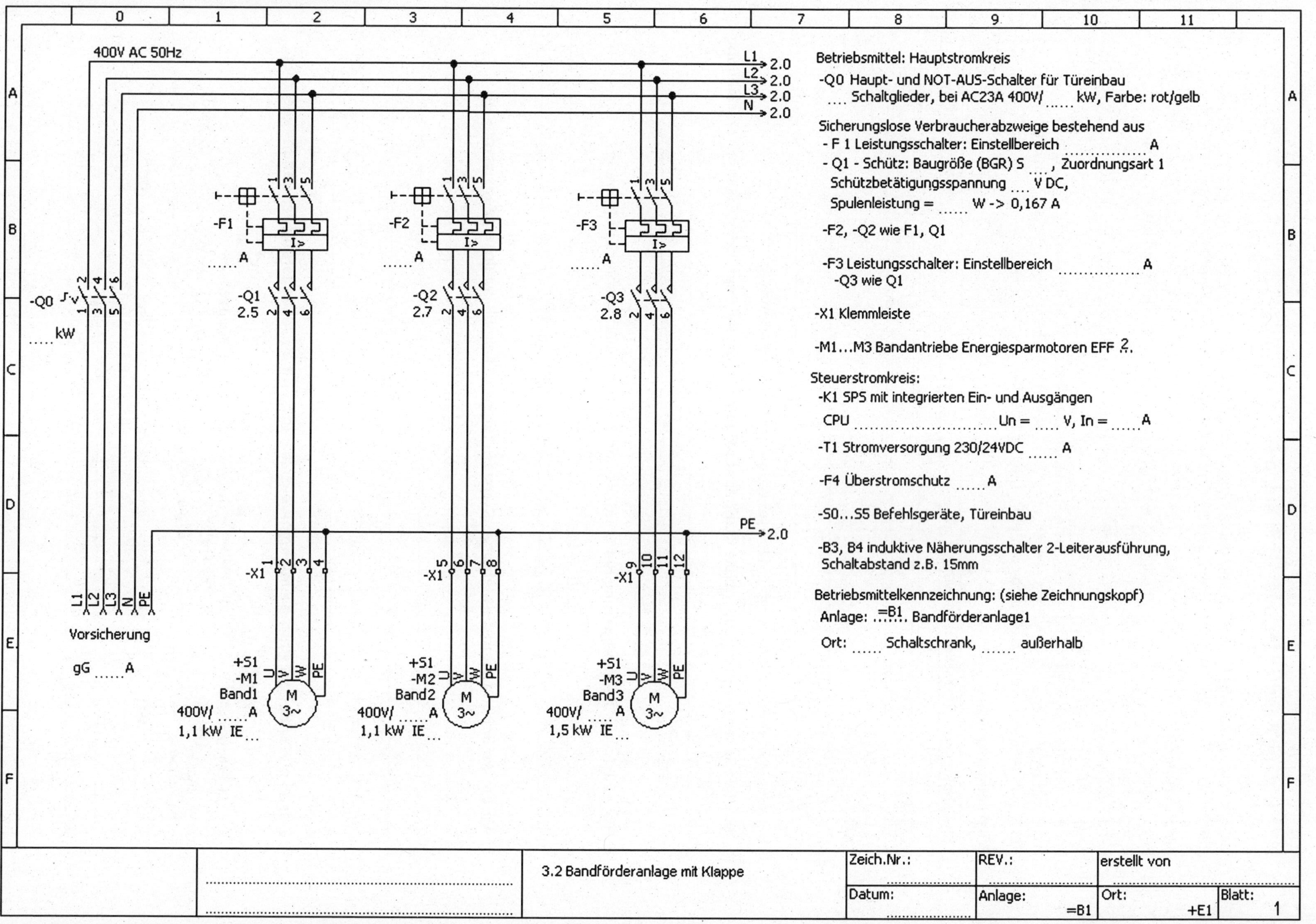
400V AC 50Hz
L1 2.0
L2 2.0
L3 2.0
N 2.0
PE 2.0
-Q0
..... kW
-F1
...... A
-F2
...... A
-F3
...... A
-Q1 2.5
-Q2 2.7
-Q3 2.8
-X1
L1 L2 L3 N PE
Vorsicherung
gG ..... A
+S1 -M1 Band1
400V/ ...... A
1,1 kW IE...
+S1 -M2 Band2
400V/ ...... A
1,1 kW IE...
+S1 -M3 Band3
400V/ ...... A
1,5 kW IE...
Betriebsmittel: Hauptstromkreis
-Q0 Haupt- und NOT-AUS-Schalter für Türeinbau
.... Schaltglieder, bei AC23A 400V/ ...... kW, Farbe: rot/gelb
Sicherungslose Verbraucherabzweige bestehend aus
- F 1 Leistungsschalter: Einstellbereich .... A
- Q1 - Schütz: Baugröße (BGR) S ...., Zuordnungsart 1
Schützbetätigungsspannung .... V DC,
Spulenleistung = ... W -> 0,167 A
-F2, -Q2 wie F1, Q1
-F3 Leistungsschalter: Einstellbereich .... A
-Q3 wie Q1
-X1 Klemmleiste
-M1...M3 Bandantriebe Energiesparmotoren EFF 2.
Steuerstromkreis:
-K1 SPS mit integrierten Ein- und Ausgängen
CPU .... Un = ... V, In = ... A
-T1 Stromversorgung 230/24VDC ...... A
-F4 Überstromschutz ...... A
-S0...S5 Befehlsgeräte, Türeinbau
-B3, B4 induktive Näherungsschalter 2-Leiterausführung,
Schaltabstand z.B. 15mm
Betriebsmittelkennzeichnung: (siehe Zeichnungskopf)
Anlage: =B1. Bandförderanlage1
Ort: ...... Schaltschrank, ... außerhalb
3.2 Bandförderanlage mit Klappe
Zeich.Nr.:
REV.:
erstellt von
Datum:
Anlage: =B1
Ort: +E1
Blatt: 1

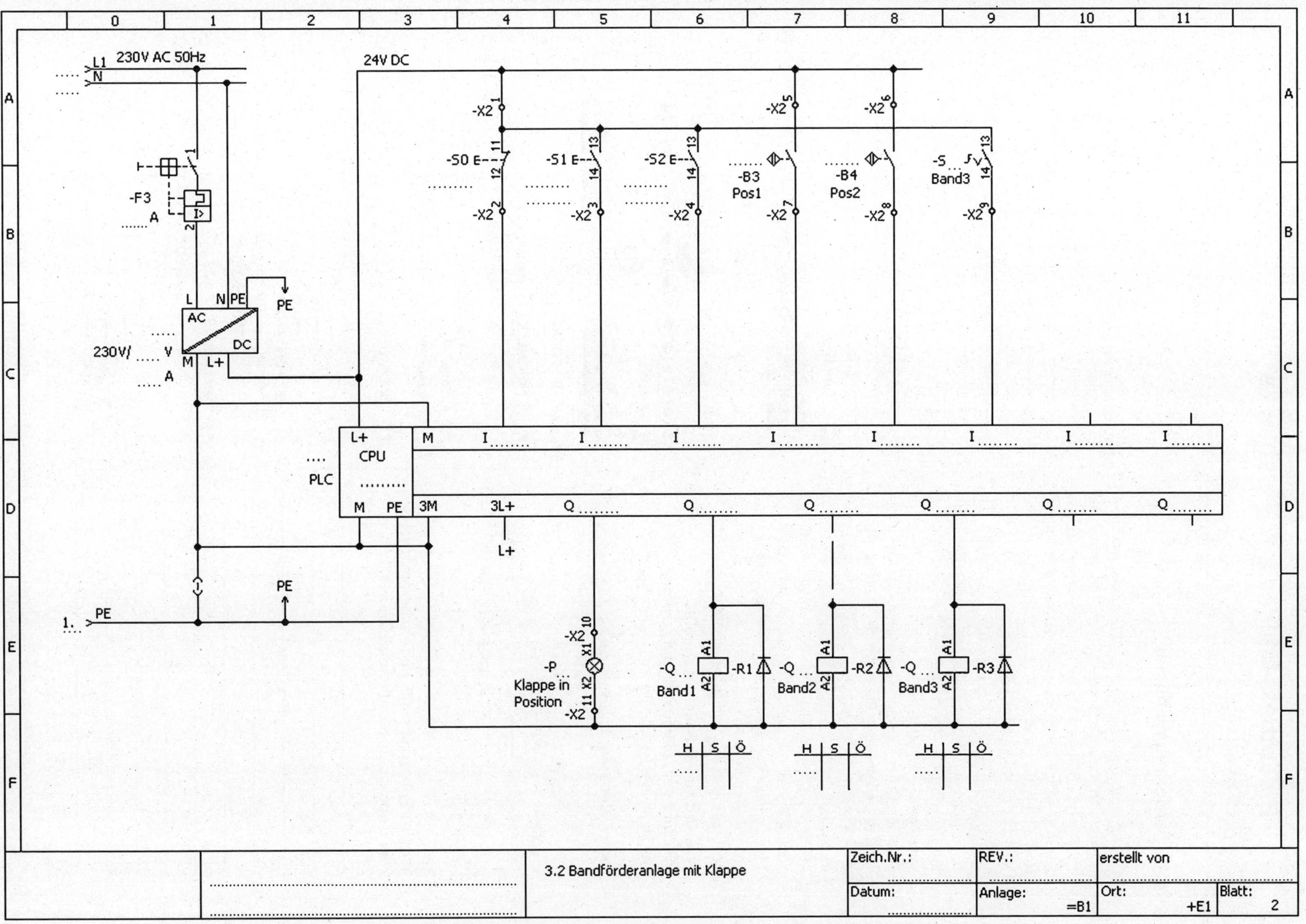
230V AC 50Hz
L1
N
24V DC
-F3
230V/ V
A
L
N
PE
AC
DC
M
L+
PLC
CPU
L+
M
PE
3M
3L+
I
Q
L+
-S0
-S1
-S2
-B3
Pos1
-B4
Pos2
-S
Band3
-X2
1.
PE
-P
Klappe in
Position
-Q
Band1
-R1
Band2
-R2
Band3
-R3
A1
A2
H
S
Ö
3.2 Bandförderanlage mit Klappe
Zeich.Nr.:
REV.:
erstellt von
Datum:
Anlage:
=B1
Ort:
+E1
Blatt:
2

Bibliotheksfähige Funktionsblöcke (FBs) erstellen

4

4.1 Förderanlage mit FB

Um Programme von Förderanlagen einfach erweitern zu können, erhalten Sie von der Firma „Fördermax“ den Auftrag, einen Softwarebaustein zu entwerfen, der für die Ansteuerung eines Bandes benutzt werden kann. **Hilfen** finden Sie auf Buch+Web im Inhaltsverzeichnis unter 4.1 Förderanlage mit FB.

Der Baustein muss folgende Anforderungen erfüllen:

1. Ist die Anlage über den Taster -S1 freigegeben (*enable*), so wird das Band über die beiden Sensoren speichernd ein- (*on*) bzw. ausgeschaltet (*off*).
2. Über den Taster -S0 kann der Fördervorgang gestoppt werden. Bei erneutem Betätigen des Tasters -S1 wird die Anlage wieder freigegeben, der Fördervorgang wird fortgesetzt.
3. Mit dem NOT-AUS-Taster wird die Anlage verriegelt (*lock*). Die Bänder laufen nur, wenn der NOT-AUS-Taster wieder entriegelt wird, eine Palette beim Sensor „B1_hinten“ oder „B2_mitte“ ist und die Anlage über den Taster -S1 freigegeben wurde.

   Wie wird ein FB-Baustein erstellt?
   Wie wird der FB-Baustein aufgerufen?
   Dokumentieren Sie dies rechts in den Bildern.

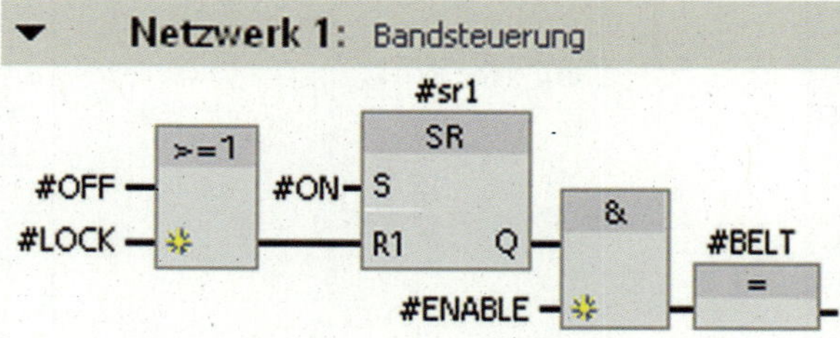

1. Wodurch unterscheidet sich ein parametrierbarer FB von einem parametrierbaren FC?

Programmbaustein BELT[FB1]	
Schnittstelle	
Name	Datentyp
Input	
Output	
Static	

RT Simulator
Stopp
Anl. ein
S0
S1
P1 Freigabe
S2
Not Aus
B1
B2
B3
Schütz Q1
Schütz Q2
M
M
Box auflegen
Box entnehmen

Baustein UP_FOERDERANL[FC1]

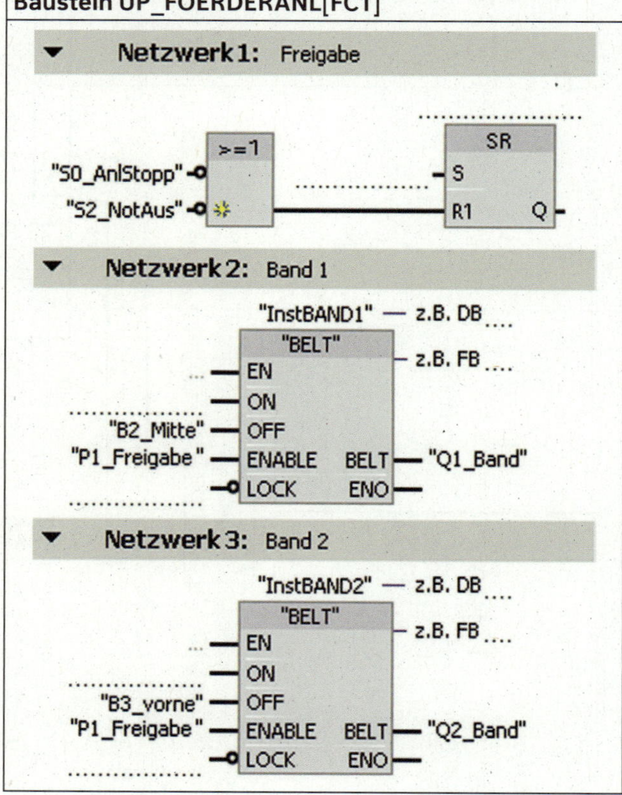

2. Was verstehen Sie unter Lokaldaten?

____

____

____

3. Die Schreibweise der Formalparameternamen sowie der symbolische Name eines Bausteins sollte...

____

____

4. Weshalb wurde der statischen Variable #sr1 im FB remanentes Verhalten zugewiesen?

____

____

Instanzen

Schreiben Sie unter folgenden Bedingungen die Aktualwerte in die Instanz-DB-Tabelle:
Die Anlage wurde mit dem S1-Taster freigegeben, es ist kein Taster mehr betätigt, es hat der Sensor B1 angesprochen.

Programmbaustein DB_BAND1[DB1]			
Name	Datentyp	Beobachtungswert	Kommentar
Input			
ON	BOOL		speichernd ein
OFF	BOOL		speichernd aus
ENABLE	BOOL		freigeben
LOCK	BOOL		verriegeln
Output			
BELT	BOOL		Band
Static			
sr1	BOOL		merken, remanent

Programmbaustein DB_BAND2[DB2]			
Name	Datentyp	Beobachtungswert	Kommentar
Input			
ON	BOOL		speichernd ein
OFF	BOOL		speichernd aus
ENABLE	BOOL		freigeben
LOCK	BOOL		verriegeln
Output			
BELT	BOOL		Band
Static			
sr1	BOOL		merken, remanent

5. Band 2 lief vor dem Neustart. Welchen Wert hat die Variable sr1 im Instanz-Datenbaustein DB2 nach einem Neustart? FALSE, TRUE erst dann, wenn die Anlage über "S1_AnlEin" freigegeben wurde. Überlegungen für die Bewertung und Präsentation des Projekts in Stichworten:

____

____

____

____

____

Selbsttest: Bibliotheksfähigen Funktionsblock (FB) erstellen

Wählen Sie die richtigen Aussagen aus.

1. Wird ein FB-Baustein dreimal aufgerufen, so

☐ werden drei Eingangsparameter benötigt.

☐ wird kein Instanz-DB benötigt.

☐ wird ein Instanz-DB benötigt.

☐ werden drei Instanz-DBs benötigt.

2. Der Instanz-DB ist eine Kopie der Datenstruktur des FBs, jedoch ohne

☐ Schnittstelle.

☐ IN-OUT-Parameter.

☐ temporäre Variablen.

☐ statische Variablen.

3. Welchen parametrierbaren Baustein verwenden Sie, wenn der Wert des Ausgangsparameters, bei gleichen Werten der Eingangsparameter, immer gleich ist?

☐ parametrierbarer OB-Baustein

☐ parametrierbarer FC-Baustein

☐ parametrierbarer FB-Baustein

☐ parametrierbarer Instanz-DB

4. Wo wird die Remanenz lokaler statischer Variablen bei den CPUs 12xx und 15xx eingestellt?

☐ im Unterprogramm [FC1]

☐ im FB

☐ im Instanz-DB

☐ in der PLC-Variablentabelle

4.2 Übung: Tankfüllanlage mit FB

Erstellen Sie das Programm für die Tankfüllanlage. Die Anlage kann in drei Funktionseinheiten gegliedert werden, die sich gleichen. Entwickeln Sie einen FB „TANK" und rufen Sie dessen Instanzen auf.

Beschreibung: Drei Vorratsbehälter mit den Signalgebern B1, B3, B5 für die Vollmeldung (geschlossen) und B2, B4, B6 für die Leermeldung (geöffnet) können von Hand in beliebiger Reihenfolge entleert werden.

Ist der Schalter S17 „Anlage ein/aus" eingeschaltet, so werden die Behälter automatisch über die Ventile M1, M2 und M3 gefüllt. Mit den Schaltern S10, S11 und S12 werden die Behälter über die Ventile M4, M5 und M6 entleert.

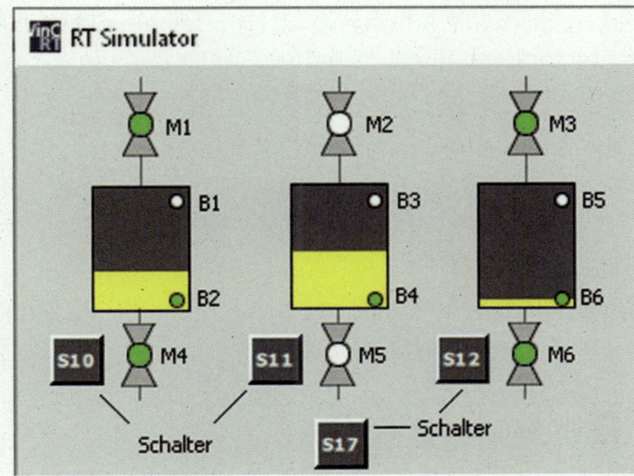

FB-Schnittstelle mit Aufruf für Behälter 1

Programmbaustein UP_FUELLANL[FC1]

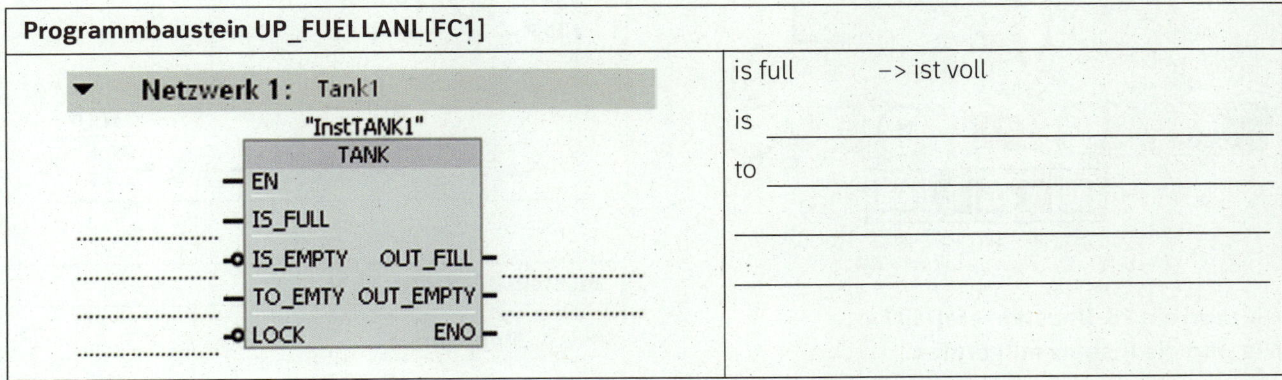

is full -> ist voll

is ____________

to ____________

____

____

Programmentwurf für den FB:

#OUT_EMPTY:= NOT #LOCK AND ____________

SR-Tabelle	rücksetzen, wenn	setzen, wenn
#OUT_FILL	________ OR ________	

FB-Aufruf: Der FB wird ____ mal im ____ aufgerufen, jeweils mit einem ____________.

Funktionsprotokoll

Ereignisse:	Folgen:	Tank1	Tank2	Tank3
Anlage ein ->		ok	ok	ok
Tank ist voll ->		ok	ok	ok
Tank wird entleert ->		ok	ok	ok
Tank ist leer ->		ok	ok	ok
Tank wird nicht entleert ->		ok	ok	ok
Anlage aus, dann wieder ein ->		___	___	___

Überlegungen für die Bewertung und Präsentation des Projekts in Stichworten:

____

____

4.3 Übung: Bandförderanlage mit Klappe

Sie erhalten den Auftrag, einen parametrierbaren Funktionsblock zu erstellen, der für Band 1 und Band 2 der Bandförderanlage verwendet werden kann.

Die vorhandene Steuerung (3.2 Bandförderanlage mit Klappe) wird mit einem NOT-AUS-Taster „S6“ und einem Schlüsselschalter „S7“ zur Umschaltung in den Tippbetrieb erweitert.

Hilfen finden Sie auf Buch+Web im Inhaltsverzeichnis unter 4.3 Bandförderanlage.

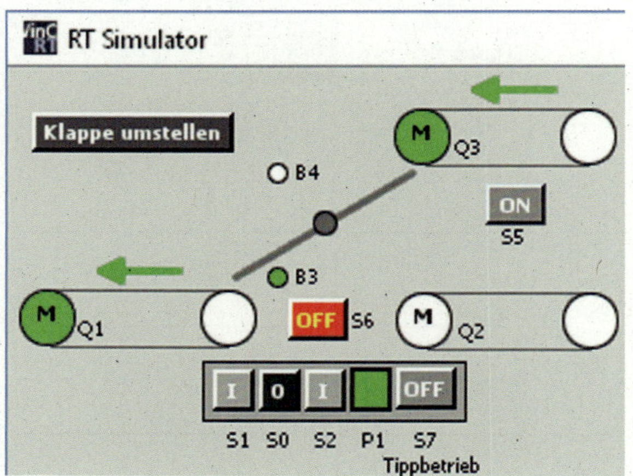

Wie wird ein FB-Baustein erstellt?
Wie wird die Instanz aufgerufen?
Dokumentieren Sie dies in den Bildern rechts.

Was beachten Sie beim Erstellen und Aufruf von FBs?

____

____

____

____

____

____

____

____

____

____

____

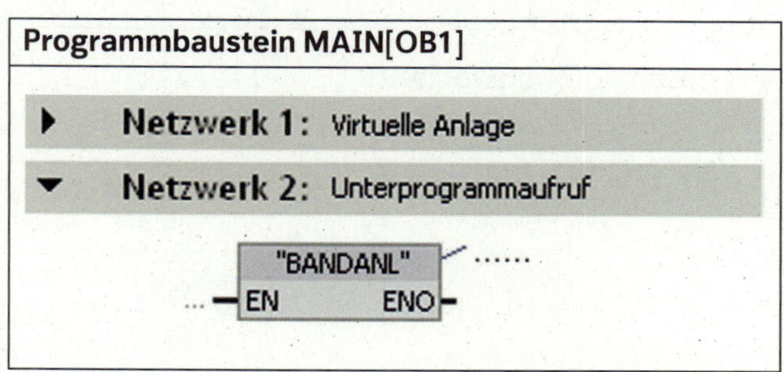

Programmbaustein MOT_TIPP[FB1]	
Schnittstelle	
Name	Datentyp
Input	
	BOOL
	BOOL
	BOOL
Output	
	BOOL
Static	
	BOOL

Netzwerk 1: Bandsteuerung

#sr1
......
#OFF
#TIPP
#ON
S
R1
Q
......
#TIPP
#ON
#OFF
......
#OUT
=

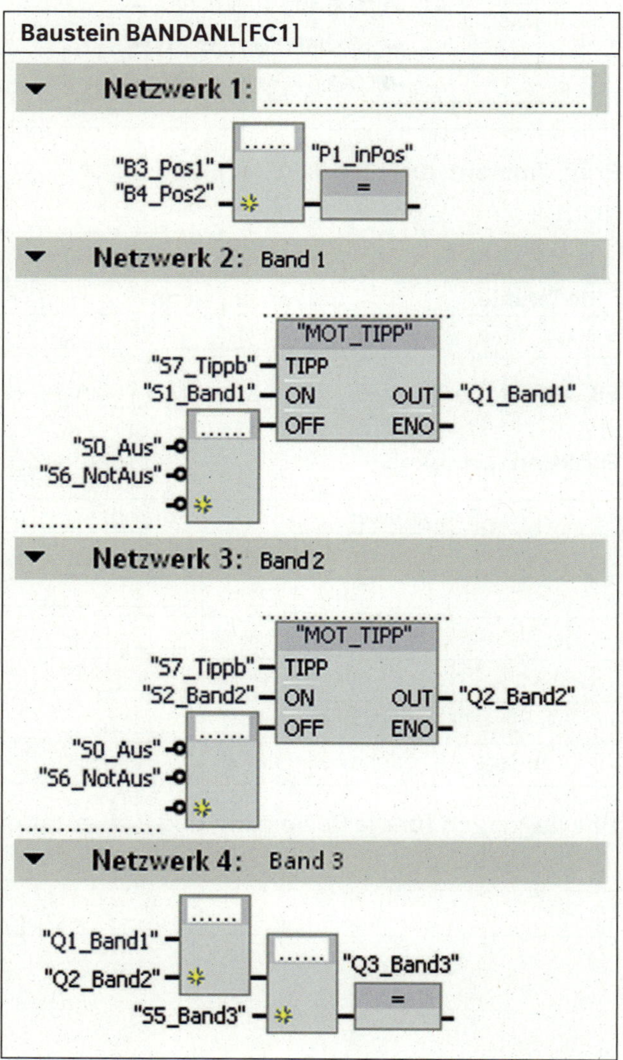

Wiederholungsfragen zu Kapitel 3 und 4

1. Was beachten Sie beim Anschluss des NOT-AUS-Tasters an der SPS?

2. Wann benutzen Sie eine SR-Tabelle und was tragen Sie ein?

3. Wozu werden FCs ohne Schnittstelle verwendet?

4. Die Unterprogramme FC1 und FC2 sollen zyklisch von der CPU bearbeitet werden. Was beachten Sie bei der Programmerstellung?

5. Wodurch unterscheidet sich ein parametrierbarer FC vom FB?

6. Reicht ein Instanz-DB aus, wenn der gleiche dazugehörige FB dreimal aufgerufen wird?

7. Was versteht man unter Remanenz in der Automatisierungstechnik?

8. Bleiben die Daten eines Merkers nach Netzspannungsausfall erhalten?

FC im FB aufrufen 5

5.1 Meldung mit Quittierung

Auftrag 1
Die Anlage 2.1 Behälterüberwachung mit Temperatur und Druckmeldung ist zu erweitern.
Die Meldungen sollen gespeichert und über den Quittier-Taster quittiert werden können. Das Quittieren ist nur möglich, wenn nicht mehr als ein Druck- oder Temperatur-Grenzschalter angesprochen hat.
Die Anlage kann in zwei Funktionseinheiten mit gleicher Funktion aufgeteilt werden.
Sie erhalten den Auftrag, für eine Funktionseinheit einen bibliotheksfähigen Softwarebaustein zu erstellen und in das vorhandene Projekt einzubauen.
Hilfen finden Sie auf Buch+Web im Inhaltsverzeichnis unter 5. Meldung mit Quittierung.

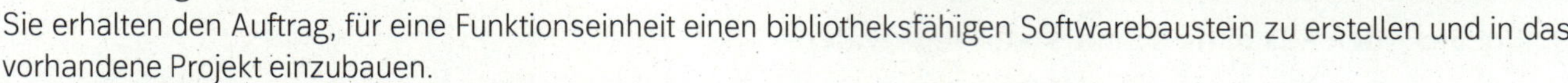

Überlegungen und Vorgehensweise

Eine Funktionseinheit besteht aus ____________________

____

Daraus ergibt sich die Schnittstelle des Bausteins. Es werden ____ IN- und ____ OUT-Parameter benötigt.
Es muss ein FB- Baustein erstellt werden, da der Ausgang für die Meldeleuchte ____________________

____________________.

Der bestehende FC-Baustein „FC_2AUS3“ kann im FB1 aufgerufen werden. Er muss jedoch mit einem ________-Speicherglied ergänzt werden.

Die temporäre Variable muss erst im Baustein ________ ____________________ wird.

Die verwendete Funktion FC_2AUS3 wurde aus der ____________ Bibliothek entnommen.

Weshalb wurde die lokale FB-Variable #rs1 im Deklarationsteil auf Remanent gestellt?

____

____

Wodurch unterscheidet sich der RS-Funktionsblock vom SR-Funktionsblock?

____

____

____

Zeitstempel von Bausteinen, was ist das?

____

____

____

____

____

Programmbaustein 2AUS3_Q[FB1]		
Schnittstelle		
Name	Datentyp	Remanenz
Input		
IN1	BOOL	Nichtemanent
IN2	BOOL	Nichtremanent
IN3	BOOL	Nichtremanent
QUITT	BOOL	Nichtremanent
Output		
OUT	BOOL	Nicht remanent
Static		
rs1	BOOL	
Temp		
fc_erg	BOOL	-

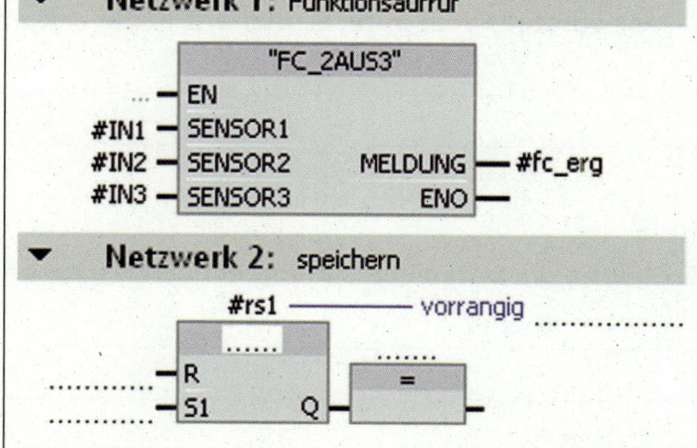

Für die Erweiterung des Projektes wird der erstellte Baustein ______________ aufgerufen.

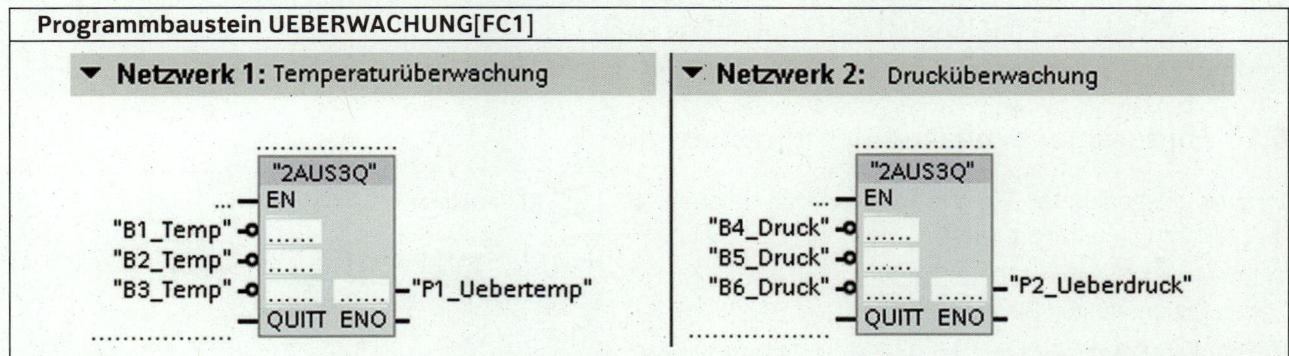

Wie verhält sich das Programm nach einem Netzspannungsausfall?

____

____

____

Auftrag 2

Erweitern Sie das Unterprogramm FC1 so, dass der Leuchtmelder „Übertemperatur" mit 1,25 Hz und der Leuchtmelder „Überdruck" mit 2 Hz blinkt.
Benutzen Sie das Taktmerkerbyte MB100.

Wo ist im TIA-Portal der Taktmerker parametrierbar? Wie erhalten Sie zum Taktmerker eine Hilfestellung?

____

____

____

M100.7	M100.6	M100.5	M100.4	M100.3	M100.2	M100.1	M100.0
______	______	______	______	______	______	______	______

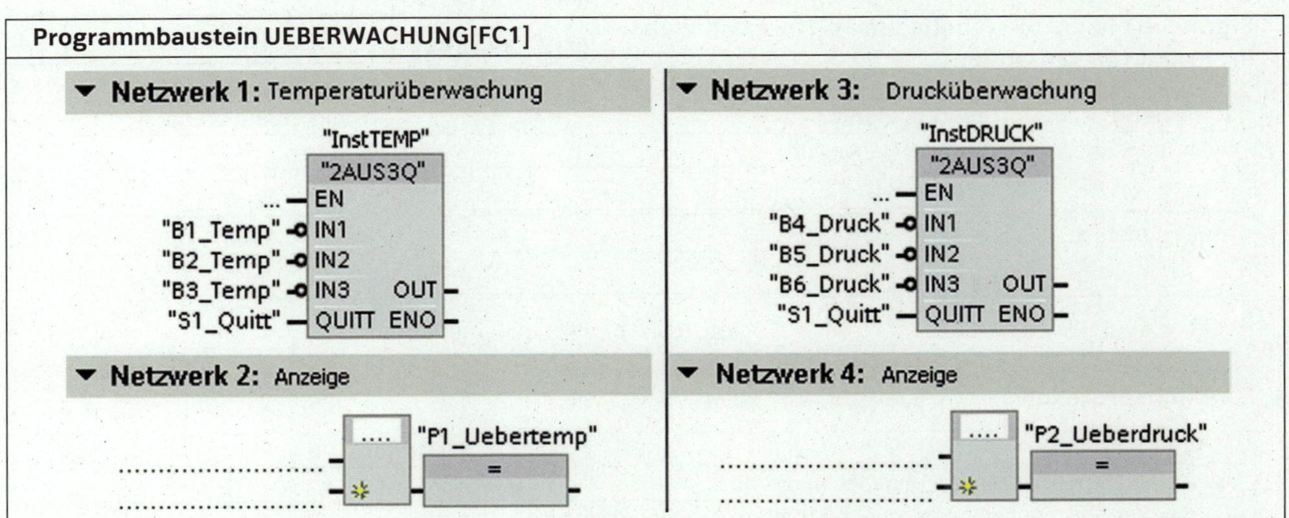

Überlegungen für die Bewertung und Präsentation des Projekts in Stichworten:

____

____

____

Flankenauswertung benutzen 6

6.1 Förderanlage mit Drehrichtungsumkehr

In einer ausgedehnten Förderanlage werden Paletten in beide Richtungen transportiert.

1. Entwickeln Sie einen FB für die Steuerung eines Förderbandes und testen Sie ihn.
2. Erstellen Sie ein Projekt „Förderbandanlage" mit zwei Bändern. Verwenden Sie den erstellten FB.

Hilfen finden Sie auf Buch+Web im Inhaltsverzeichnis unter 6. Förderanlage mit Drehrichtungsumkehr.

RT Simulator

S0 S1 P1 Freigabe
P0 Band besetzt
B1 B2 B3
M Q1->, Q2<- F3, F4 M Q3->, Q4<-
Box auflegen Box entnehmen Box auflegen

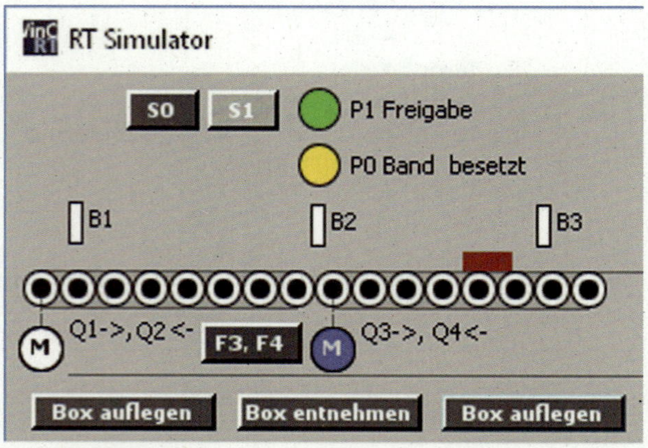

Überlegungen und Vorgehensweise

1. **Welche FB-Parameter sind notwendig?**
   Tragen Sie die Bezeichner im Bild rechts ein.
   Welchen Bezeichner (Namen) soll der FB erhalten?

   ____

   Welchen Bezeichner erhält der Instanz-DB für Band 1?

   ____

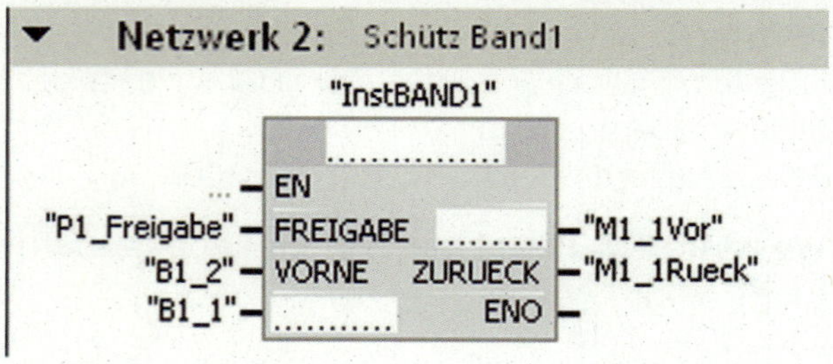

Netzwerk 2: Schütz Band1

"InstBAND1"
....
... EN
"P1_Freigabe" FREIGABE .... "M1_1Vor"
"B1_2" VORNE ZURUECK "M1_1Rueck"
"B1_1" .... ENO

2. Die Funktion des FBs kann mit dem Zeitablaufdiagramm eindeutig beschrieben werden.
   Ergänzen Sie das Diagramm.
3. Die Setz- bzw. Rücksetzbedingungen können mithilfe des Zeitablaufdiagramms formuliert werden. 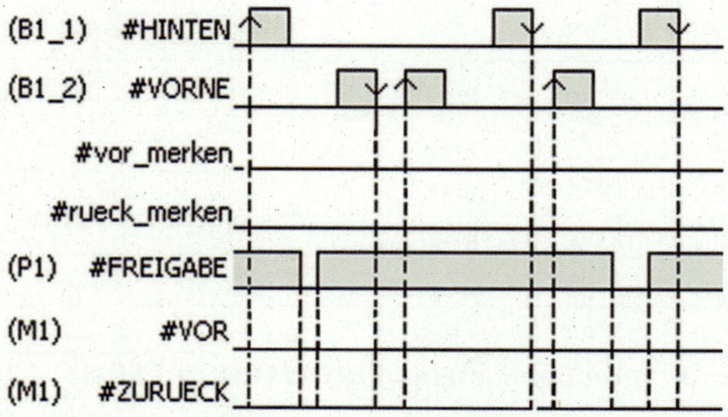

(B1_1) #HINTEN
(B1_2) #VORNE
#vor_merken
#rueck_merken
(P1) #FREIGABE
(M1) #VOR
(M1) #ZURUECK

Ergänzen Sie die SR-Tabelle, um mit ihrer Hilfe das Programm zu schreiben.

SR-Tabelle	setzen, wenn	rücksetzen, wenn
#vor_merken	positive Flanke von ____________ AND ____________	____________
#rueck_merken	positive Flanke von ____________ AND ____________	____________

#VOR := #vor_merken AND ____________ #ZURUECK := #rueck_merken AND ____________

4. **Funktionsprotokoll**

in Ordnung –>	Ja	Nein
Anlage Ein/Stopp, Anzeige „Freigabe" ist ein/aus	__	__
Bandanlage vor-ein, die Bandantriebe schalten der Reihe nach ein	__	__
Bandanlage zurück-ein, die Bandantriebe schalten der Reihe nach ein	__	__
Anzeige „Band besetzt" ein/aus	__	__
Bandantriebe schalten nach einem Neustart (Spannungsausfall) nicht ein	__	__

Überlegungen für die Bewertung und Präsentation des Projekts in Stichworten:

____

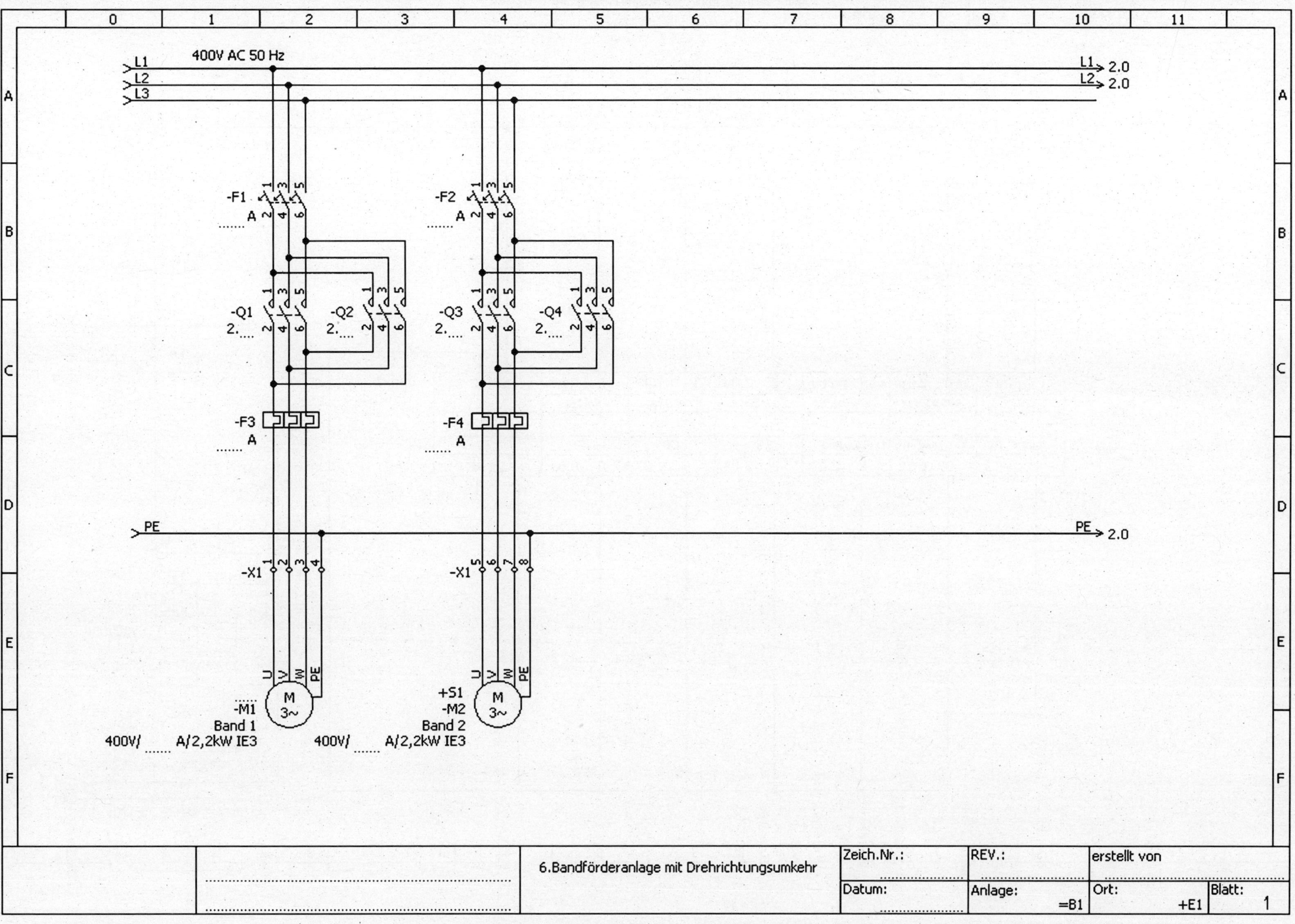
400V AC 50 Hz
L1
L2
L3
L1 2.0
L2 2.0
-F1
A
-F2
A
-Q1
2.
-Q2
2.
-Q3
2.
-Q4
2.
-F3
A
-F4
A
PE
PE 2.0
-X1
-X1
U V W PE
M
3~
-M1
Band 1
400V/ A/2,2kW IE3
+S1
-M2
Band 2
400V/ A/2,2kW IE3
6.Bandförderanlage mit Drehrichtungsumkehr
Zeich.Nr.:
REV.:
erstellt von
Datum:
Anlage:
=B1
Ort:
+E1
Blatt:
1

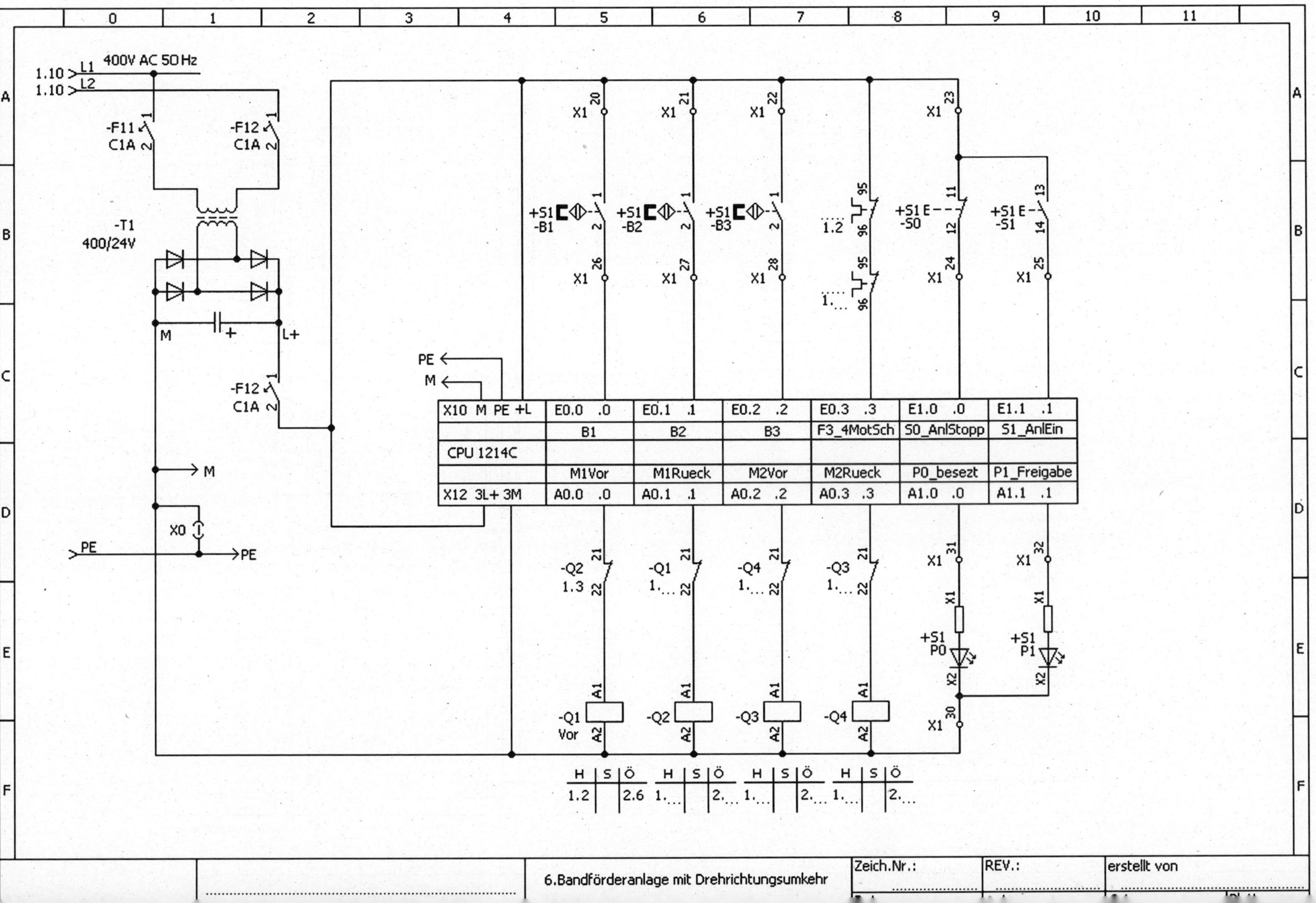

400V AC 50Hz
1.10 L1
1.10 L2
-F11 C1A
-F12 C1A
-T1 400/24V
M
L+
PE
X0
X10 M PE +L
E0.0 .0 B1
E0.1 .1 B2
E0.2 .2 B3
E0.3 .3 F3_4MotSch
E1.0 .0 S0_AnlStopp
E1.1 .1 S1_AnlEin
CPU 1214C
M1Vor
M1Rueck
M2Vor
M2Rueck
P0_besezt
P1_Freigabe
X12 3L+ 3M
A0.0 .0
A0.1 .1
A0.2 .2
A0.3 .3
A1.0 .0
A1.1 .1
+S1 -B1
+S1 -B2
+S1 -B3
+S1 E -S0
+S1 E -S1
+S1 P0
+S1 P1
-Q1 Vor
-Q2
-Q3
-Q4
H S Ö
6.Bandförderanlage mit Drehrichtungsumkehr
Zeich.Nr.:
REV.:
erstellt von

Selbsttest: FC im FB aufrufen und Flankenauswertung benutzen

Wählen Sie die richtigen Aussagen aus.

1. Wo wird die Schnittstelle von parametrierbaren FCs und FBs deklariert?

☐ In der PLC-Variablentabelle. ☐ Im Anweisungsteil des Bausteins.

☐ Im Vereinbarungsteil des Bausteins. ☐ Sie wird nicht deklariert.

2. Welche Aussage ist richtig?

☐ Der Wert des Aktualparameters wird dem Eingangs-Formalparameter übergeben.

☐ Der Wert des Eingangs-Formalparameters wird dem Aktualparameter übergeben.

☐ Der Wert des Aktualparameters wird dem Ausgangs-Formalparameter übergeben.

☐ Der Wert des Eingangs-Formalparameter wird dem Ausgangs-Formalparameter übergeben.

3. Funktionen (FCs)

☐ Ein FC-Baustein ohne Parameter kann öfter im OB1 für verschiedene Aufgaben aufgerufen werden.

☐ FCs ohne Parameter dienen zur Gliederung des Programms.

☐ FCs sind nicht parametrierbar.

☐ Ein FC-Baustein benötigt beim Aufruf einen Instanz-DB.

4. Die Funktionsgleichung der EQ-Funktion lautet

☐ OUT:= NOT IN1 AND NOT IN2 OR IN1 AND IN2;

☐ OUT:= NOT IN1 OR NOT IN2 AND IN1 OR IN2;

☐ OUT:= NOT IN1 AND IN2 OR IN1 AND NOT IN2;

☐ OUT:= IN1 AND IN2 OR IN1 AND NOT IN2;

5. Welcher Variablenname ist nach IEC zulässig?

☐ S1_Öffner ☐ 1_Band ☐ Q1_Band1 ☐ Q1=Band1

6. Funktionsblöcke (FBs)

☐ Im FB kann keine Schnittstelle, dafür aber können statische Lokalvariablen deklariert werden.

☐ Ein einzelner Instanz-DB kann mehrfach aufgerufen werden, jedes Mal mit einem anderen FB.

☐ Ein einzelner FB kann mehrfach aufgerufen werden, jedes Mal mit einem anderen Instanz-DB.

☐ Im FB können nur statische Lokalvariablen deklariert werden.

7. Ein Instanz-DB beinhaltet eine Kopie der Datenstruktur eines

☐ FCs ohne temporäre Variablen.

☐ FBs ohne statische Variablen.

☐ FBs ohne temporäre Variablen.

☐ FBs mit allen Parametern und allen Variablen.

8. Wird in einem Programm eine lokale temporäre Variable benutzt, so

☐ muss sie in der PLC-Variablentabelle deklariert werden.

☐ ist sie allen Software-Bausteinen bekannt.

☐ muss sie vor dem Lesen ihres Wertes beschrieben werden.

☐ darf sie nicht deklariert werden.

Wiederholungsfragen zu Kapitel 5 und 6

1. Wann setzen Sie den RS-Funktionsblock ein?

2. Weshalb muss beim Quittiertaster ein Schließer- und kein Öffnerkontakt verwendet werden?

3. Was versteht man unter Lokaldaten, was unter Globaldaten?

4. Welche Besonderheiten müssen beim Benutzen von temporären Variablen berücksichtigt werden?

5. Die Instanz-DBs sind eine Kopie der Datenstruktur des dazugehörigen FBs. Sind auch die Werte ihrer Variablen gleich?

6. Beschreiben Sie die Funktionsweise des Funktionsblocks „N_TRIG“.

7 Zeiten programmieren

7.1 Bandsteuerung mit IEC-Timer

Entwickeln Sie ein Unterprogramm „BANDSTEUERUNG“ (FC1), das folgende Forderungen erfüllt:
Über die Taster S1...S4 sollen sich die Förderbänder 1 und 2 ein- und ausschalten lassen.
Die Bänder 1 und 2 dürfen nicht gleichzeitig fördern. Band 3 soll automatisch immer dann um 1,5 s einschaltverzögert laufen, wenn Band 1 oder 2 fördert.
Nach dem Betätigen des AUS-Tasters sollen vor dem Abschalten die Bänder 1 und 2 noch 2 s und das Band 3 noch 6 s leer fördern.
Hilfen finden Sie auf Buch+Web unter 7.1 Bandsteuerung mit IEC-Timer.

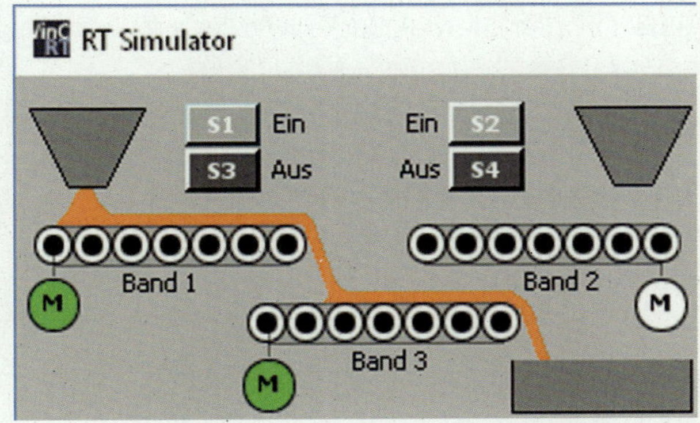

Programmbaustein UP_BANDANL[FC1]

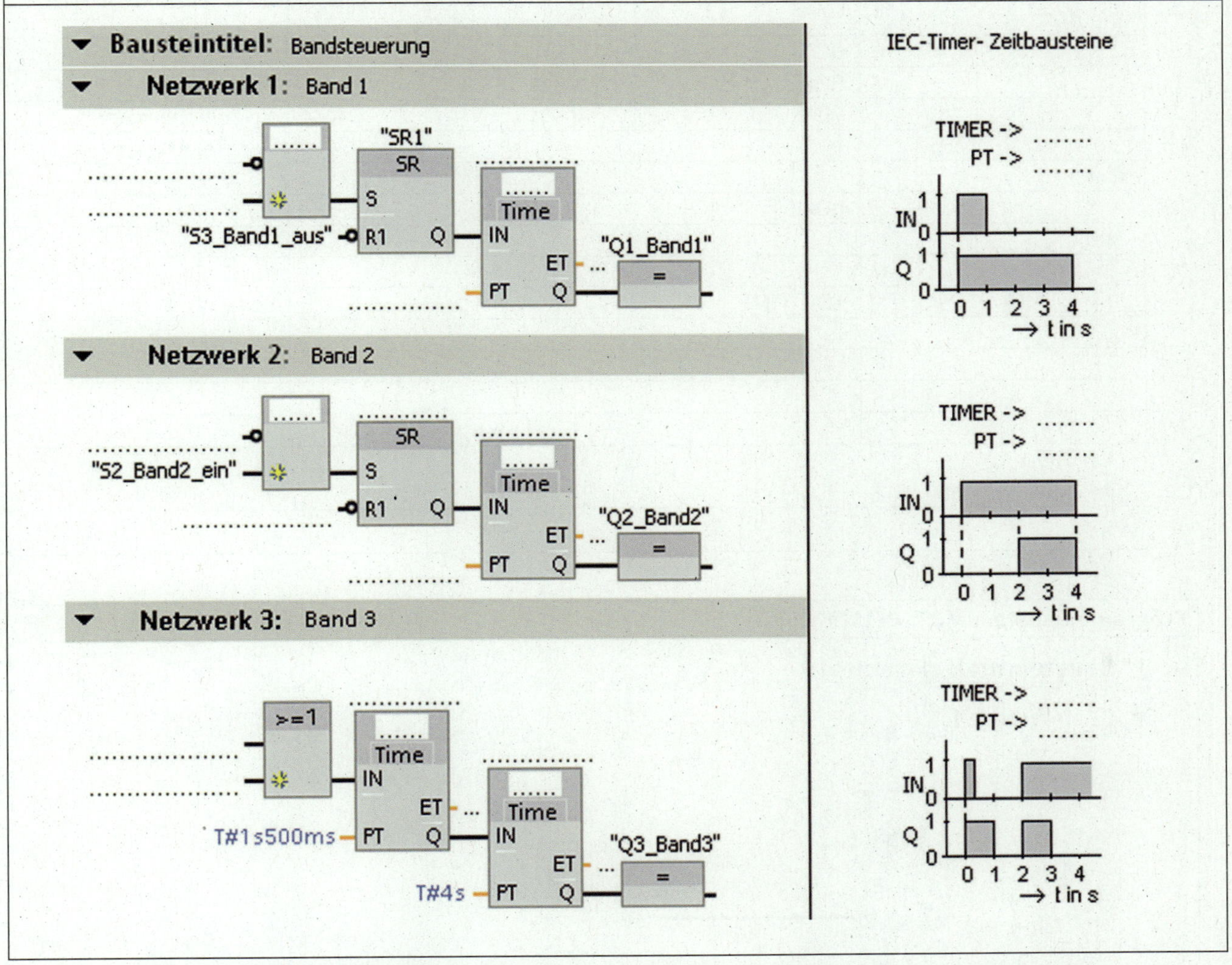

Bausteintitel: Bandsteuerung

Netzwerk 1: Band 1

...... "SR1" SR S R1 Q ...... Time IN ET PT Q "Q1_Band1" =
"S3_Band1_aus"

Netzwerk 2: Band 2

...... SR S R1 Q ...... Time IN ET PT Q "Q2_Band2" =
"S2_Band2_ein"

Netzwerk 3: Band 3

>=1 ...... Time IN ET PT Q ...... Time IN ET PT Q "Q3_Band3" =
T#1s500ms
T#4s

IEC-Timer- Zeitbausteine

TIMER -> ....
PT -> ....
IN 0 1; Q 0 1; 0 1 2 3 4 → t in s

TIMER -> ....
PT -> ....
IN 0 1; Q 0 1; 0 1 2 3 4 → t in s

TIMER -> ....
PT -> ....
IN 0 1; Q 0 1; 0 1 2 3 4 → t in s

Konstanten des Datentyps TIME werden mit der Vorsilbe _____ eingegeben. Der maximale Wert ist 24 __________, 20 __________, 31 __________, 23 __________ und 648 ms.

Überlegungen für die Bewertung und Präsentation des Projekts in Stichworten:

7.2 Bandsteuerung – Multiinstanz

Sie erhalten den Auftrag, einen FB „MOT_BELT“ für die Bibliothek zu erstellen, der für die Ansteuerung eines Förderbandes benutzt werden kann. Das Projekt aus 7.1 „Bandsteuerung“ ist mit diesen Baustein zu realisieren und mit einem NOT-AUS-Taster zu erweitern.

Hilfen finden Sie auf Buch+Web im Inhaltsverzeichnis unter 7.2 Bandsteuerung – Multiinstanz.

Vorgehensweise

1. Baustein für die Bibliothek erstellen

1.1 ______________________________

1.2 ______________________________

____

____

Programmbaustein MOT_BELT[FB45]			
Name	Datentyp	Defaultwert	Kommentar
Input			
	BOOL	FALSE	
	BOOL	FALSE	Freigabe
	TIME	T#1.5s	Verzögerungszeit
			Verzögerungszeit
Output			
	BOOL		Band
Static			
		TON_TIME	Lokale Instanz
	TOF_TIME		Lokale Instanz

1.3 ______________________________

____

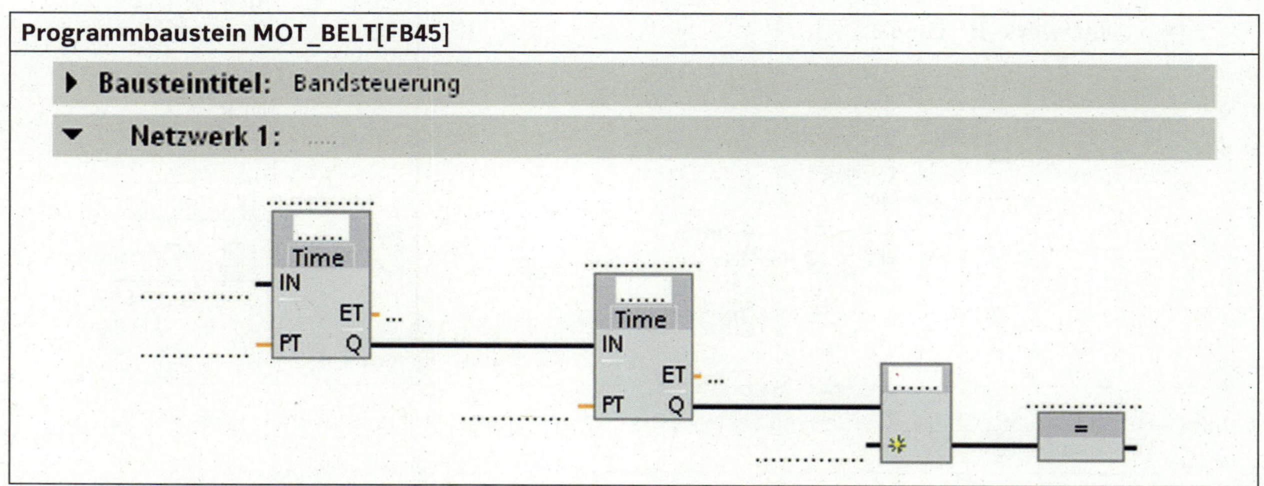

2. FB „MOT_BELT“ benutzen

Programmbaustein UP_BANDSTEUERUNG[FC1]

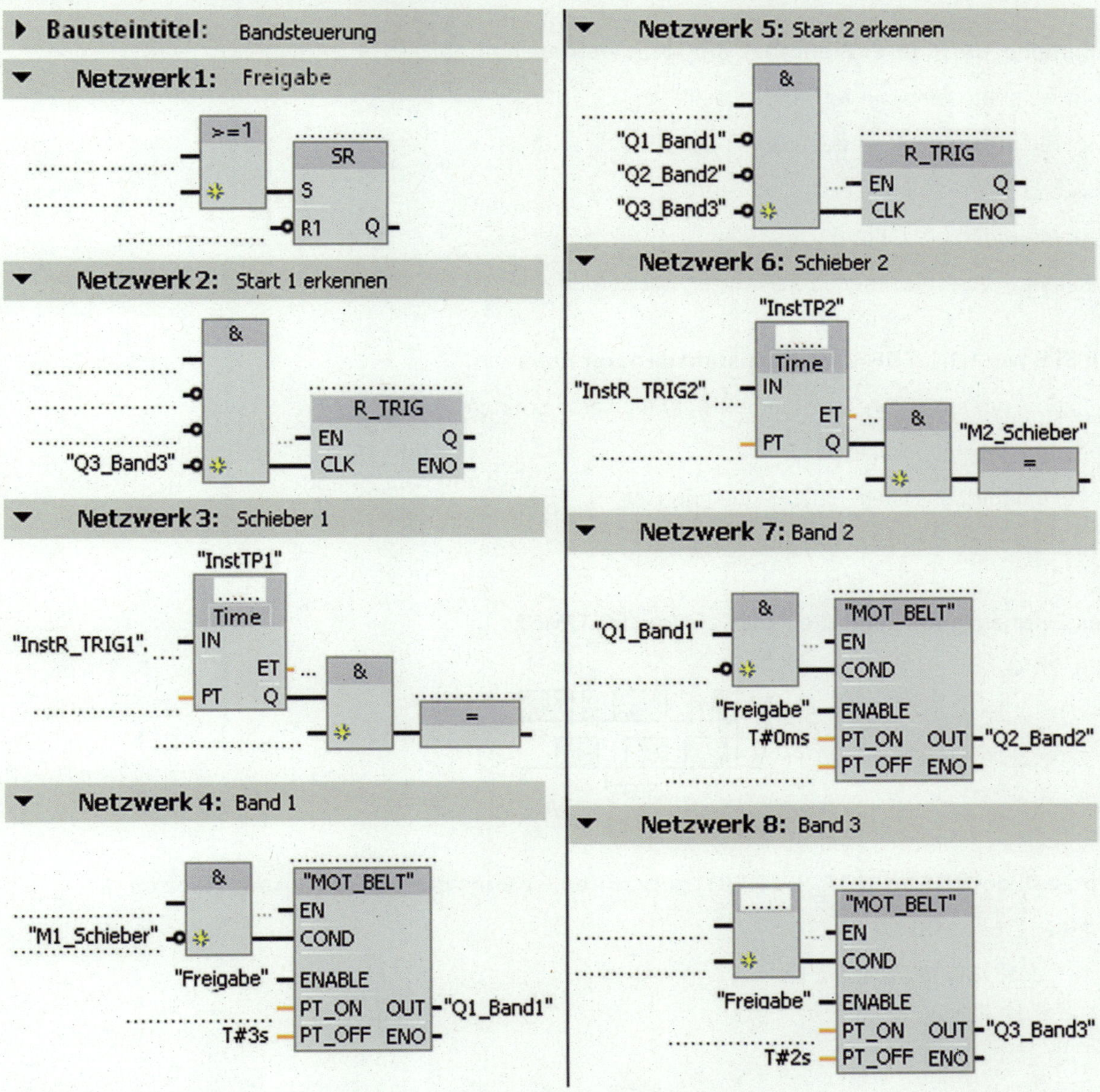

Bausteintitel: Bandsteuerung

Netzwerk 1: Freigabe

>=1
....
....
SR
S
R1 Q
....

Netzwerk 2: Start 1 erkennen

&
....
....
....
"Q3_Band3"
R_TRIG
EN Q
CLK ENO

Netzwerk 3: Schieber 1

"InstTP1"
......
Time
"InstR_TRIG1". ... IN
ET ...
PT Q
....
&
....
=

Netzwerk 4: Band 1

&
....
"M1_Schieber"
"MOT_BELT"
EN
COND
"Freigabe" ENABLE
.... PT_ON OUT "Q1_Band1"
T#3s PT_OFF ENO

Netzwerk 5: Start 2 erkennen

&
....
"Q1_Band1"
"Q2_Band2"
"Q3_Band3"
R_TRIG
EN Q
CLK ENO

Netzwerk 6: Schieber 2

"InstTP2"
......
Time
"InstR_TRIG2". ... IN
ET ...
PT Q
....
&
....
"M2_Schieber"
=

Netzwerk 7: Band 2

&
"Q1_Band1"
....
"MOT_BELT"
EN
COND
"Freigabe" ENABLE
T#0ms PT_ON OUT "Q2_Band2"
.... PT_OFF ENO

Netzwerk 8: Band 3

......
....
....
"MOT_BELT"
EN
COND
"Freigabe" ENABLE
.... PT_ON OUT "Q3_Band3"
T#2s PT_OFF ENO

3. ____

____

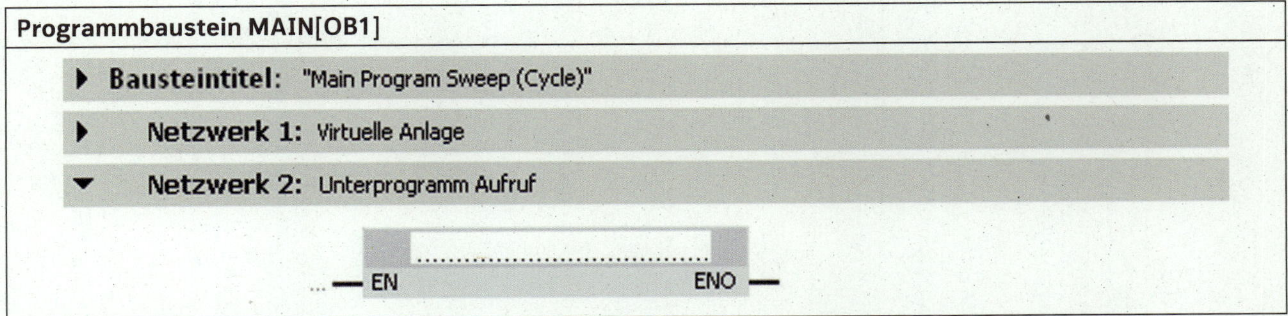

Überlegungen für die Bewertung und Präsentation des Projekts in Stichworten:

____

____

Selbsttest: Zeiten programmieren

Wählen Sie die richtigen Aussagen aus.

1. Bausteine, die in Ihrer Bibliothek abgelegt werden, sollten

- ☐ Systembausteine wie TOF, TON ... sein,
- ☐ parametrierbare FCs oder FBs sein,
- ☐ FCs ohne Parameter sein,
- ☐ parametrierbare Instanz-DBs sein,

damit sie in verschiedenen Projekten genutzt werden können.

2. Ein SFB wie TON, TOF ... ist ein instanzierbarer Baustein,

- ☐ in dem nur temporäre Lokaldaten deklariert werden dürfen.
- ☐ der im PAE gespeichert wird.
- ☐ der im Betriebssystem der CPU integriert ist.
- ☐ der nur einmal aufgerufen werden kann.

3. Das Zeitdiagramm zeigt die Funktion des IEC-TIMERs

- ☐ R_TRIG.
- ☐ TON.
- ☐ TOF.
- ☐ TP.

IN

Q

⟶ t

4. Wird z.B. der TOF im MOT_BELT[FB1] aufgerufen, so kann der TOF als Lokalinstanz im

- ☐ MAIN[OB1]
- ☐ UP_BANDSTEUERUNG[FC1]
- ☐ MOT_BELT[FB1]
- ☐ TOF

als statische Variable deklariert werden.

8 Programmentwurf mit Aktionssymbolen

8.1 YΔ-Anlasser für ein Bohrwerk

Ein Bohrwerk wird von einem Drehstrommotor angetrieben. Ergänzen Sie den Schaltplan, entwickeln und testen Sie ein Programm mit folgenden Bedingungen:

- Um einen sanften Anlauf zu erreichen und den Einschaltstrom des Motors zu verringern, wird ein Stern-Dreieck-Anlasser gewählt.
- Erst wenn die Maschinen-Steuerung über einen Taster eingeschaltet ist, kann auch das Bohrwerk eingeschaltet werden.
- Bei Gefahr ist der Motor über einen NOT-AUS abschaltbar.
- Eine Meldeleuchte „Störung" zeigt an, ob das Motorschutzrelais angesprochen hat oder der NOT-AUS-Taster betätigt wurde.

Hilfen finden Sie auf Buch+Web im Inhaltsverzeichnis unter 8.1 YΔ-Anlasser.

Ergänzen Sie, als Hilfe zur Programmentwicklung, zunächst den **Funktionsplan**.

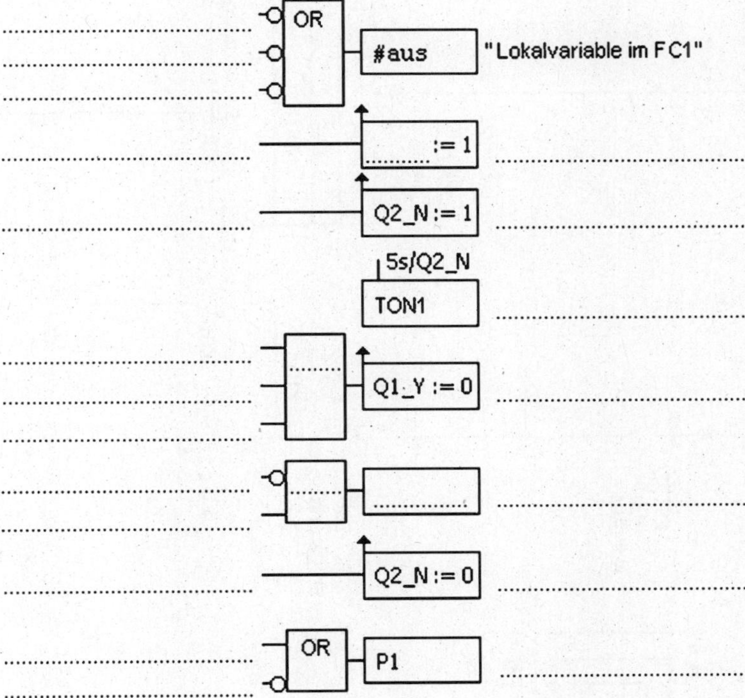

Nachüberlegungen

Das Motorschutzrelais muss auf 0,58 · I_n des Motors eingestellt werden. Wie ist dies zu begründen?

____

____

In der Δ-Schaltung muss L1 auf U1 und ____________________

Die Schützverriegelung ist auch bei einer SPS-Steuerung nötig, damit ____________________

____

Warum wird die Spannungsversorgung des Ausgangsbytes für die Meldung nicht über den NOT-AUS unterbrochen?

____

Was muss beim Arbeiten mit temporären Lokaldaten beachtet werden?

____

____

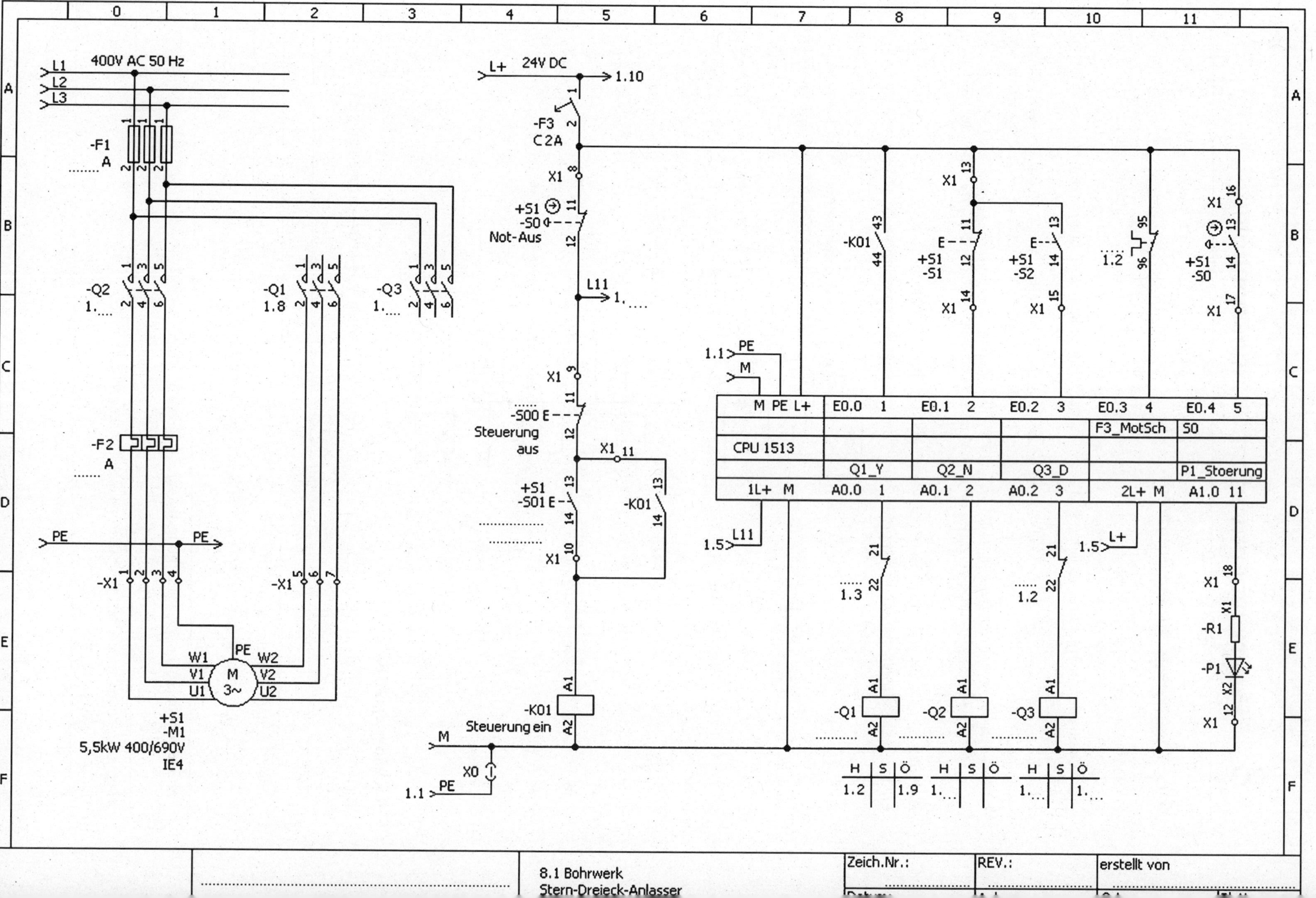
L1
L2
L3
400V AC 50 Hz
L+ 24V DC
-F1
-F2
-F3
C2A
-Q1
-Q2
-Q3
-K01
+S1
-M1
5,5kW 400/690V
IE4
Not-Aus
Steuerung aus
Steuerung ein
CPU 1513
F3_MotSch
P1_Stoerung
Q1_Y
Q2_N
Q3_D
E0.0
E0.1
E0.2
E0.3
E0.4
A0.0
A0.1
A0.2
A1.0
-R1
-P1
PE
M
8.1 Bohrwerk
Stern-Dreieck-Anlasser
Zeich.Nr.:
REV.:
erstellt von

Selbsttest: YD-Anlauf, Aktionen

Wählen Sie die richtigen Aussagen aus.

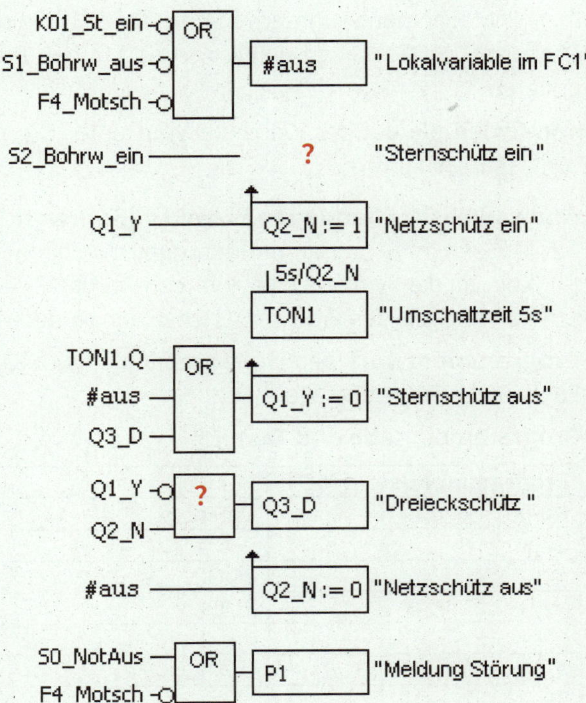

1. Um die Variable Q1_Y für den Ausgang „Sternschütz“, im Bild unten rechts, zu beschreiben, ist eine

- ☐ Aktion mit Zuweisungsbedingung notwendig.
- ☐ verzögerte Aktion notwendig.
- ☐ kontinuierlich wirkende Aktion notwendig.
- ☐ speichernde Aktion bei Aktivierung notwendig.

2. Die fehlende Aktion im Bild oben rechts zeigt das Bild

- ☐ 1.
- ☐ 2.
- ☐ 3.
- ☐ 4.

Bild 1	Bild 2	Bild 3	Bild 4
Q1_Y := 1	Q1_Y := 1	Q1_Y	5s/S2_Bohrw_ein Q1_Y

3. Die Aktion „Q3_D“, im Bild oben rechts, ist über ein

- ☐ NAND
- ☐ OR
- ☐ AND
- ☐ XOR

mit dem „Stern- und Netzschütz“ verknüpft.

4. Die Aktion für die Meldung Störung, im Bild oben rechts, ist eine

- ☐ zeitlich begrenzte Aktion.
- ☐ verzögerte Aktion.
- ☐ kontinuierlich wirkende Aktion.
- ☐ speichernde Aktion bei Aktivierung.

8.2 YΔ-Anlasser als FB

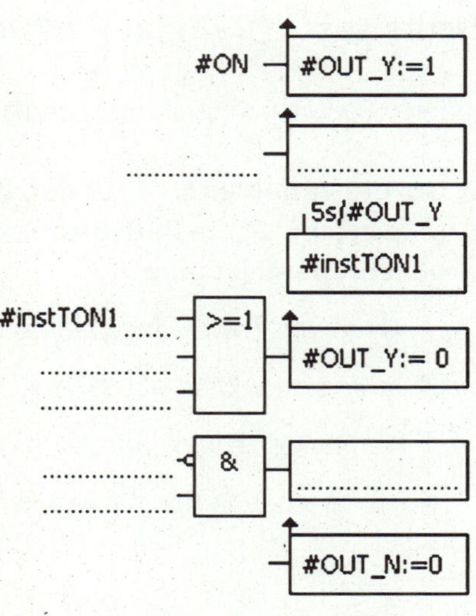

Für das Maschinenbauunternehmen MSB ist ein Softwarebaustein YΔ-Anlasser „MOT_YD“ zu entwickeln und in das Projekt „Bohrwerk“ zu integrieren.

Hilfen finden Sie auf der Webseite Start unter 8.1 YΔ-Anlasser und 8.2 YΔ-Anlasser als FB.

1. **Analyse des vorhandenen Projekts „Bohrwerk“**
   - Müssen im Schaltplan Änderungen durchgeführt werden?
   - Können die Symbole übernommen werden?
   - Können Teile des Programms weiterverwendet werden?
2. **Programmentwurf** des Softwarebausteins „MOT_YD“ mithilfe des Funktionsplans, siehe Bild rechts.
3. **Programmeingabe und Test**

Programmbaustein MOT_YD[FB1]

Name	Datentyp	Defaultwert	Kommentar
Input			
	BOOL	FALSE	speichernd ein
	BOOL	FALSE	speichernd aus
			Umschaltzeit
Output			
IN_OUT			
	BOOL		Stern
	BOOL		Netz
	BOOL		Dreieck
Static			
>			Lokale Instanz

Netzwerk 1: Sternschütz speicherd ein/aus

#ON – S, R1, Q

Netzwerk 2: Netzschütz speicherd ein/aus

#OUT_N
SR
S, R1, Q

Netzwerk 3: Umschaltzeit

#instTON1
Time
IN, ET, PT, Q

Netzwerk 4: Dreieckschütz

&
=

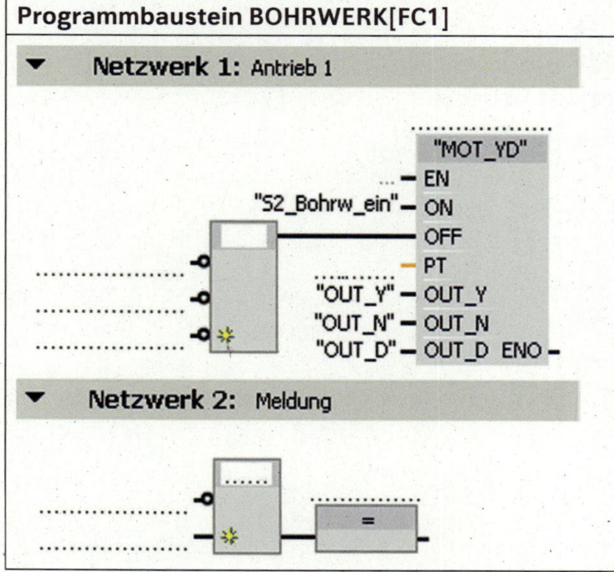

Wodurch unterscheiden sich die Parameter IN_OUT und OUT?

____

Wie verhält sich das Bohrwerk nach einem Netzspannungsausfall?

____

Selbsttest: Programmentwurf mit Aktionssymbolen

Wählen Sie die richtigen Aussagen aus.

1. Der Parameter #PT eines IEC-Timers muss vom Datentyp

☐ PT sein.

☐ Input sein.

☐ BOOL sein.

☐ TIME sein.

2. Daten, die an den aufgerufenen Baustein übergeben, dort verarbeitet, und deren Ergebnisse vom aufgerufenen Baustein wieder in der gleichen Variable abgelegt werden, werden als

☐ statische Daten (Static) deklariert.

☐ Eingangsparameter (Input) deklariert.

☐ Durchgangsparameter (IN_OUT) deklariert.

☐ Ausgangsparameter (Output) deklariert.

3. Um die Daten der Variablen OUT_Y, OUT_N, OUT_D im Instanz-DB nach einem Netzspannungsausfall zu richten, ist kein Richtimpuls notwendig, da ihre Werte im ersten Zyklus nach dem Neustart mit „FALSE" beschrieben werden, weil

☐ im FB-Baustein nur nichtremanente Merker verwendet wurden.

☐ der Aus-Taster ein Öffner ist.

☐ KO1 abgefallen und somit „KO1_St_ein" = FALSE ist.

☐ die Daten im Instanz-DB generell nichtremanent sind.

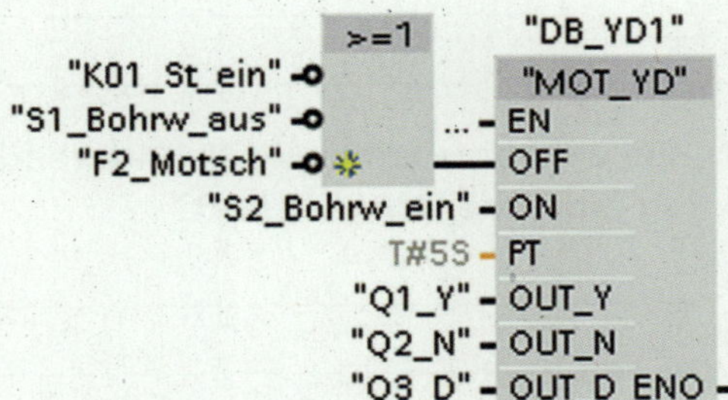

4. Wird in einem FB eine Instanz eines FBs oder SFBs aufgerufen, so muss in der

☐ PLC-Variablentabelle

☐ Variablendeklarationstabelle des aufrufenden FCs, z.B. „UP_BOHRWERK"

☐ Variablendeklarationstabelle des aufrufenden FBs, z.B. „MOT_YD"

☐ Variablendeklarationstabelle des aufzurufenden FBs, z.B. „TON1"

die Instanz eingetragen werden.

Wiederholungsfragen zu Kapitel 7 und 8

1. Erklären Sie den Unterschied zwischen TOF- und TON-TIMER.

2. Welche Aufgabe übernimmt der Parameter -IN, welche der Parameter -PT bei einem IEC-TIMER?

3. Erklären Sie den Begriff „Multiinstanz".

4. Wie wird eine kontinuierlich wirkende Aktion, wie eine speichernd wirkende Aktion in der Programmiersprache FUP realisiert?

5. Welche Besonderheiten hat die Parameterart IN_OUT?

6. Was beachten Sie bei der Programmerstellung in Bezug auf einen Netzspannungsausfall?

9 Programmentwurf mit dem Zustandsgrafen

9.1 Wendesteuerung

Entwerfen Sie mithilfe eines Zustandsgrafen das Programm der Wendesteuerung und testen Sie es.

Hilfen finden Sie auf Buch+Web im Inhaltsverzeichnis unter 9.1 und Wendesteuerung.

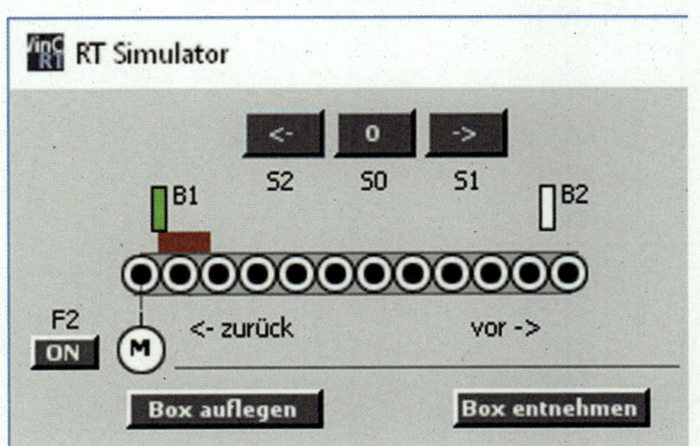

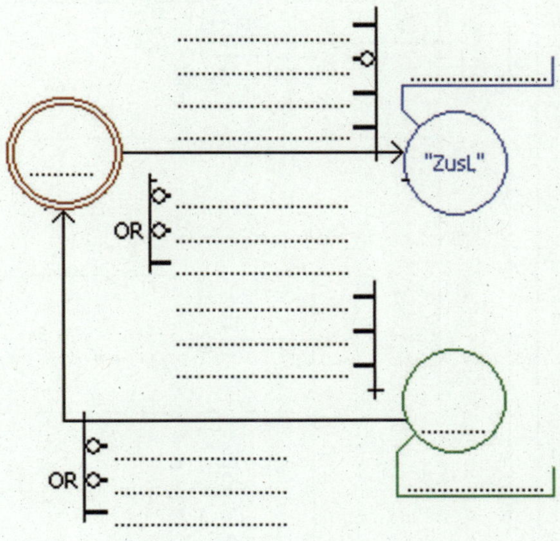

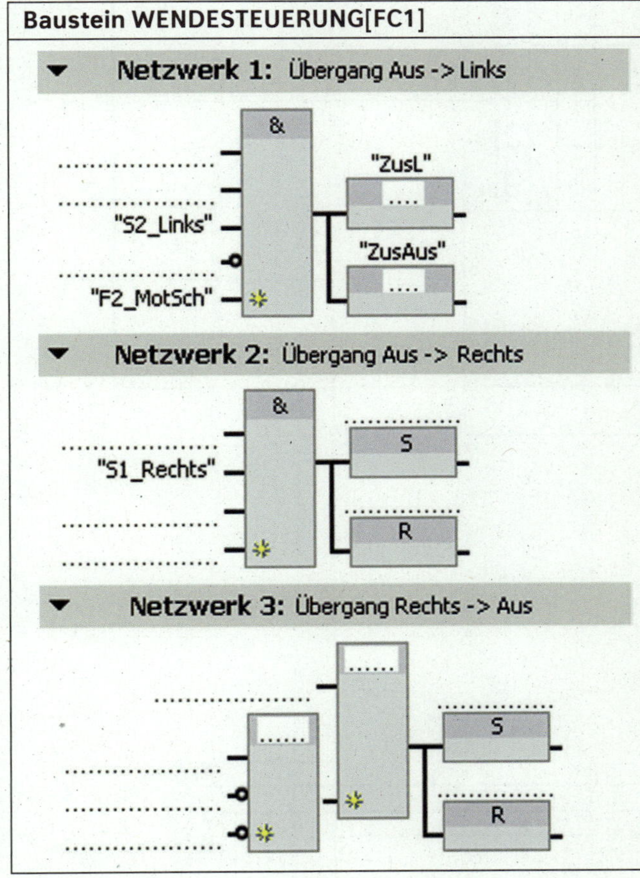

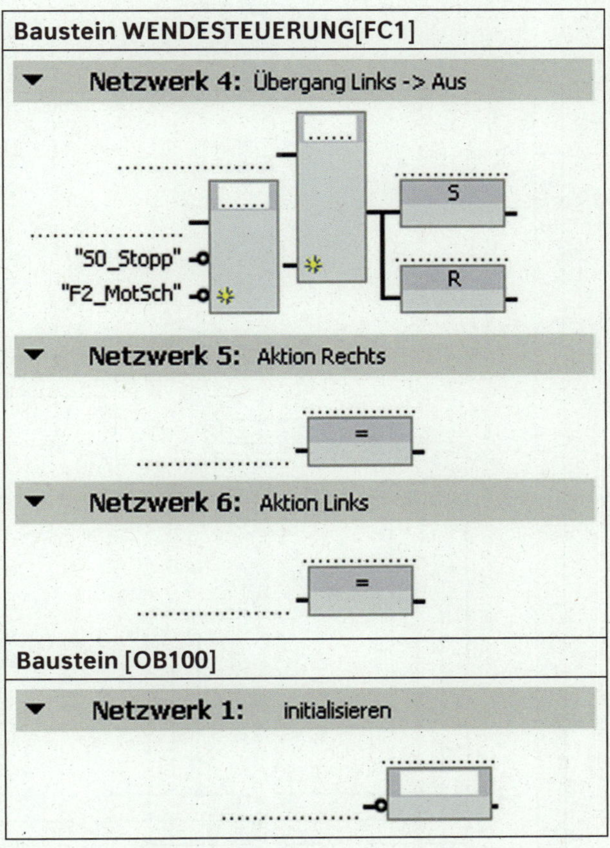

Überlegungen für die Bewertung und Präsentation des Projekts in Stichworten:

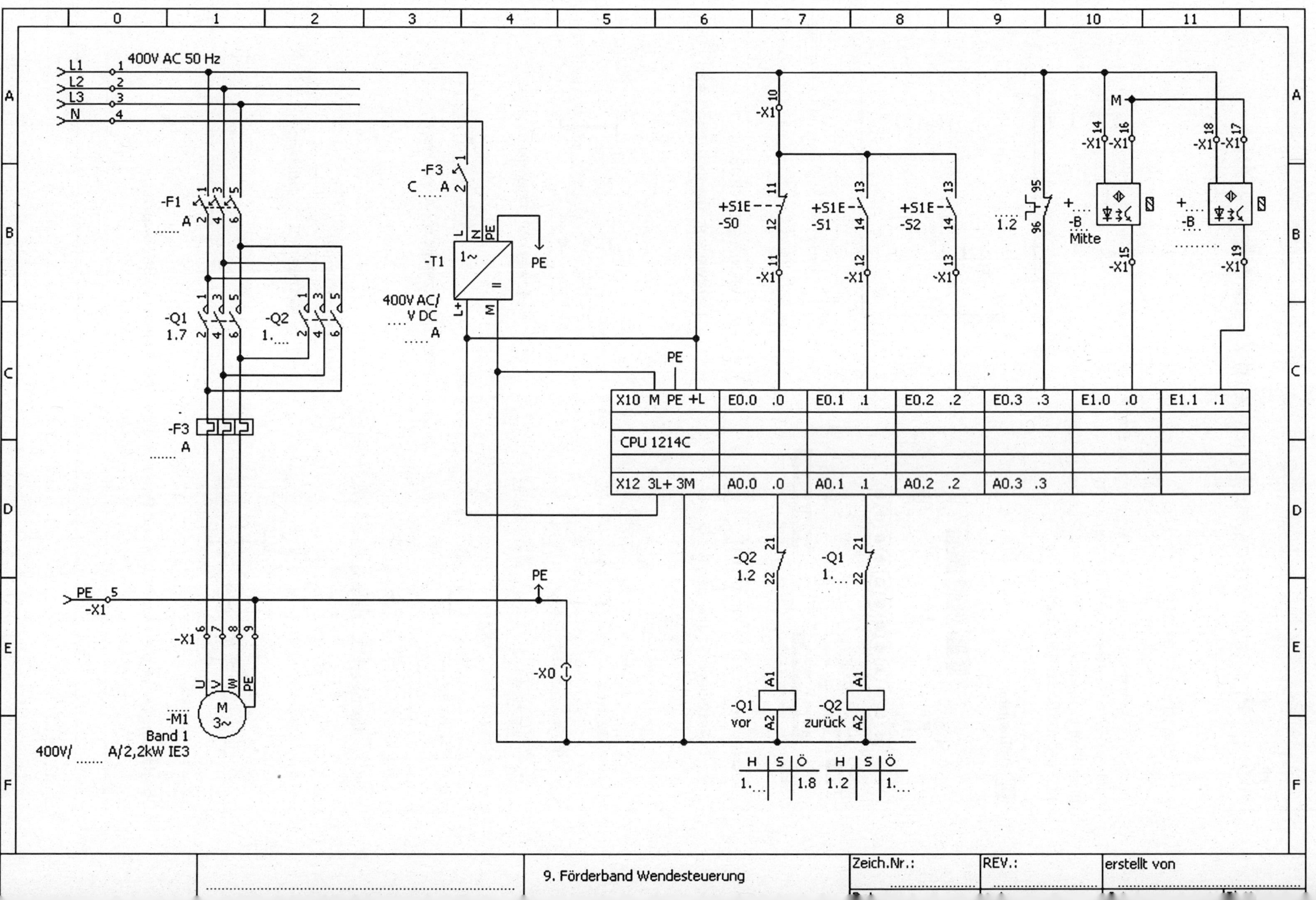
400V AC 50 Hz
L1
L2
L3
N
-F1
-Q1
1.7
-Q2
-F3
-F3
-T1
400V AC/ V DC A
PE
-X1
-M1
Band 1
400V/ A/2,2kW IE3
-X0
X10 M PE +L
CPU 1214C
X12 3L+ 3M
E0.0
E0.1
E0.2
E0.3
E1.0
E1.1
A0.0
A0.1
A0.2
A0.3
+S1E -S0
+S1E -S1
+S1E -S2
1.2
-B Mitte
-B
-Q1 vor
-Q2 zurück
H S Ö
1.8
1.2
9. Förderband Wendesteuerung
Zeich.Nr.:
REV.:
erstellt von

Selbsttest: Programmentwurfsmethode Zustandsgraf

Wählen Sie die richtigen Aussagen aus.

1. Ein Zustand einer Funktionseinheit wird im Zustandsgrafen durch

- ☐ einen Querstrich
- ☐ ein Pfeil
- ☐ ein Rechteck
- ☐ ein Kreis

symbolisiert.

2. Die Signalgeber S1 und S2 liefern das Signal "logisch 1". Welches Verhalten zeigt die Steuerung?

- ☐ Kein Zustand ist aktiv
- ☐ Zustand 1 ist aktiv
- ☐ Zustand 2 ist aktiv
- ☐ Einen schneller Wechsel zwischen den Zuständen

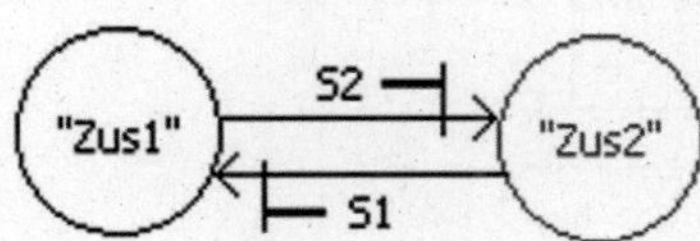

3. Welche Auswirkung hat eine gleichzeitige Betätigung der Taster S1 und S2 (Schließerkontakte)?

- ☐ Kein Zustand ist aktiv
- ☐ Zustand 1 ist aktiv
- ☐ Zustand 2 ist aktiv
- ☐ Einen schneller Wechsel zwischen den Zuständen

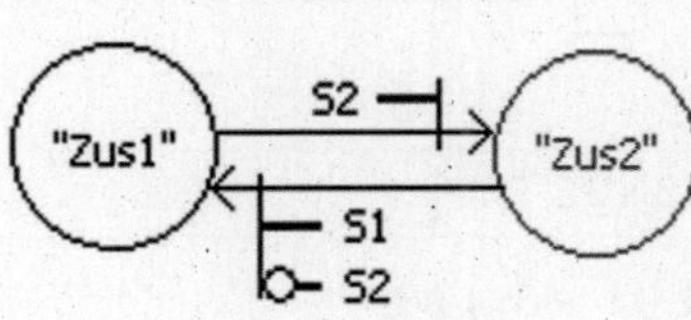

4. Die Zustandsmerker für den YD-Anlasser liegen fälschlicherweise im remanenten Merkerbereich. Der Zustandsmerker "ZusAus" wird über den OB100 mit "logisch 1" initialisiert. Der Antrieb befindet sich in der Anlaufphase.

Welche Aussage ist richtig?

Nach einem Netzspannungsausfall und Spannungswiederkehr

- ☐ bleibt der Antrieb ausgeschaltet.
- ☐ läuft der Antrieb ohne Betätigung des Ein-Tasters an.
- ☐ läuft der Antrieb nur nach Betätigung des Ein-Tasters an.
- ☐ ist der Antrieb nicht mehr einschaltbar.

9.2 Wendesteuerung als FB

Sie erhalten von der Firma „Wende GmbH“ den Auftrag, einen bibliotheksfähigen Baustein „MOT_REV“ zu entwickeln.
Entwerfen Sie das Programm für den Baustein mithilfe eines Zustandsgrafen.
Welche Schnittstelle muss der FB haben?
Wie sieht der Zustandsgraf aus? Der Eingang LEFT soll gegenüber RIGHT Vorrang haben.
Benutzen Sie den Baustein im Projekt „Förderband“ und nehmen Sie die Anlage in Betrieb.

Hilfen finden Sie auf Buch+Web im Inhaltsverzeichnis unter 9.2 Zustandsgraf – YΔ-Anlasser, Wendesteuerung als FB.

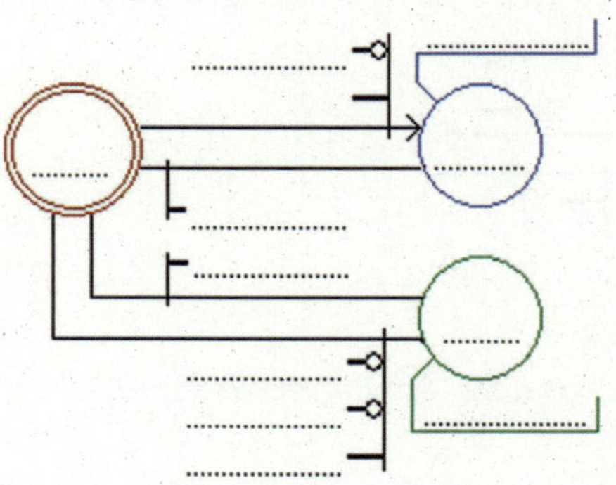

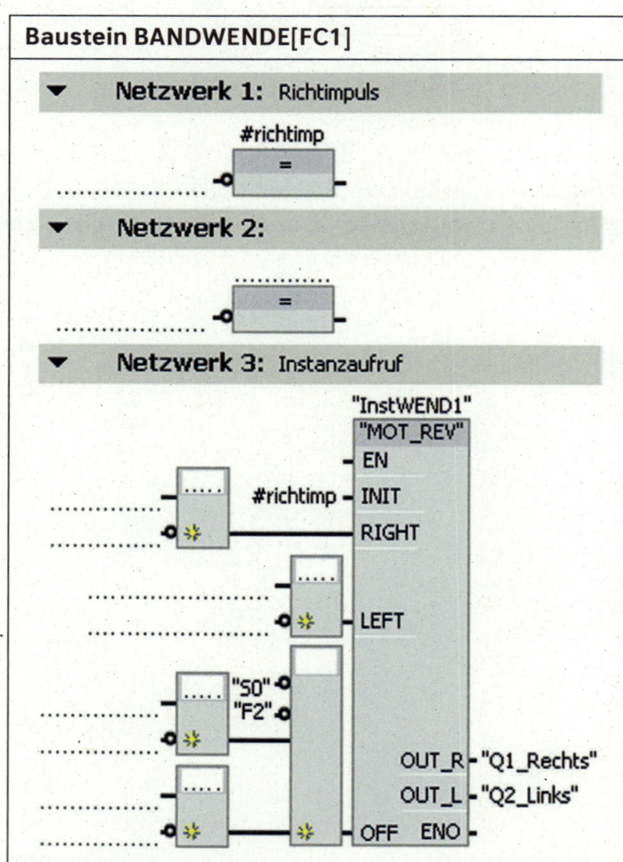

Stichworte für die Bewertung und Präsentation des Projekts

Programmbaustein MOT_REV[FB47]	
Schnittstelle	
Name	Datentyp
Input	
	BOOL
	BOOL
	BOOL
	BOOL
Output	
	BOOL
	BOOL
Static	
	BOOL
	BOOL
	BOOL

Netzwerk 1: Initialisieren

&

Netzwerk 2: Übergang Aus -> Rechts

&
#OFF

Netzwerk 3: Übergang Aus -> Links

&
#OFF

Netzwerk 4: Übergang Rechts -> Aus

&
#OFF

Netzwerk 5: Übergang Links -> Aus

&
#OFF

Netzwerk 6: Aktion Ausgang Rechts

#OUT_R
=

Netzwerk 7: Aktion Ausgang Links

#OUT_L
=

10 KOP, Zeiten

10.1 Schleifringläuferanlasser

Die bestehende Schützsteuerung einer Steinbrechmaschine soll umgerüstet werden. Sie erhalten den Auftrag, für die Funktionseinheit „Anlasser für einen Schleifringläufermotor" das Unterprogramm „SCH_ANLASSER" für die SPS S7 zu erstellen.

Für den Antrieb der Steinbrechmaschine wurde ein Schleifringläufermotor verwendet, um beim Anlauf der Maschine ein möglichst großes Anlaufmoment und einen kleinen Anlaufstrom zu erreichen.

Hilfen finden Sie auf Buch+Web im Inhaltsverzeichnis unter 10. Schleifringläuferanlasser.

Arbeitsplanung

1. Die alten Stromlaufpläne (Hauptstromkreis und Stromlaufplan der Schützsteuerung) ergänzen, um mit deren Hilfe das Programm in der Sprache KOP zu entwickeln.
2. Die Hardware der SPS konfigurieren. Die Zuordnung der Signalgeber und Schütze zu den Ein- und Ausgängen im Anschlussplan festlegen.
3. Treffende Symbole für die Operanden (I..., Q...) wählen.
4. Das Programm in der Sprache KOP entwickeln.
5. Das Programm testen, die Funktionseinheit in Betrieb nehmen und die Funktion protokollieren.

1. Stromlaufpläne

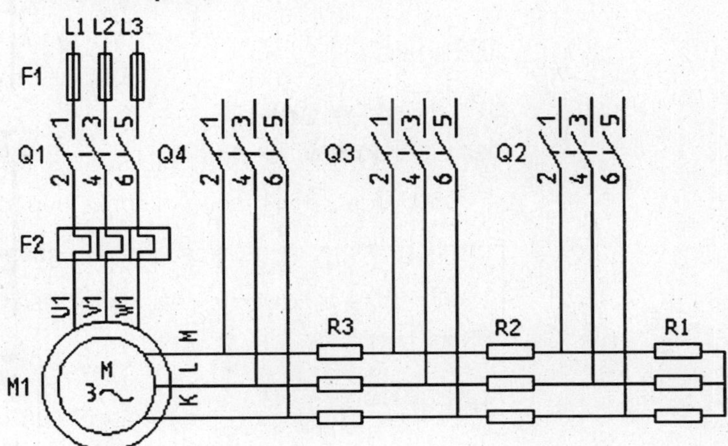

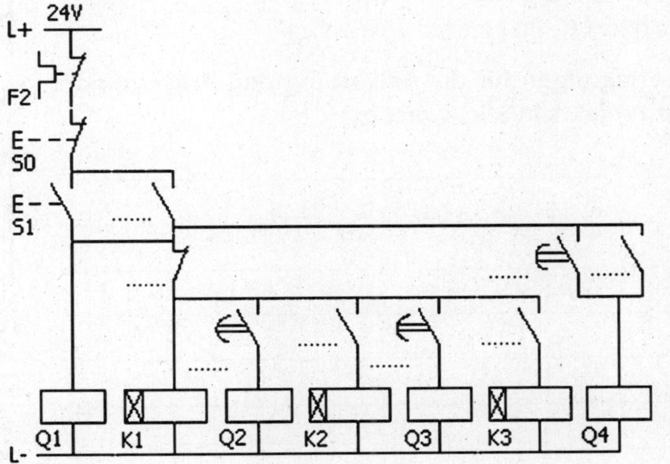

2. Anschlussplan

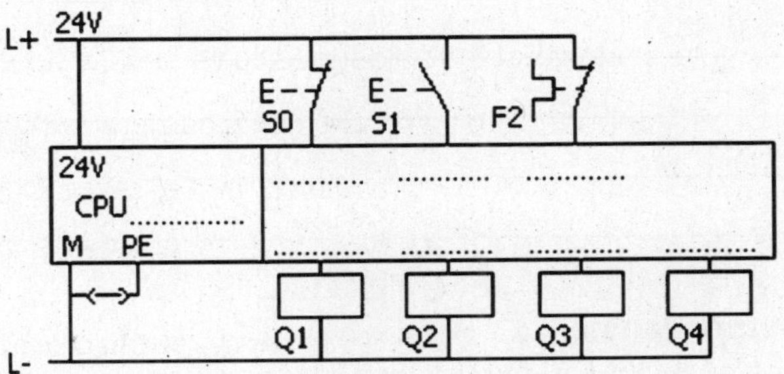

Zu 3. Variablentabelle

Schreiben Sie in die Tabelle treffende Namen für die Adressen.

Nachdem die Hardware konfiguriert und die Variablentabelle ausgefüllt wurde, kann der Programmcode in der Programmiersprache KOP geschrieben werden.

Variablentabelle

Name	Datentyp	Adresse	Kommentar
S0_	BOOL	%I	Taster, Öffner
S1_	BOOL	%I	Taster
F2_MotSch	BOOL	%I	Motorschutz, Öffner
Q1_	BOOL	%Q	Ständerschütz
Q2_	BOOL	%Q	
Q3_	BOOL	%Q	
Q4_	BOOL	%Q	

Zu 4. Unterprogramm FC1

Beachten Sie: .... -Verknüpfung
der Operanten

%I0.0 M0.0

Abfrage auf ....

.... -Verknüpfung
der Operanten

%I0.0 %Q0.0

%I0.0

....

Abfrage auf ....

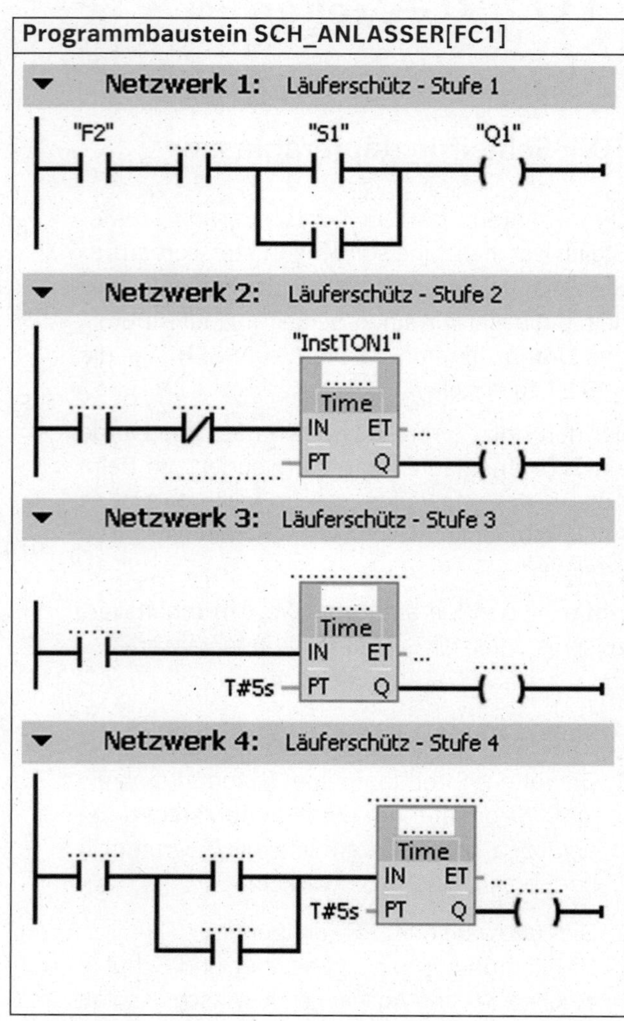

Das Unterprogramm FC1 muss noch im _____ aufgerufen und mit PLCSIM getestet werden.

Überlegungen für die Bewertung und Präsentation des Projekts in Stichworten:

___

___

___

___

___

___

___

___

___

___

___

___

___

Zu 5. Inbetriebnahme

Falls der Anlagensimulator vorhanden ist, schließen Sie ihn an der Steuerung an, laden Sie das Programm in die CPU und nehmen Sie die Anlage in Betrieb.

Funktionsprotokoll

Ereignisse:	**Folgen:**	
S1 kurz betätigt –>	Ständerschütz Q1 zieht an	ok
nach _________ –>	___________________________	___
nach weiteren _________ –>	___________________________	___
___________________ –>	___________________________	___
S0 kurz betätigt –>	Ständerschütz Q1 und _____________	___
oder _______________ –>	Ständerschütz Q1 und _____________	___

Wiederholungsfragen zu Kapitel 9 und 10

1. Welche Vorteile hat der Programmentwurf mithilfe eines Zustandsgrafen?

2. Welche Besonderheiten hat das Programm Startup[OB100]?

3. Was beachten Sie bei wechselnden Übergängen zwischen zwei Zuständen im Zustandsgrafen?

4. Was ist der Beobachtungswert bzw. der Aktualwert bei einem Instanz-DB?

5. Beschreiben Sie eine Möglichkeit, wie die Werte in einem Instanz-DB initialisiert werden können.

6. Wann ist es sinnvoll, ein Programm in der Programmiersprache KOP zu schreiben?

11 Ablaufsteuerungen entwerfen

11.1 Waschanlage

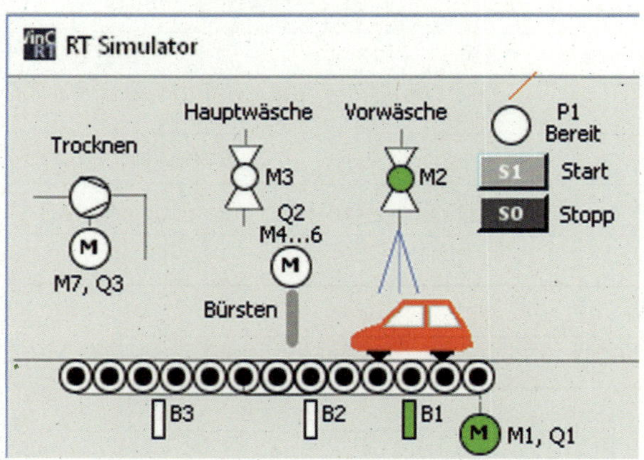

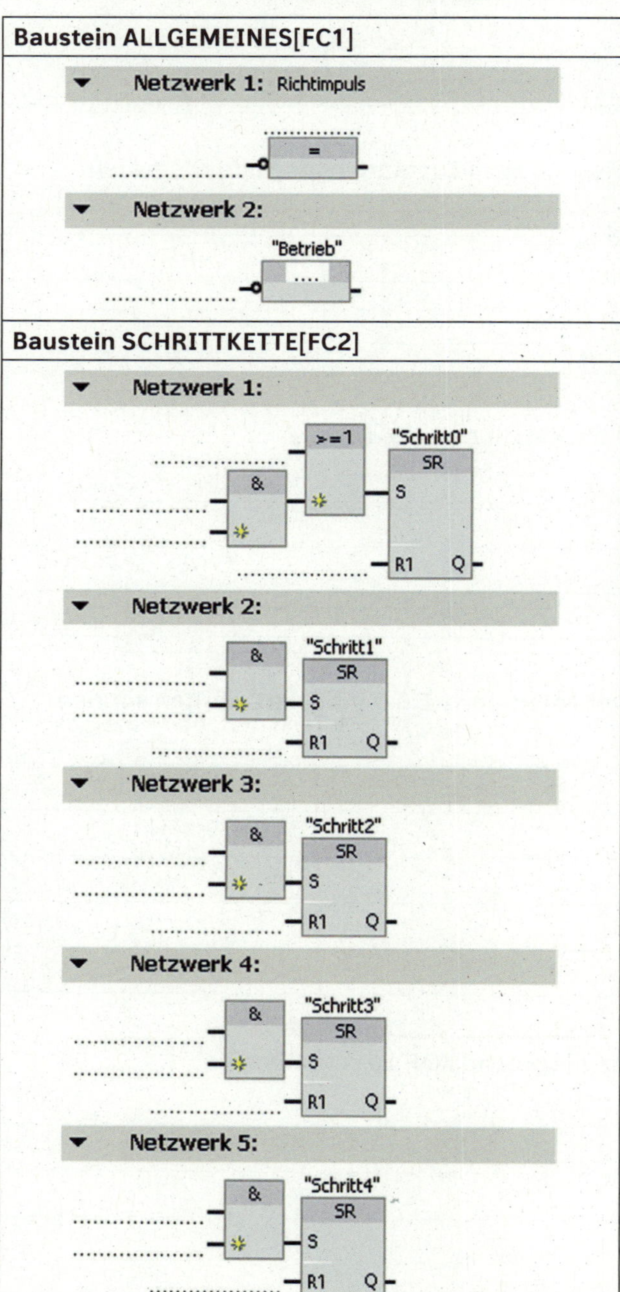

Auftrag 1

Ergänzen Sie den Funktionsplan und entwickeln, testen und dokumentieren Sie das Programm der Waschanlage für die Firma „Wasch-FIX".

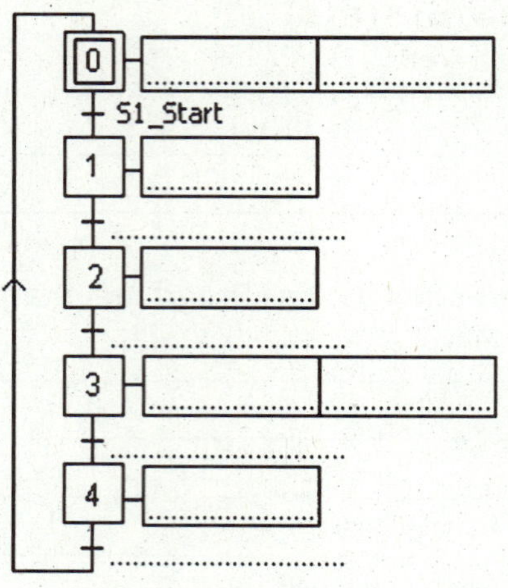

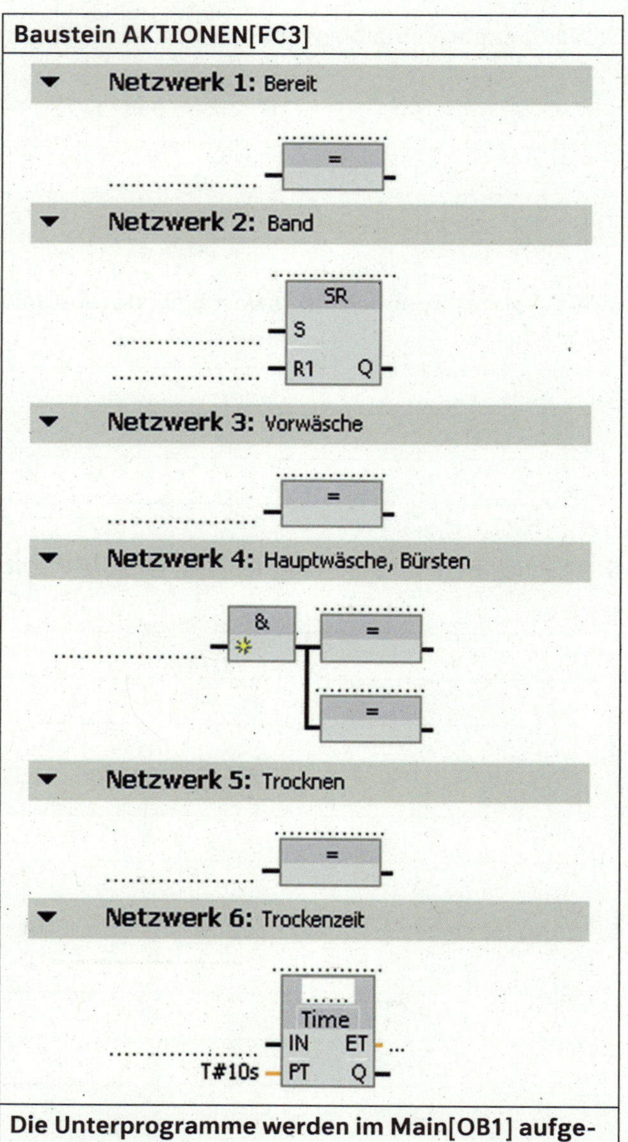

Die Unterprogramme werden im Main[OB1] aufgerufen.

Auftrag 2

Die Waschanlage ist mit einem STOPP-Taster S0(Ö) zu erweitern.

Ergänzen Sie zunächst den Funktionsplan. Programmieren, testen und dokumentieren Sie die Programmänderungen.

Hilfen finden Sie auf Buch+Web im Inhaltsverzeichnis unter 11.1 Waschanlage.

Funktionsplan und Programmergänzungen

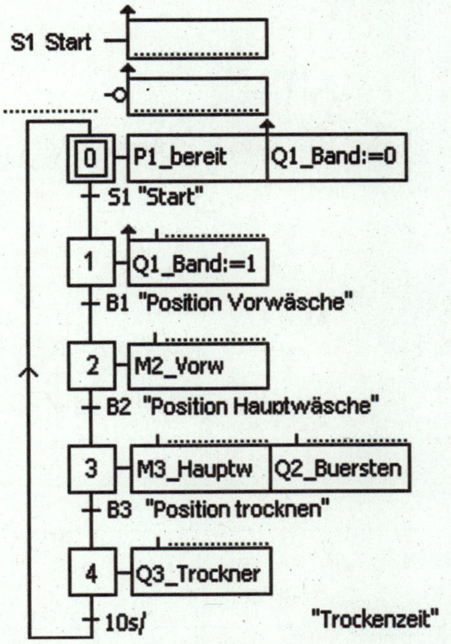

S1 Start
0
P1_bereit
Q1_Band:=0
S1 "Start"
1
Q1_Band:=1
B1 "Position Vorwäsche"
2
M2_Vorw
B2 "Position Hauptwäsche"
3
M3_Hauptw
Q2_Buersten
B3 "Position trocknen"
4
Q3_Trockner
10s/
"Trockenzeit"

Baustein ALLGEMEINES[FC1]

Die Netzwerke 1 und 2 bleiben unverändert.

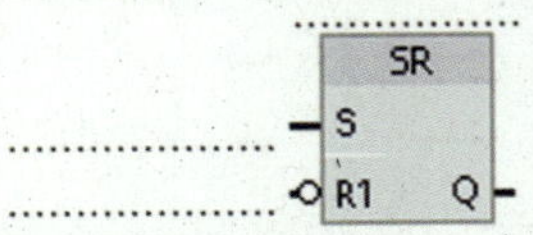

Netzwerk 3: Freigabe
SR
S
R1
Q

Baustein SCHRITTKETTE[FC2]

Baustein AKTIONEN[FC3]

Netzwerk 1: Bereit
Netzwerk 2: Band
SR
S
"Schritt0"
R1
Q
&
"Q1_Band"
=
Netzwerk 3: Vorwäsche
&
"M2_Vorw"
=
Netzwerk 4: Hauptwäsche, Bürsten
"M3_Hauptw"
&
=
"Q2_Buersten"
=
Netzwerk 5: Trocknen
&
"Q3_Trockner"
=
Netzwerk 6: Trockenzeit
"Trock_Zeit"
&
TON
Time
IN
ET
T#10s
PT
Q

Auftrag 3

Wird mit dem Schlüsselschalter S3 die Anlage von Automatik- auf Handbetrieb umgeschaltet, so kann mit dem START-Taster das Band unabhängig von der Schrittkette tippend gesteuert werden. Die Schrittkette wird auf den Anfangsschritt gesetzt.

Erweitern Sie das Programm, prüfen Sie die Funktion und dokumentieren Sie die Änderungen.

Baustein SCHRITTKETTE[FC2]

Netzwerk 1:
"Richtimp"
>=1
"Schritt0"
SR
"Schritt4"
&
S
"Trock_Zeit".Q
"Schritt1"
R1
Q
Netzwerk 2:
"Schritt1"
&
SR
"Schritt0"
"Start"
S
R1
Q
usw.

Baustein AKTIONEN[FC3]

Netzwerk 1: Bereit
Netzwerk 2: Band
"SR_Band"
SR
"Schritt1"
S
"Schritt0"
R1
Q
&
"Freigabe"
"Q1_Band"
=

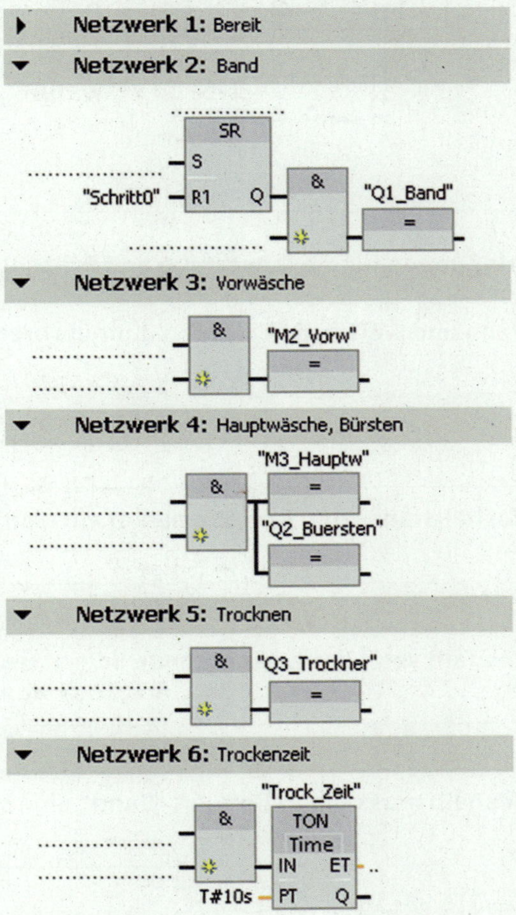

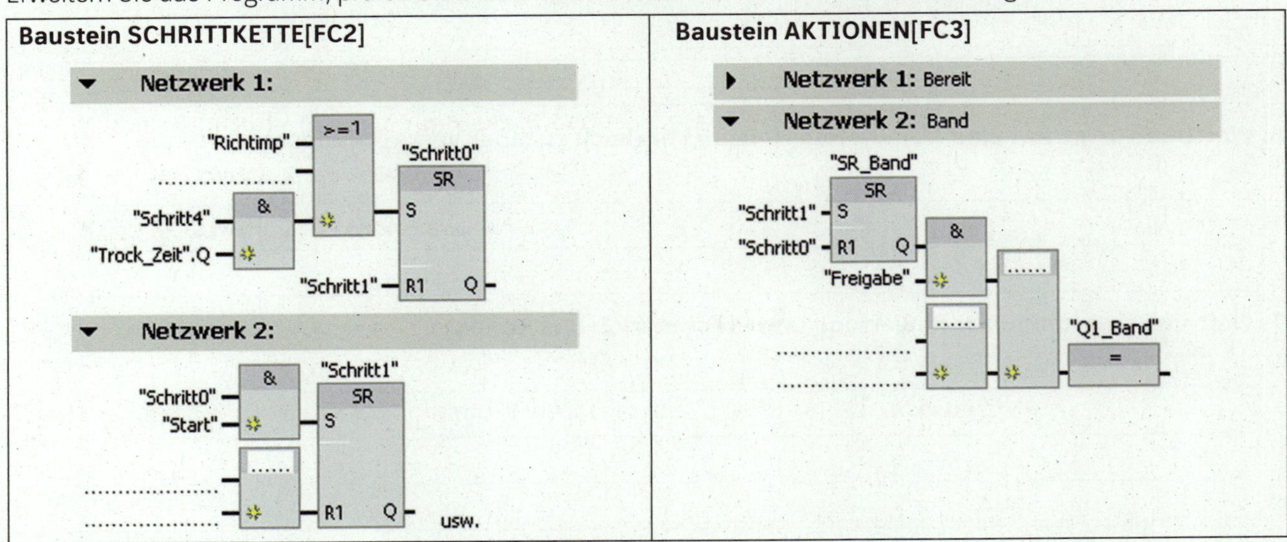

Mit S3 wird der Anfangsschritt ________, alle weiteren Schritte werden ____________.

Auftrag 4
Sie erhalten den Auftrag, das Programm zu erweitern, da zusätzlich ein Magnetventil M8 „Waschmittel" eingebaut wurde.
Ergänzen Sie den Funktionsplan und das Programm im FC ____.

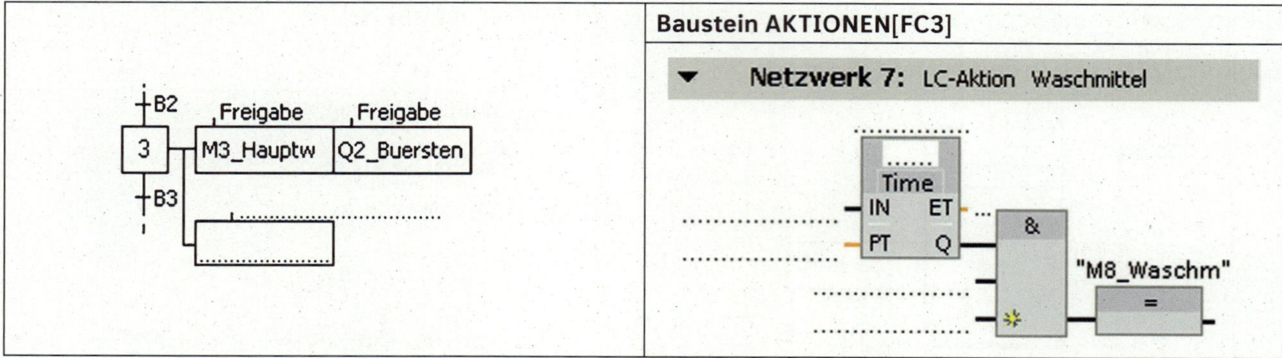

Überlegungen für die Bewertung und Präsentation des Projekts

1. Wann und warum wird der Richtimpuls erzeugt?

2. Weshalb muss der Betriebsmerker ein nichtremanenter Merker sein?

3. Weshalb setzt der nachfolgende Schritt den vorhergehenden Schritt zurück?

4. Weshalb muss die Aktion „Q1_Band" eine speichernde Aktion sein?

5. Welcher Fehler könnte vorliegen?
Schritt 2 ist aktiv, das Band läuft, das Ventil – Vorwäsche bleibt offen, alle weiteren Aktionen werden nicht ausgeführt.

6. Welchen Vorteil hat eine Ablaufsteuerung im Vergleich zu einer Verknüpfungssteuerung?

7. Weitere Stichpunkte zur Bewertung und Präsentation des Projekts:

Selbsttest: Ablaufsteuerungen entwerfen (Waschanlage)

Wählen Sie die richtigen Aussagen aus.

1. Ein Schritt wird nur aktiv, wenn

☐ der nachfolgende Schritt

☐ die zugehörige Aktion

☐ der vorhergehende Schritt

aktiv ist und die Weiterschaltbedingung erfüllt ist.

2. Welche Bilder zeigen den Programmausschnitt rechts?

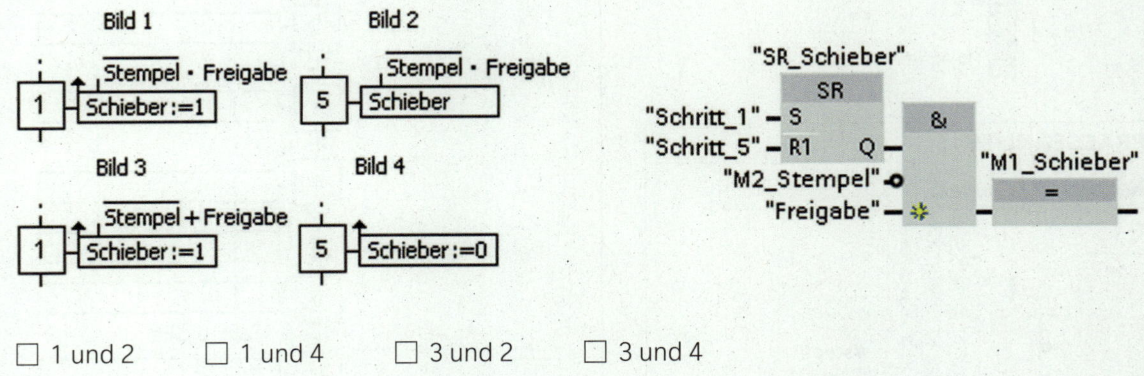

☐ 1 und 2 ☐ 1 und 4 ☐ 3 und 2 ☐ 3 und 4

3. Daten, die in Merkern gespeichert sind, können remanent sein.

Dieser Merkerspeicherbereich ist

☐ nicht vorhanden

☐ fest und von der CPU abhängig

☐ konfigurierbar

☐ programmierbar

4. Nach dem Neustart der CPU ist der Wert der Variable #richtimp

☐ immer „TRUE“, da der Wert der Variable „Betrieb“ immer „FALSE“ ist.

☐ nur im 1. Zyklus „FALSE“.

☐ nur im 1. Zyklus „TRUE“.

☐ immer „TRUE“, wenn der Wert der Variable „Betrieb“=“TRUE“ ist.

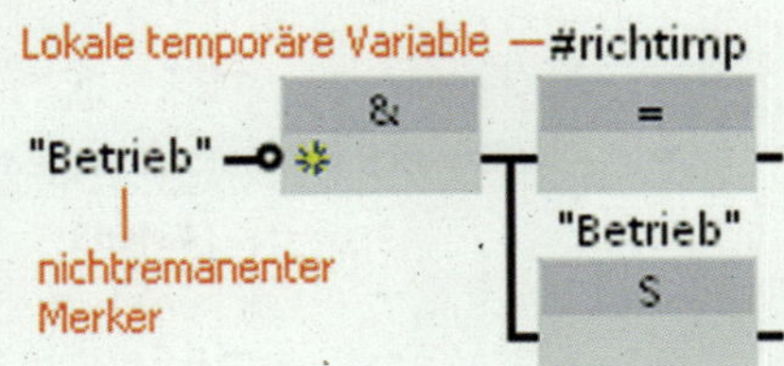

11.2 Prägesteuerung

Auftrag 1

Ergänzen Sie den Funktionsablaufplan nach IEC 61131 und entwickeln, testen und dokumentieren Sie das Programm der Prägesteuerung als FB für die Firma „Euro-FIX".

Hilfen finden Sie auf Buch+Web im Inhaltsverzeichnis unter Ablaufsteuerungen entwerfen.

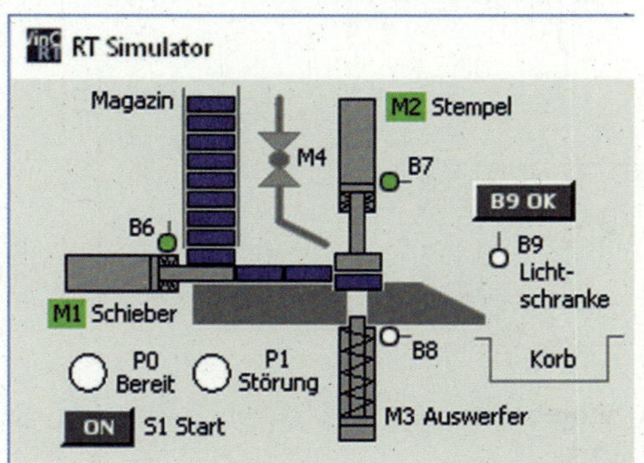

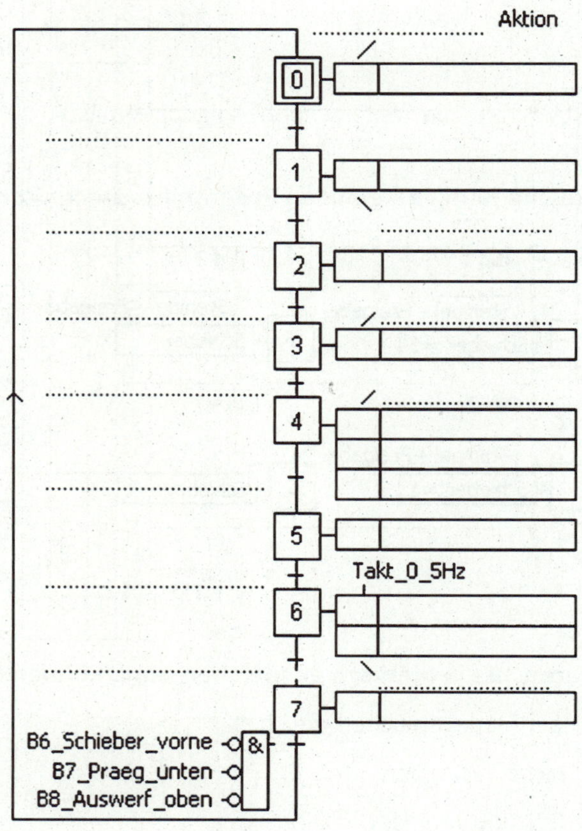

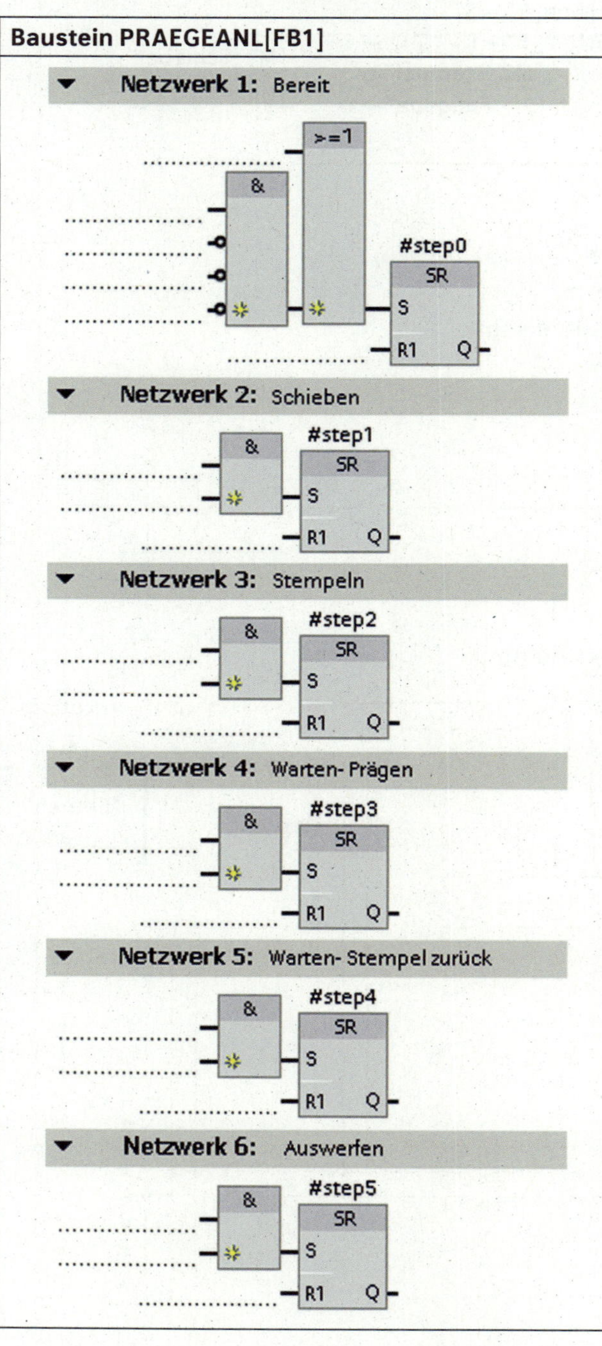

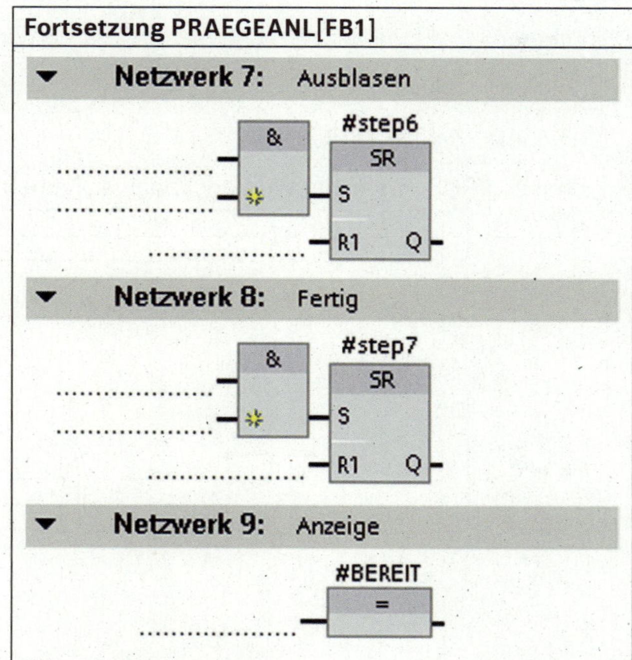

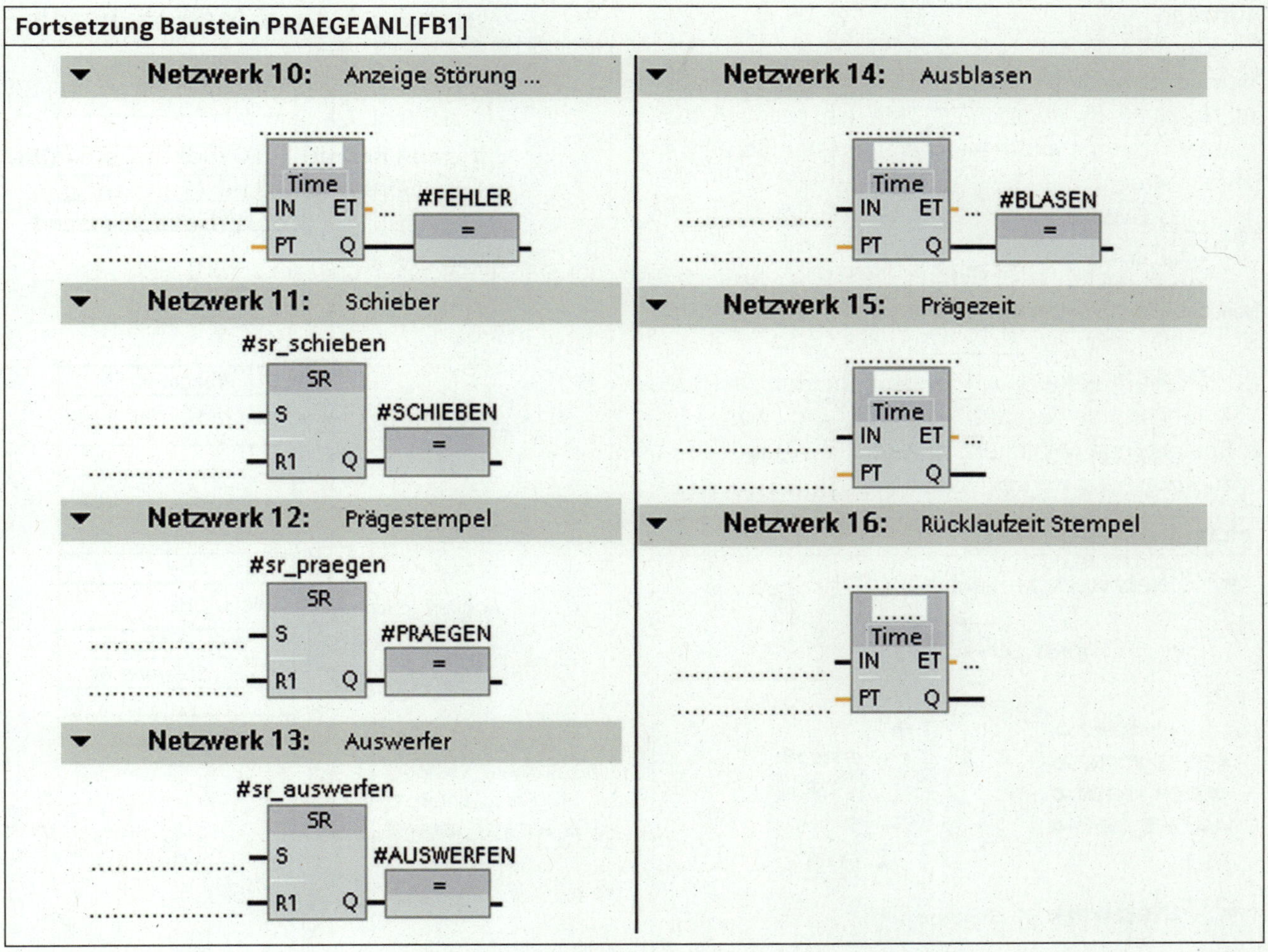

Fortsetzung Baustein PRAEGEANL[FB1]
Netzwerk 10: Anzeige Störung ...
Time
IN ET
PT Q
#FEHLER
=
Netzwerk 11: Schieber
#sr_schieben
SR
S
R1 Q
#SCHIEBEN
=
Netzwerk 12: Prägestempel
#sr_praegen
SR
S
R1 Q
#PRAEGEN
=
Netzwerk 13: Auswerfer
#sr_auswerfen
SR
S
R1 Q
#AUSWERFEN
=
Netzwerk 14: Ausblasen
Time
IN ET
PT Q
#BLASEN
=
Netzwerk 15: Prägezeit
Time
IN ET
PT Q
Netzwerk 16: Rücklaufzeit Stempel
Time
IN ET
PT Q

Programmbaustein MAIN[OB1]
Netzwerk 1: Virtuelle Anlage
Netzwerk 2: Richtimpuls
&
=
"Betrieb"
Netzwerk 3: Aufruf
"PRAEGEANL"
EN BEREIT "P0_Bereit"
#richtimpuls INIT_SQ SCHIEBEN "M1_Schieber"
"S1 Start" START PRAEGEN "M2_Praegestempel"
"B6_Schieb_vorne" SCHIEBER_VORNE AUSWERFEN "M3_Auswerfer"
"B7 Praeg unten" STEMPEL_UNTEN BLASEN "M4_Luftduese"
"B8_Auswerf_oben" AUSWERFER_OBEN FEHLER
"B9_im_Korb" IM_KORB ENO
Netzwerk 3: Störanzeige
"Clock_1.25Hz"
=

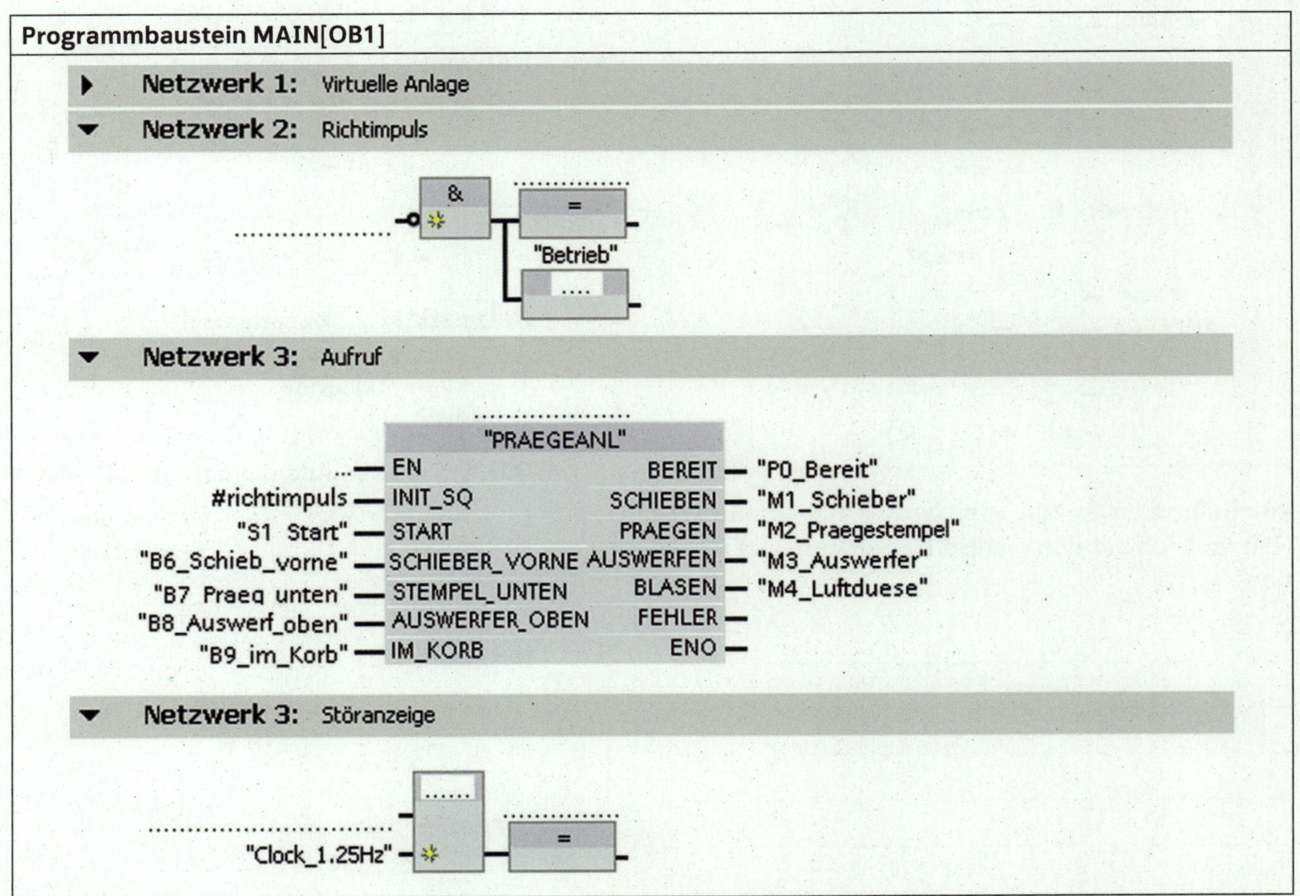

Auftrag 2

Erweitern Sie die Funktion der Prägesteuerung.
Mit dem Schlüsselschalter – S0 wird von Automatik- auf Handbetrieb umgeschaltet. Mit dem Stempel-Taster – S2 kann im Handbetrieb der Prägestempel ausgefahren werden.

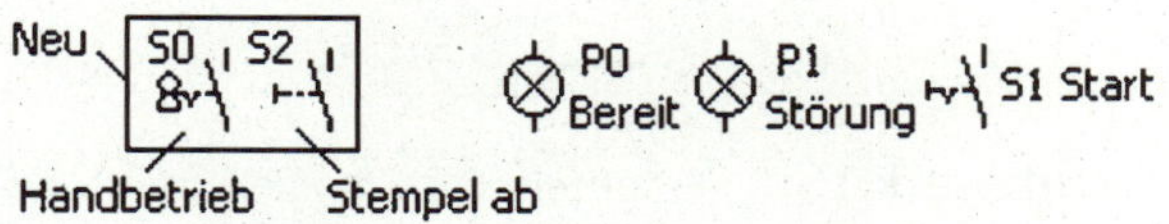

1. Die Schrittkette wird im Handbetrieb auf den Anfangsschritt gesetzt.
2. Speichernde Aktionen müssen im Handbetrieb zurückgesetzt werden.

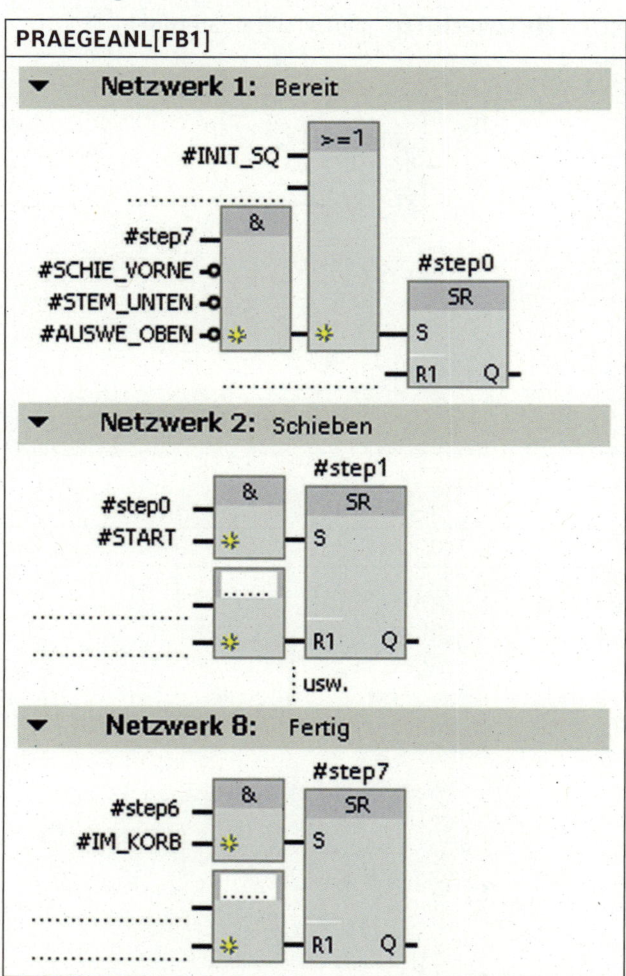

Weshalb müssen alle speichernden Aktionen im Handbetrieb mit dem Schritt 0 zurückgesetzt werden?

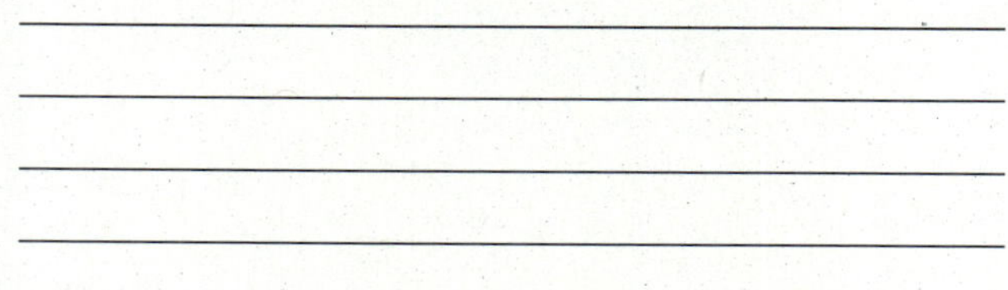

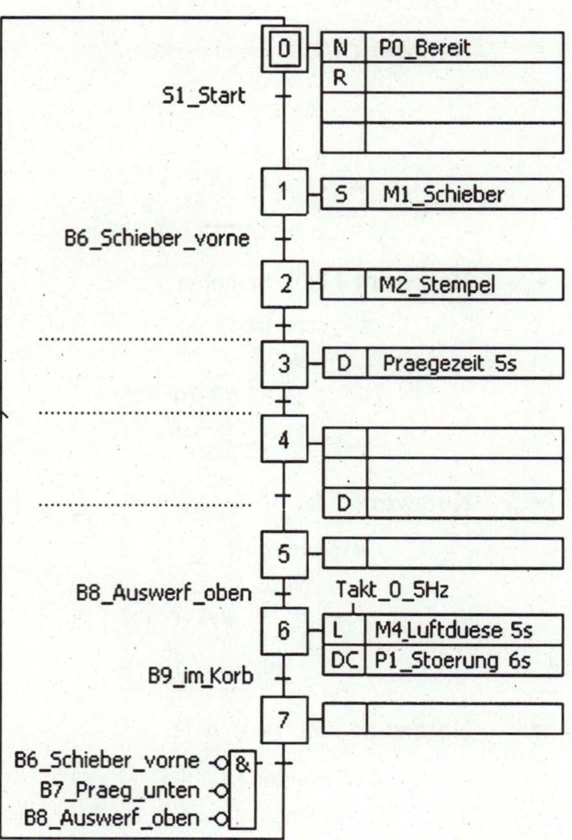

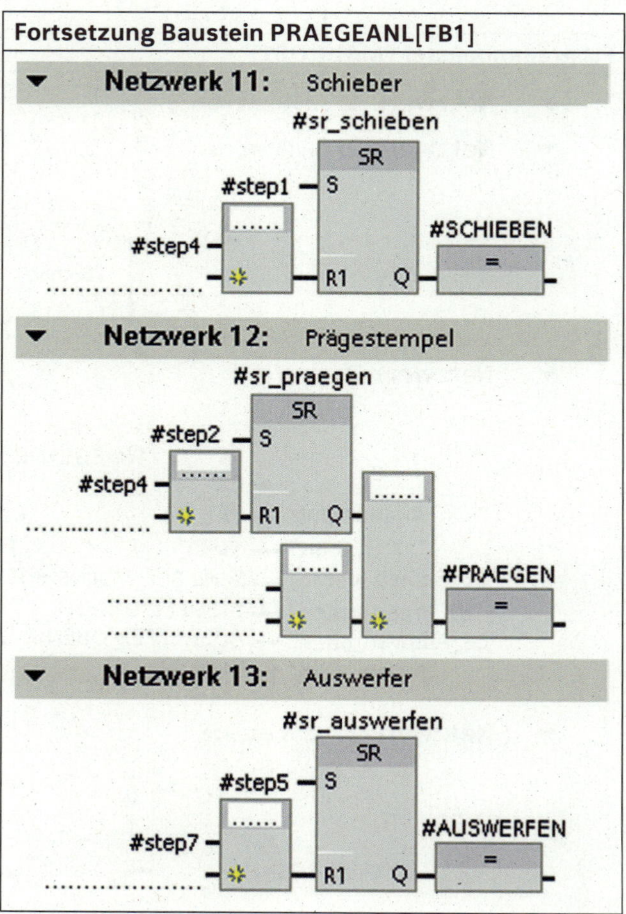

Überlegungen für die Bewertung und Präsentation des Projekts

1. **Welcher Schritt ist der Anfangsschritt? Welche besonderen Eigenschaften im Vergleich zu den anderen Schritten hat er?**

2. **Welche Bedeutungen haben die Buchstaben N, S, R, L, D im Aktionssymbol?**

3. **Die Anlage befindet sich in Schritt 3, der Schalter S1 wird eingeschaltet. Welche Auswirkungen hat das?**

4. **Weshalb muss die Aktion „M1_Schieber" eine speichernde Aktion sein?**

5. **Welcher Fehler könnte vorliegen?**
   Schritt 1 ist aktiv, der Schieber ist ausgefahren, alle weiteren Aktionen werden nicht ausgeführt.

6. **Weitere Stichpunkte zur Bewertung und Präsentation des Projektes.**

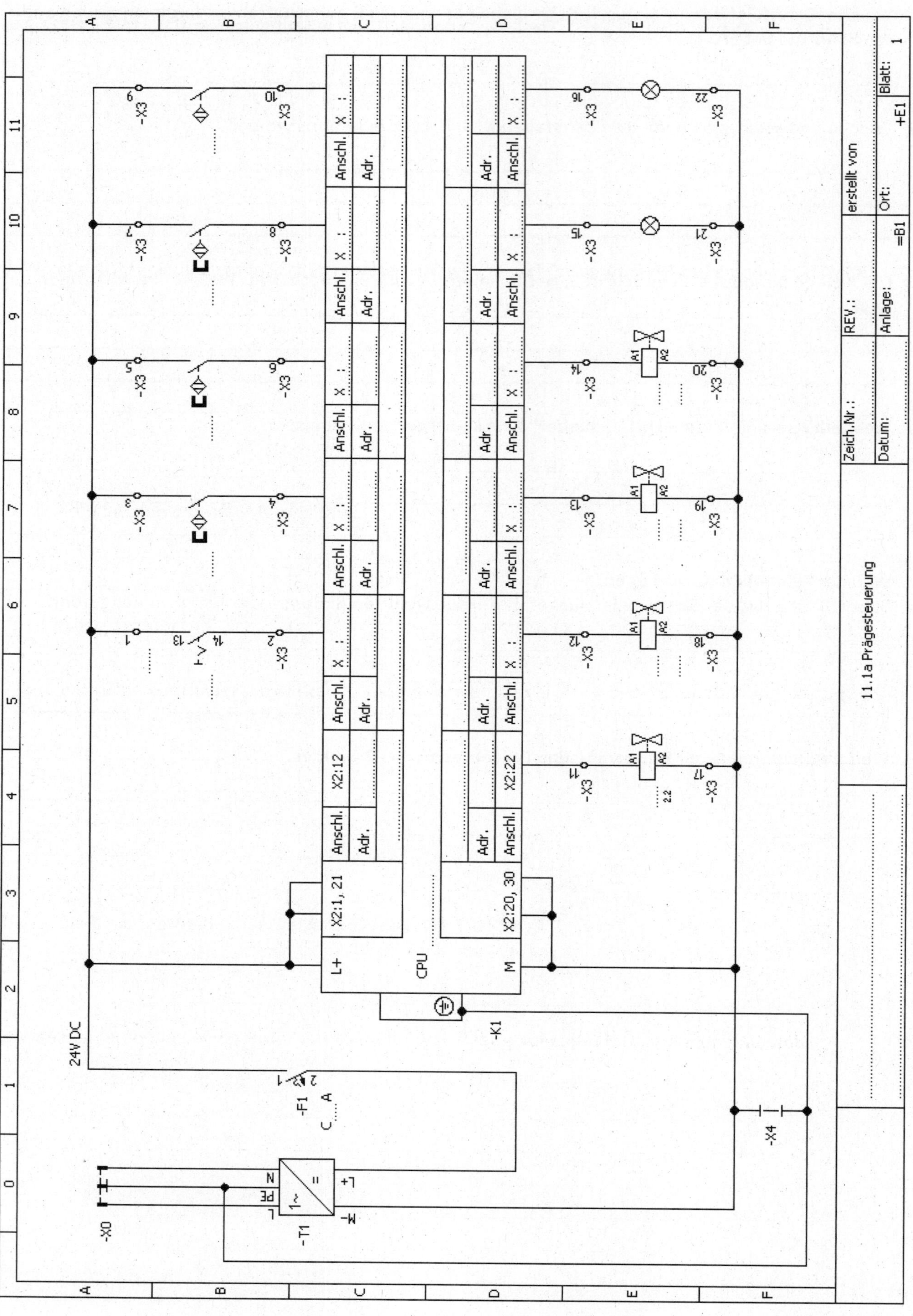
11.1a Prägesteuerung
CPU
L+
M
X2:1, 21
X2:20, 30
X2:12
X2:22
Anschl.
Adr.
24V DC
-T1
-X0
-F1
-K1
-X4
-X3
Zeich.Nr.:
Datum:
REV.:
Anlage:
=B1
erstellt von
Ort:
+E1
Blatt:
1

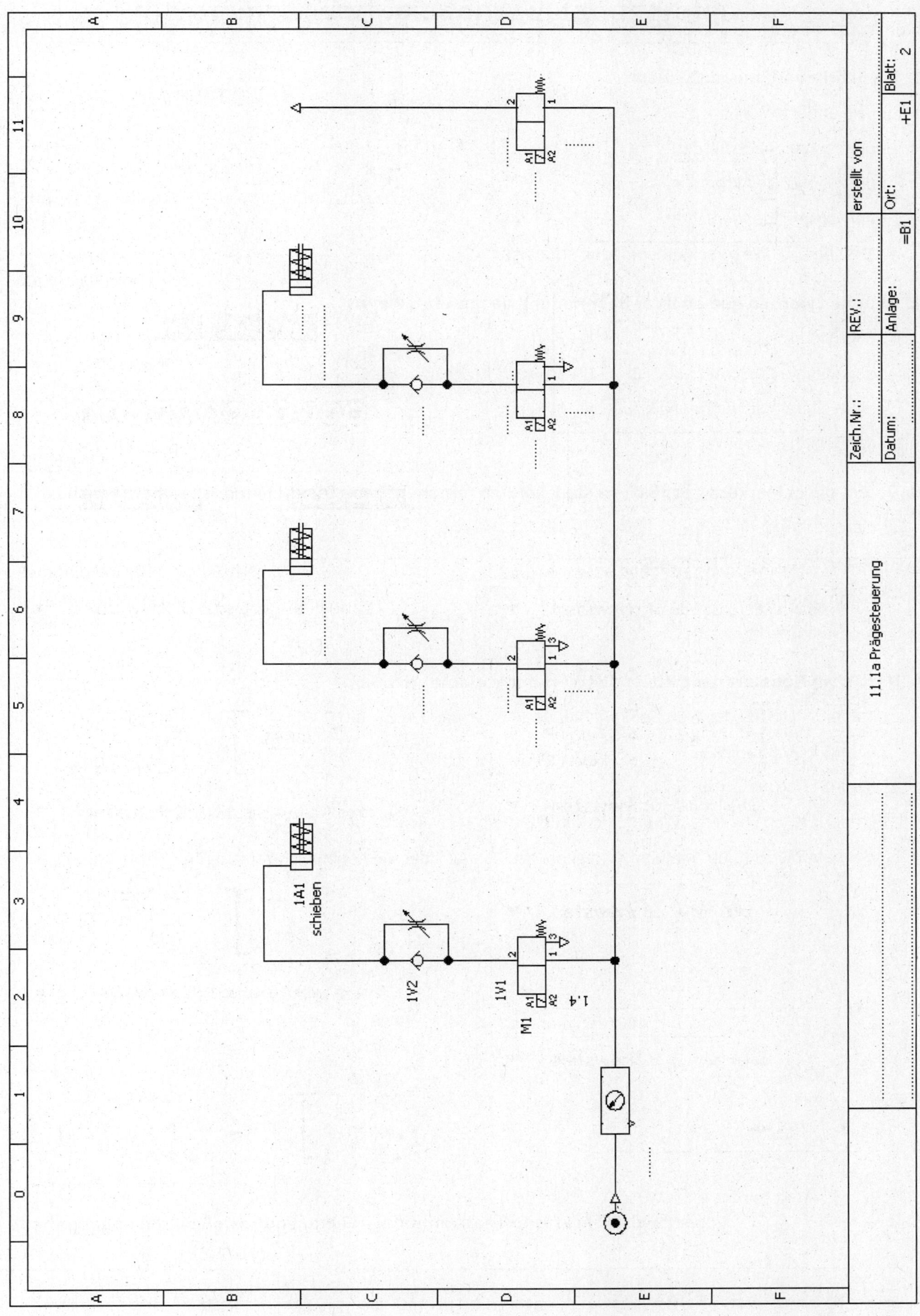
1A1
schieben
1V2
1V1
M1
1.4
11.1a Prägesteuerung
Zeich.Nr.:
REV.:
erstellt von
Datum:
Anlage:
=B1
Ort:
+E1
Blatt:
2

Selbsttest: Ablaufsteuerungen entwerfen (Prägesteuerung)

Wählen Sie die richtigen Aussagen aus.

1. Ein Schritt wird nur aktiv, wenn

- ☐ kein anderer Schritt
- ☐ der nachfolgende Schritt
- ☐ die zugehörige Aktion
- ☐ der vorhergehende Schritt

aktiv ist und die Weiterschaltbedingung erfüllt ist.

2. Aktionen werden gemäß ihrer Bestimmung ausgeführt, wenn

- ☐ Schritt 0 aktiv ist
- ☐ der zugehörige Schritt aktiv ist
- ☐ die Weiterschaltbedingung erfüllt ist
- ☐ der Schieber vorne ist

3. Daten, die in Merkern gespeichert sind, können remanent sein. Dieser Merkerspeicherbereich ist

- ☐ nicht vorhanden
- ☐ fest und von der CPU abhängig
- ☐ parametrierbar
- ☐ programmierbar

4. Nach dem Neustart der CPU ist der Wert der Variable „richtimp"

- ☐ immer ‚TRUE', da der Wert der Variable ‚Betrieb' immer ‚FALSE' ist.
- ☐ nur im 1. Zyklus ‚FALSE'.
- ☐ nur im 1. Zyklus ‚TRUE'.
- ☐ immer ‚TRUE', wenn der Wert der Variable'Betrieb'='TRUE' ist

Ist der Variable „Betrieb" ein Merker zugeordnet, so muss der Merker im nichtremanenten Speicherbereich liegen.

11.3 Ablaufauswahl – Farben mischen

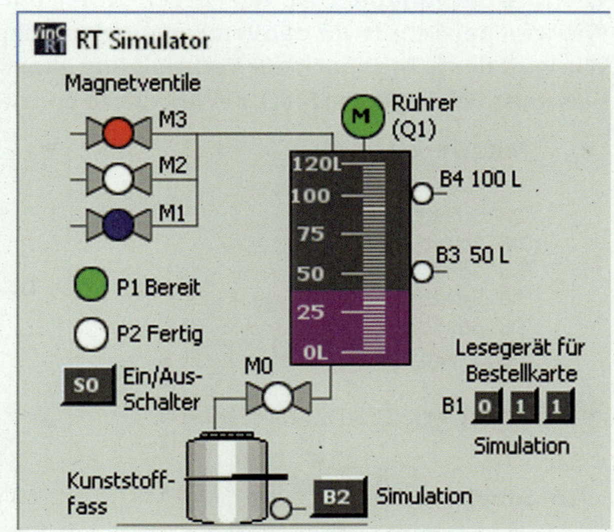

Sie erhalten den Auftrag, für die Steuerung der Farbmischanlage der Firma „Farbfroh“ ein Programm zu entwickeln und zu testen.
Dabei sind folgende Bedingungen zu erfüllen:
Ist die Anlage über den Schlüsselschalter (S0) eingeschaltet, P1 zeigt dies an, so wird über ein Bestellkarten-Lesegerät (vereinfacht: Reflexionslichtschranke B1.0, B1.1) bestimmt, welche Farbe in welcher Menge gemischt werden soll.
gruen_50L := B1.0 AND NOT B1.1;
violett_50L := B1.0 AND B1.1;
Mit den Magnetventilen wird der Rührer eingeschaltet.
Nach einer ausreichenden Verrühr- und Ablaufzeit wird die nächste Karte gelesen und eine weitere Farbmischung hergestellt.
Ist das Fass nicht in Position (B2), so muss das Magnetventil MV0 sofort schließen.
Wird die Anlage mit S0 ausgeschaltet, wird der Prozess noch zu Ende geführt, bis der Abfüllvorgang beendet ist. P2 zeigt dies an.

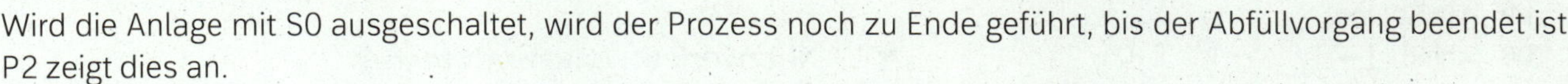

Hilfen finden Sie auf Buch+Web im Inhaltsverzeichnis unter 11.3 Ablaufauswahl – Farben mischen.

Was ist bei der Auswahl des Sensors B2 zu berücksichtigen?

____

____

Weshalb benutzen Sie für die Variablen „Schritt 1 ... 7“ remanente Speicherbereiche?

____

____

____

Funktionsplan

Ergänzen Sie den Funktionsplan, um daraus das Programm zu entwerfen.

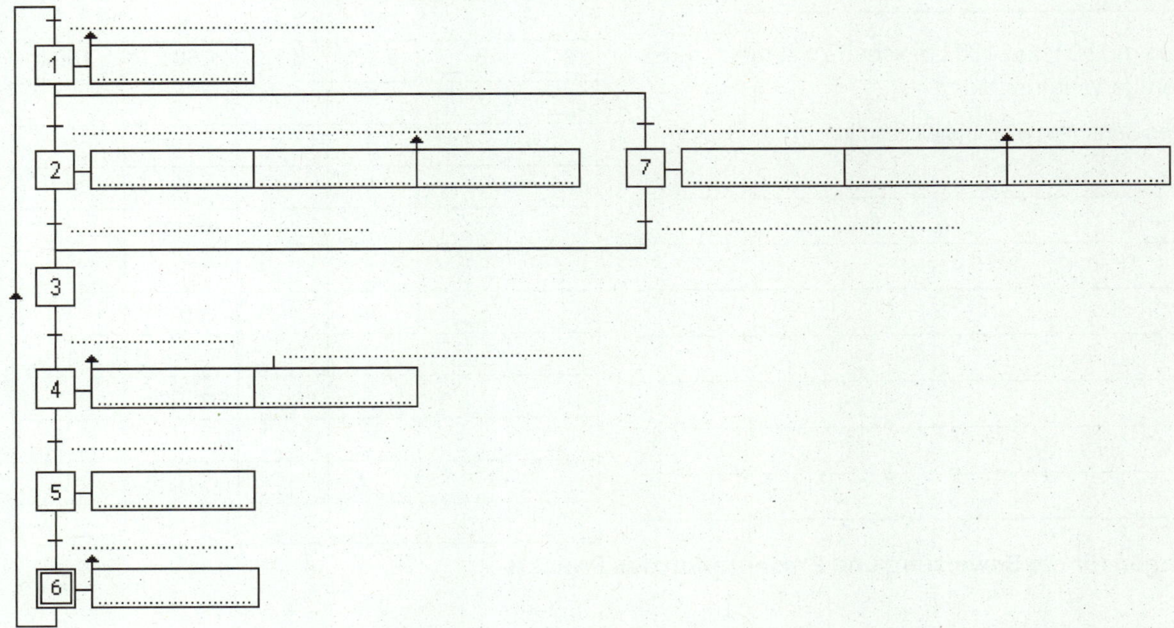

Besonderheiten im Programm

Wie wird die Variable „Richten“ beschrieben, um den Anfangsschritt zu aktivieren?
Wie wird der Schritt vor der Verzweigung zurückgesetzt?
Wie wird der Schritt nach der Verzweigung aktiviert?
Was muss bei der Aktion MVO, der Ablaufzeit und der Aktion MVblau berücksichtigt werden?

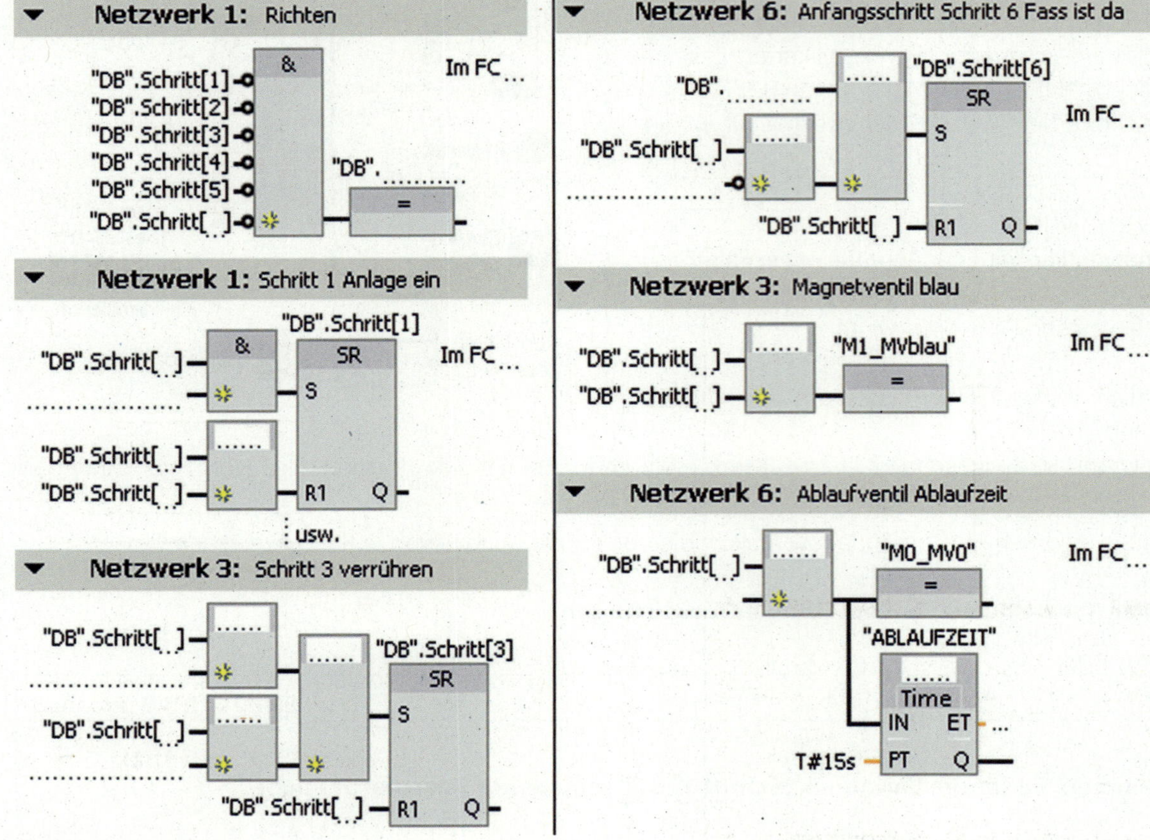

Übung

Ergänzen Sie den Teil des Funktionsplans für die Erweiterung mit Farbe „gruen_100L“.

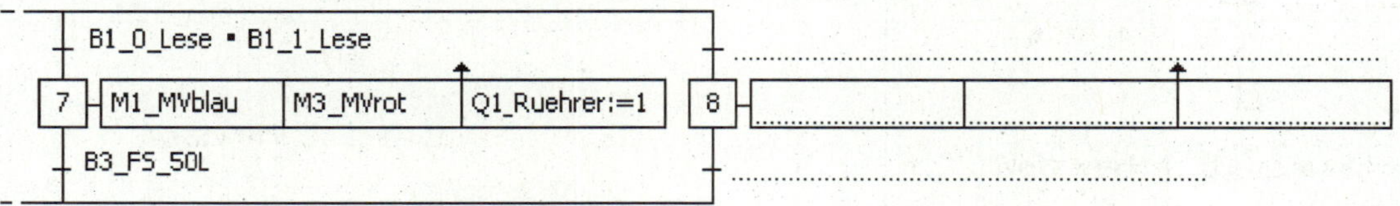

Um 5 Farben mit 50 l und 100 l mischen zu können, muss das Lesegerät erweitert werden.

Die optischen Sensoren B1.0 bis B1.3 sollten

B__	B__	B 1.1	B 1.0	50 l	100 l
_	_	0	0	–	–
_	_	0	1	grün	–
_	_	1	0	–	grün
_	_	1	1	violett	–
_	_	_	_	–	___
_	_	_	_	Farbe3	
_	_	_	_	–	___
_	_	_	_	Farbe4	
_	_	_	_	–	___
_	_	_	_	Farbe5	
_	_	_	_		___

Überlegungen für die Bewertung und Präsentation des Projekts

Selbsttest: Ablaufsteuerungen entwerfen (Ablaufauswahl – Farben mischen)

Wählen Sie die richtigen Aussagen aus.

1. Nach einer Synchronisierung

- ☐ ist keine Transition notwendig
- ☐ ist eine Transition notwendig
- ☐ sind zwei Transitionen notwendig
- ☐ eine oder zwei Transitionen notwendig

2. Die Weiterschaltbedingungen zu den Transitionen

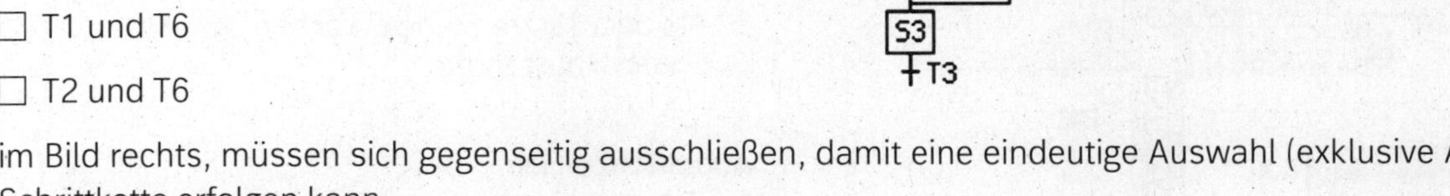

- ☐ T1 und T2
- ☐ T1 und T5
- ☐ T1 und T6
- ☐ T2 und T6

im Bild rechts, müssen sich gegenseitig ausschließen, damit eine eindeutige Auswahl (exklusive Auswahl) der Schrittkette erfolgen kann.

3. Beim Entfernen des Fasses muss das Ablassventil MV0 geschlossen sein oder sofort schließen. Deshalb muss es eine

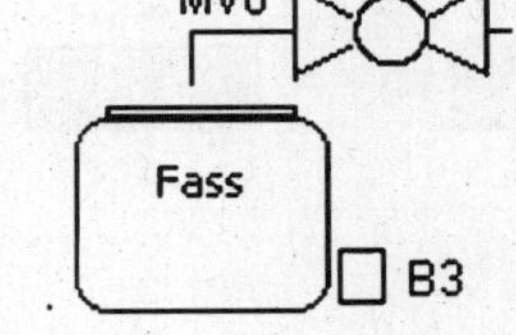

- ☐ speichernde Aktion sein.
- ☐ verzögernde Aktion sein.
- ☐ zeitlich begrenzte Aktion sein.
- ☐ Aktion mit Zuweisungsbedingung sein.

4. Sollen 5 Farben mit den Mengen 50 Liter und 100 Liter gemischt werden können, so muss das Lesegerät noch zusätzlich

- ☐ einen
- ☐ zwei
- ☐ drei
- ☐ vier

Balken auf der Bestellkarte lesen können.

11.4 Teil-GRAFCETs – Prägesteuerung 2

Die Funktion eines automatisierten Systems kann mit Teil-GRAFCETs beschrieben werden. Der globale GRAFCET wird gegliedert. Die Teil-GRAFCETs werden mit G*, z. B. mit G1 und G10, gekennzeichnet.
Ein Teil-GRAFCET kann über zwangsgesteuerte Befehle andere Teil-GRAFCETs steuern.

Sie erhalten von der Firma „Euro-FIX" den Auftrag, die Prägesteuerung mit den Betriebsarten „Not-Halt", „Hand" und „Automatik" zu erweitern. Die Funktion der Anlage ist im Pflichtenheft mit Teil-GRAFCETs beschrieben. Erstellen und testen Sie mithilfe der GRAFCETs das Programm.

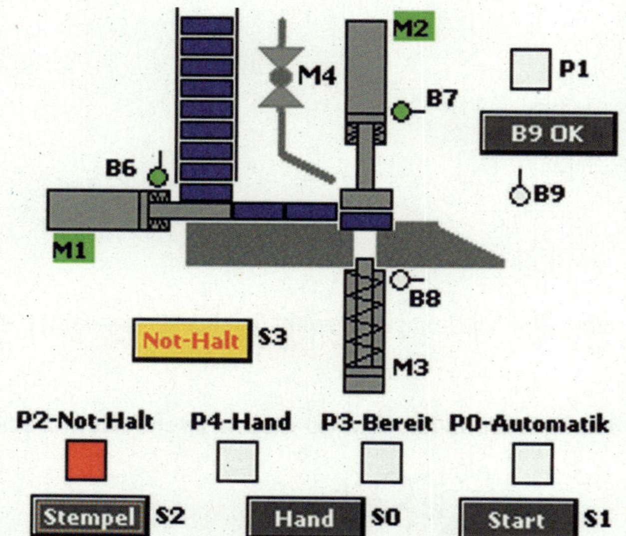

Betriebsart Not-Halt
Mit dem Not-Aus schalten Sie in die Betriebsart Not-Halt.

Handbetrieb
1. Schalten Sie den Hand-Schalter ein
2. Mit dem Taster Stempel können Sie den Stempel ausfahren

Automatikbetrieb
1. Schalten Sie den Hand-Schalter aus
2. Schalten Sie den Start-Schalter ein der Zyklus ist freigegeben.

Mit dem Schalter "B9 ok" können Sie einen Fehler simulieren

Ergänzen Sie die Teil-GRAFCETs.

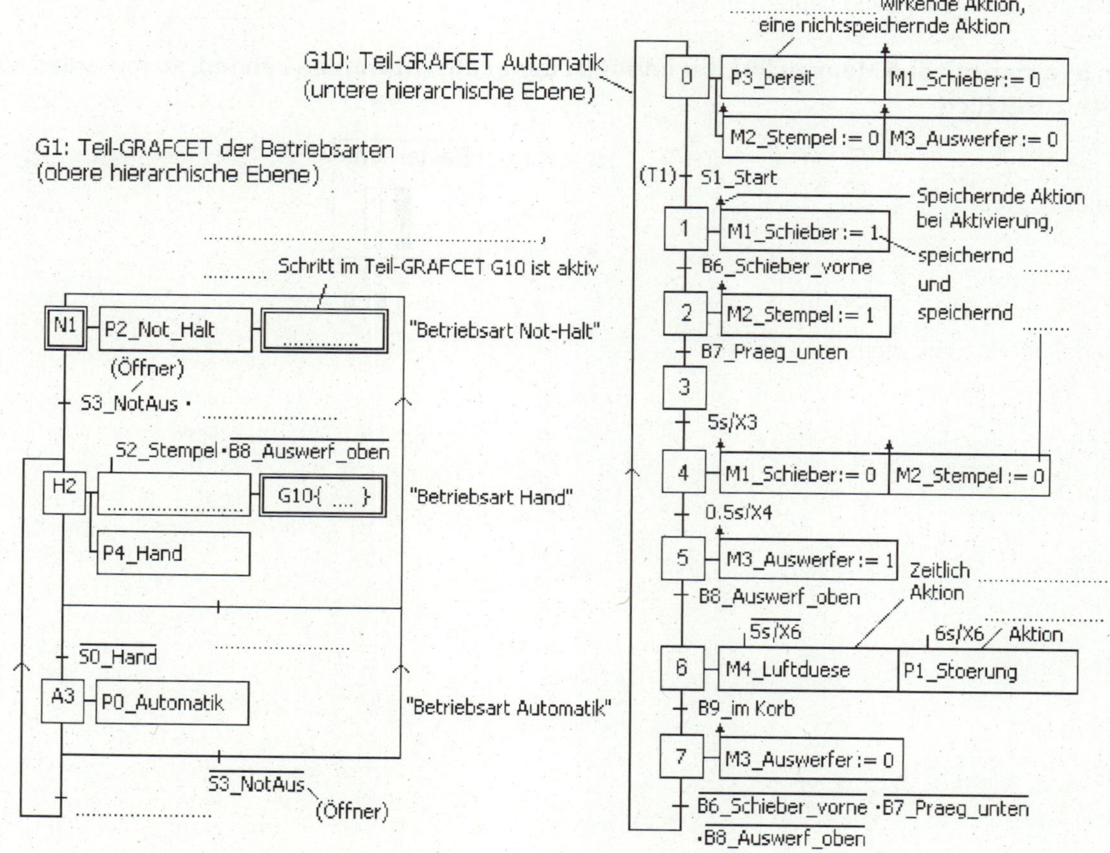

Erstellen Sie mithilfe der GRAFCETs das Programm.

Beschreiben Sie zunächst den Ablauf des Teil-GRAFCET G1 (die Ereignisse treten zeitlich nacheinander auf) und **beantworten Sie** die Fragen.

Ereignis:		**Reaktion**
1.	Neustart	Schritt N1 ist aktiv, P2 leuchtet, kein Schritt im G10 ist aktiv.
2.	S0 wird eingeschaltet	Schritt ____ ist aktiv, ____________________ ____________________ M2_Stempel =1, wenn ____________________ ____________________
3.	S0 wird ausgeschaltet	Schritt ____________________ ____________________
4.	S0 wird eingeschaltet	wie ____
5.	Schritt H2 ist aktiv, S3 wird betätigt	wie ____
6.	Schritt A3 sei aktiv, S3 wird betätigt	wie ____

1. **Weshalb sind dem Schritt 0 die gespeichert wirkende Aktionen „M1_Schieber := 0" … „M3_Auswerfer := 0" zugeordnet?**

   ____

   ____

   ____

   ____

2. **Schritt 6 ist seit 3 s aktiv. Welchen Wert hat die Variable M4_Luftduese und P1_Stoerung?**

   ____

3. **Welche Störung liegt vor, wenn Schritt 6 seit 10 s aktiv ist?**

   ____

   ____

Überlegungen für die Bewertung und Präsentation des Projekts in Stichworten:

____

____

____

Selbsttest: Ablaufsteuerungen entwerfen (Teil-GRAFCETs, Betriebsarten)

Wählen Sie die richtigen Aussagen aus.

1. Das Bild zeigt

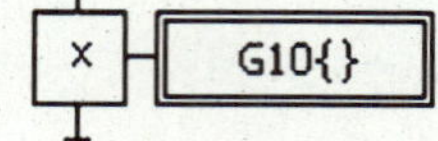

- ☐ eine Anfangsaktion.
- ☐ eine leere Aktion im G10.
- ☐ eine Aktion mit Zuweisungsbedingung.
- ☐ einen zwangsgesteuerten Befehl.

2. Wird Schritt x aktiviert, so

- ☐ wird G10 aktiviert.
- ☐ wird im G10 Schritt 0 aktiviert.
- ☐ wird im G10 der Anfangsschritt aktiviert.
- ☐ werden alle Schritte im G10 deaktiviert.

3. Der Variable „M1_Schieber“ wird im Schritt 1 der Wert „TRUE“ (speichernd ein) und im Schritt 4 der Wert „FALSE“ (speichernd aus) zugeordnet. Welches Bild zeigt eine mögliche Programm-Lösung?

☐ Kein Bild. ☐ Bild 1 ☐ Bild 2 ☐ Bild 3

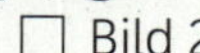

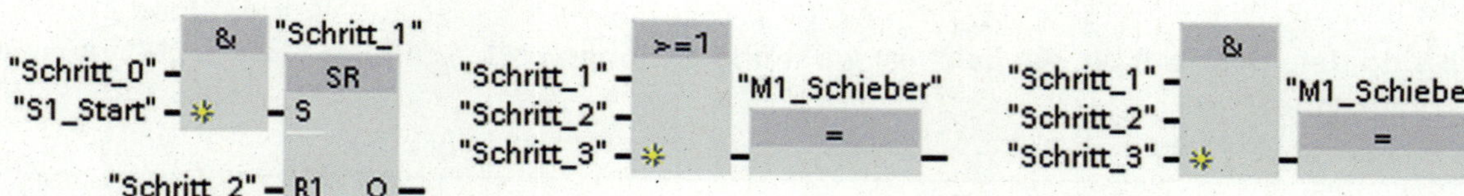

4. Ein Teil-GRAFCET

- ☐ hat maximal zwei Schritte.
- ☐ zeigt die Funktion eines Anlageteils.
- ☐ zeigt nur den Ablaufteil und nicht den Wirkteil.
- ☐ zeigt nur den Wirkteil und nicht den Ablaufteil.

12 Zähler

12.1 Parkhaus mit Zähler

Sie erhalten den Auftrag, das Programm für die Parkhausanlage zu erstellen, zu testen, in Betrieb zu nehmen, zu dokumentieren und dem Kunden zu präsentieren.

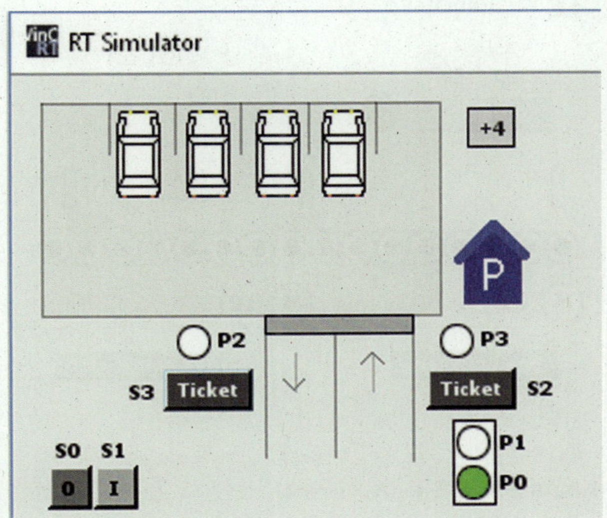

Beschreibung:
An der Einfahrt ist eine Ampel angebracht, die bei voll besetztem Parkhaus auf rot schaltet. Sind noch Stellplätze frei, so ist die Ampel auf grün geschaltet.
In der Einfahrt befindet sich ein Ticket-Automat, der durch Betätigung des Einfahr-Tasters „S2_Ticket" ein Ticket ausgibt und dadurch einen freien Platz vergibt.
In der Ausfahrt befindet sich ebenfalls ein Automat, der durch Einstecken des Tickets „S3_Ausfahrt" den Stellplatz wieder freigibt.
Mit dem Taster „S1_Parkh_auf" wird das Parkhaus geöffnet, mit dem Taster „S0_Parkh_zu" geschlossen. **Hilfen** finden Sie auf Buch+Web im Inhaltsverzeichnis unter 12. Parkhaus.

Funktion des IEC- Zählers CTUD v

- CU- ____________________
- CD- ____________________
- R- ____________________
- LOAD- ____________________
- PV- ____________________
- Der Ausgang QU wird dann „TRUE", ____________________
- Der Ausgang QD wird dann „TRUE", ____________________

Überlegungen für die Bewertung und Präsentation des Projekts in Stichworten:

____

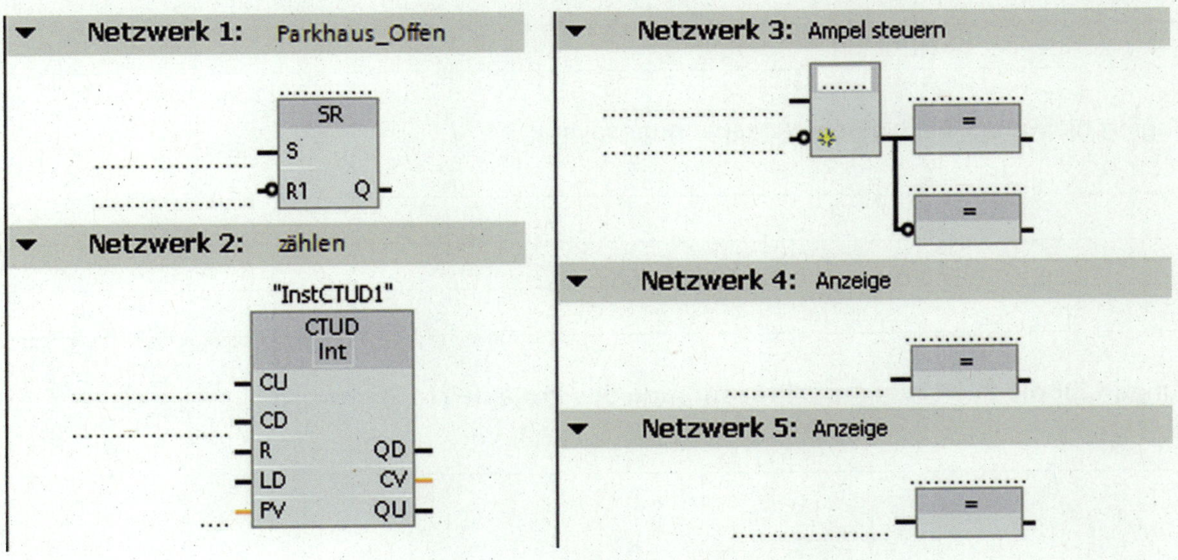

12.2 Übung: Zähler – Förderanlage

Sie erhalten den Auftrag, das Programm für die Förderanlage aus Kapitel 3.1 zu erweitern, zu testen, in Betrieb zu nehmen, zu dokumentieren und dem Kunden zu präsentieren.
Die Funktion ist im GRAFCET beschrieben.

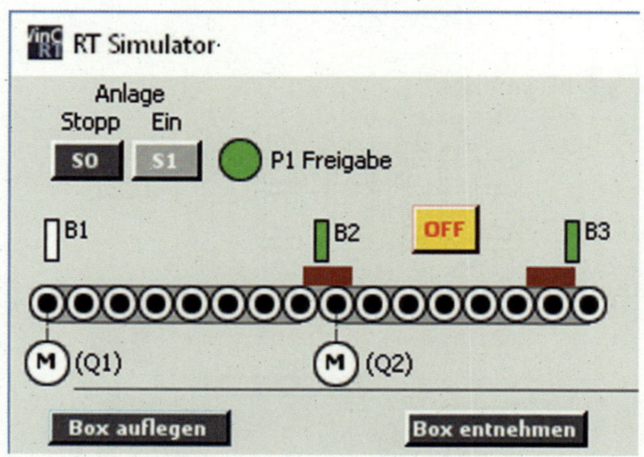

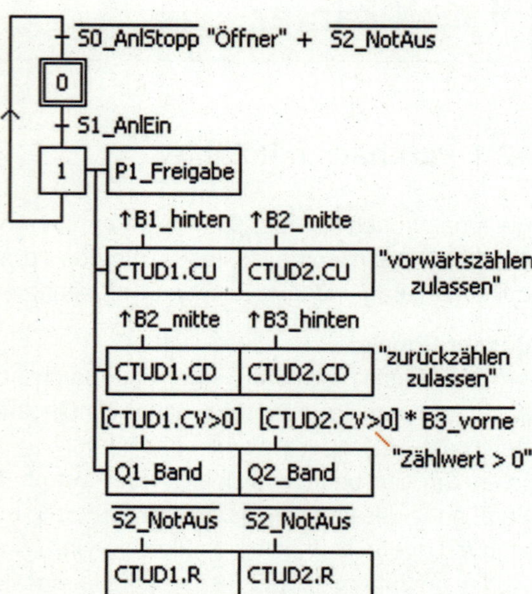

Analysieren Sie die Funktion der Anlage mithilfe des GRAFCETs.

1. **Welche Bedingungen müssen erfüllt sein, damit der Bandantrieb für Band 1 einschaltet?**

___

___

2. **Wie werden im GRAFCET die Aktionen "P1_Freigabe" und "Q1_Band" bezeichnet?**

___

___

3. **Der Zähler CTUD1 zählt vorwärts, wenn** ___

4. **Nennen Sie zwei Möglichkeiten, um den Anfangsschritt bei einem Neustart der CPU zu aktivieren.**

___

5. **Wie können die Signale der Sensoren, die den Zählwert bestimmen, „entprellt" werden?**

___

___

6. **Wie reagiert die Anlage nach einem Netzspannungsausfall?**

___

___

___

___

Überlegungen für die Bewertung und Präsentation des Projektes in Stichworten:

___

Selbsttest: Zähler

Wählen Sie die richtigen Aussagen aus.

1. Der Zählerausgang „QU“ des IEC-Zählers wird dann „TRUE“ (logisch 1), wenn sein Zählwert

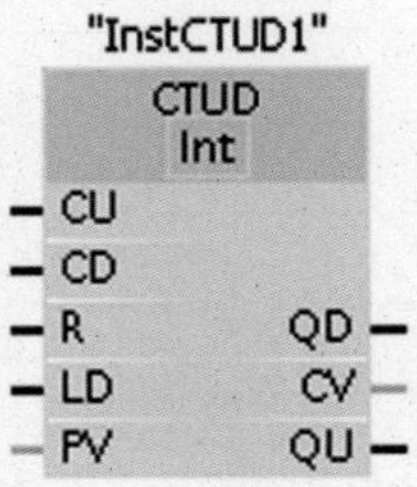

☐ kleiner als 0 ist.

☐ gleich 0 ist.

☐ größer als der PV-Wert ist.

☐ größer oder gleich dem PV-Wert ist.

2. Über den CU-Eingang wird der Zählwert bei

☐ einem Signalwechsel von FALSE auf TRUE um 1 verringert.

☐ einem Signalwechsel von FALSE auf TRUE um 1 erhöht.

☐ einem Signalwechsel von TRUE auf FALSE um 1 erhöht.

☐ einem Signalwechsel von TRUE auf FALSE um 1 verringert.

3. Wenn der Signalzustand am Eingang LD auf „1“ wechselt, wird der Zählwert am Ausgang CV

☐ auf 0 gesetzt.

☐ um 1 erhöht.

☐ auf den Wert des Parameters PV gesetzt.

☐ auf den vorhergehenden Wert zurück gesetzt.

4. Der Zähler mit dem Datentyp Int (integer – ganzzahlig) kann

☐ von 0 bis 999 zählen.

☐ von -999 bis 999 zählen.

☐ von 0 bis 32767 zählen.

☐ von –32768 bis 32767 zählen.

Wiederholungsfragen zu Kapitel 11 und 12

1. Welche Vorteile hat eine Ablaufsteuerung gegenüber einer Verknüpfungssteuerung?

2. Beschreiben Sie den Sinn der Gliederung des Programms in Unterprogramme FC1...FC3.

3. Wodurch unterscheidet sich der Anfangsschritt von den anderen Schritten?

4. Könnten die Positionsschalter bei der Waschanlage durch Zeit-Funktionen ersetzt werden? Welche Vorteile hätte diese Lösung?

5. Beschreiben Sie den Unterschied zwischen einer Ablaufsteuerung mit Ablaufauswahl und einer Ablaufsteuerung mit Synchronisierung.

6. Wie groß ist der Zählbereich des CTUC-Int?

13 Programmieren in der Ablaufsprache mit S7-GRAPH

13.1 Ablaufsprache „S7-GRAPH“, Betriebsarten – Prägesteuerung

Auftrag 1

Erstellen Sie für die Prägeanlage ein Programm. Der Software-baustein für die Schrittkette soll mit der grafischen Programmiersprache S7-GRAPH geschrieben werden.
Hilfen finden Sie auf Buch+Web.

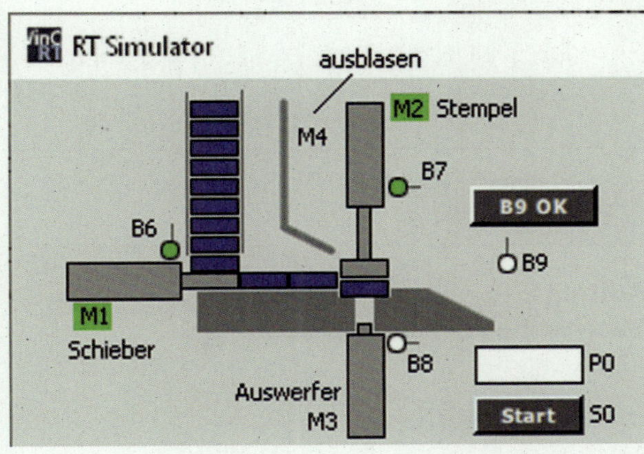

Funktionsbeschreibung:

Wird der Schalter S0 eingeschaltet, so schiebt der Schieber das Teil aus dem Magazin in die Prägeform. Der Prägekolben fährt aus. Nach 5 s fahren die beiden Kolben zurück. Erst 0,5 s nach dem Hochfahren des Prägekolbens wird der Auswurfkolben das Teil auswerfen. Über das Magnetventil M4 wird das Teil in den Korb geblasen. Der Auswurfkolben fährt dann zurück. Kommt das Teil nach 5 s Sekunden nicht im Korb an, so schließt das Magnetventil M4 wieder und die Störung wird durch Blinken von P0 mit 0,5 Hz angezeigt (CPU-Taktmerker).
Wird der Schalter S0 ausgeschaltet, so wird der laufende Prägevorgang noch zu Ende geführt.

Ergänzen Sie den Grafen für den FB.

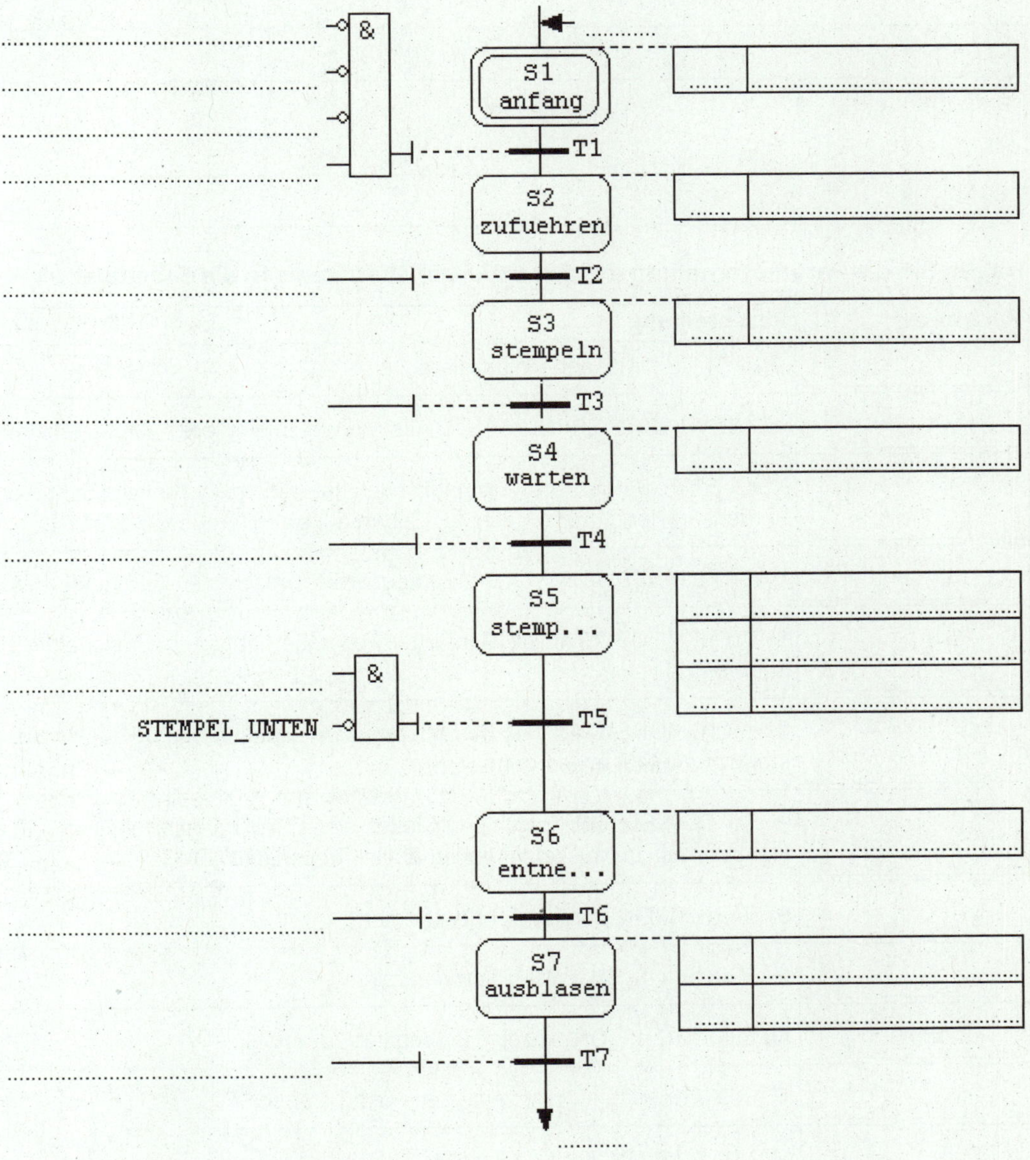

Schreiben Sie den Operationsbuchstaben der Standard-Aktionsblöcke in die Tabelle.

Standardaktionen	
___	Solange Schritt aktiv, führt Operand Signal = 1.
___	Sobald Schritt aktiv, wird Operand auf 1 gesetzt und bleibt danach auch auf 1 (speichernd).
___	Sobald Schritt aktiv, wird Operand auf 0 gesetzt und bleibt danach auch auf 0 (speichernd).
___	Einschaltverzögerung (Delay): n sec. nach Schrittaktivierung führt Operand Signal = 1 für die Dauer der Schrittaktivierung. Dies ist nicht gültig, wenn die Dauer der Schrittaktivierung kürzer als n sec. ist (nicht speichernd). Zeitkonstante z. B. T#2S500MS
___	Limitierter Impuls: Ist der Schritt aktiv, führt der Operand für n sec. Signal 1 (nicht speichernd). Zeitkonstante

Auftrag 2
Beschreiben Sie die Betriebsarten.

Automatik:

____

____

Tipp-Betrieb:

____

____

Hand (manuell):

____

____

Tragen Sie die Parameternamen des Schrittketten-Bausteins in die Tabelle ein.

Parameter	Beschreibung
___	INIT_SEQUENCE: Kette initialisieren
___	ACKNOWLEDGE_ERROR_FAULT: Alle Störungen quittieren, Weiterschalten erzwingen
___	NEXT_STEP: Betriebsart Automatik: nächsten gleichzeitig aktiven Schritt anzeigen in S_NO Betriebsart Hand (man): nächsten Schritt anzeigen (größere Nummer)
___	SWITCH_MODE_AUTOMATIC: Betriebsarten-Umschalter: Automatik-Betrieb
___	SWITCH_MODE_TRANSITION_AND _PUSH: Betriebsarten-Umschalter: Tipp-Betrieb („Halbautomatik")
___	SWITCH_MODE_MANUAL: Betriebsarten-Umschalter: manueller Betrieb, es wird kein selbstständiger Ablauf angestoßen
___	PUSH_TRANSITION: Transition schaltet, wenn Bedingung erfüllt und T_PUSH eine positive Flanke erhält; Voraussetzung: Betriebsart Tippen (SW_TAP)
___	STEP_NUMBER: Anzeige Schrittnummer
___	IL_ERROR_OR_SV_FAULT: Sammelstörung
___	AUTOMATIC_IS_ON: Anzeige Betriebsart Automatik
___	T_AND_PUSH_IS_ON: Anzeige Betriebsart Tippen
___	MANUAL_IS_ON: Anzeige Betriebsart Hand

Ergänzen Sie die Aussagen

1. Eine permanente Operation im Schrittketten-Baustein wird ______________________ pro OB1-Zyklus bearbeitet.
2. Der Wert des Ausgangsparameters PRAEGEN wird dann TRUE, wenn der Schritt ___ aktiv wird und die zusätzliche Bedingung *(condition)* erfüllt ist, also der Wert vom Eingangsparameter ______________ FALSE ist. Der Aktionsblock PRAEGEN erhält die Operandenbuchstaben ___.
3. Ist die Supervision erfüllt, d. h. im Beispiel ist der Eingangsparameter ______________ länger als ___ s TRUE, so wird der Ausgangsparameter ________ (Sammelfehler) TRUE. Über den Eingangsparameter ________ kann der Fehler quittiert werden.
4. Wann müssen Sie einen Bausteinaufruf aktualisieren? ______________________

Auftrag 3
Beantworten Sie die Fragen

1. Welche Aufgabe hat eine NOT-AUS-Einrichtung?

____
____
____

2. Was ist ein Lichtvorhang in der Automatisierungstechnik?

____
____
____

3. Was ist ein remanenter Speicher?

____
____
____

4. Wie soll die Steuerung nach einem Stromnetzausfall reagieren?

____
____
____

Überlegungen für die Bewertung und Präsentation des Projekts in Stichworten:

____
____
____
____
____
____
____

Selbsttest: Programmieren in der Ablaufsprache mit S7-GRAPH

Wählen Sie die richtigen Aussagen aus.

1. Nur wenn der Schritt 2 aktiv ist und

☐ der Anfangsschritt aktiv ist,

☐ Schritt 1 aktiv ist,

☐ die Transitionsbedingung zu T1 erfüllt ist,

☐ die Transitionsbedingung zu T2 erfüllt ist,

wird Schritt 3 aktiviert und Schritt 2 deaktiviert.

2. Um Prozessfehler im Programm zu erkennen können Sie

☐ den Parameter ACK_EF

☐ den Parameter S_NEXT

☐ den Parameter T_PUSCH

☐ den Interlock oder die Supervision

programmieren.

3. Eine permanente Operation im Schrittketten-Baustein wird

☐ in jeder Aktion bearbeitet.

☐ immer im aktiven Schritt bearbeitet.

☐ unabhängig von der Schrittkette einmal pro OB1-Zyklus bearbeitet.

☐ nur bei erfüllter Transitionsbedingung bearbeitet.

4. Die NOT- AUS-Einrichtung muss im Gefahrenfall

☐ über eine Meldung anzeigen,

☐ die Maschine so stillsetzen,

☐ alles ausschalten,

☐ nur alle Ausgänge ausschalten,

dass Personen und Maschinen nicht gefährdet werden.

14 Wortverarbeitung, Datentypen und arithmetische Funktionen

14.1 Datentypen, Codierung, Zähler, Vergleicher – Positionieren

Auftrag 1

Wie sieht das Bitmuster an den Eingängen und am Ausgang aus?

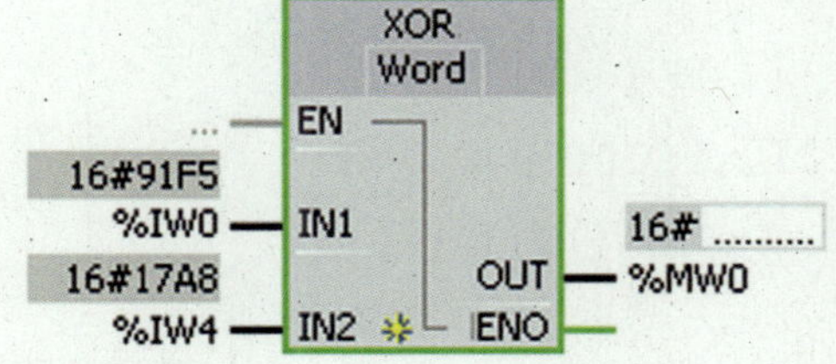

	IW0	2#
XOR	IW4	2#
	MW0	2#

Das Bit 0 des Eingangsworts %IW4 ist über die Adresse %I _____ ansprechbar.

Auftrag 2

Überprüfen Sie die Codierung. Schreiben Sie die fehlenden Werte in die Tabelle

INT 32767	2# 0111_1111_ _
INT 6	2# 0000_0000_0000_
INT -6	2# 1111_ _1111_
INT -32768	2# _0000_0000_
SINT	2# 0111_1111

Auftrag 3

Ein Förderband soll bei Betätigung des Start-Tasters im Eilgang zunächst zum Referenzpunkt (0-Punkt) B1 fahren, ab hier einen Weg von 14 cm und dann im Schleichgang weitere 8 cm zurücklegen.
An diesem Punkt stoppt das Band für 5 s, um dann zum Referenzpunkt zurückzufahren. Mit einem Stopp-Taster kann jederzeit angehalten werden.
Die Wegmessung erfolgt über den fotoelektrischen Inkrementalgeber B2.

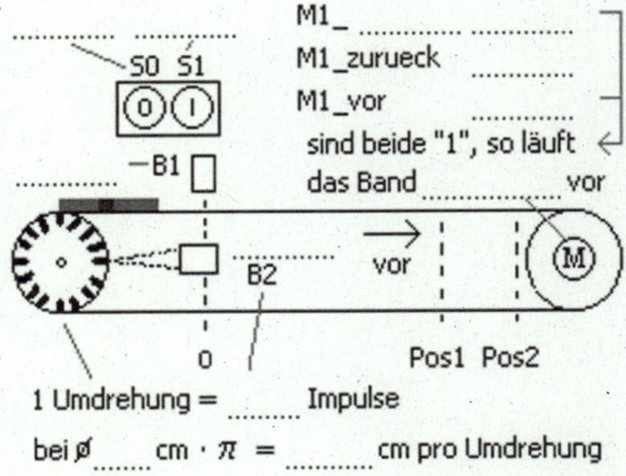

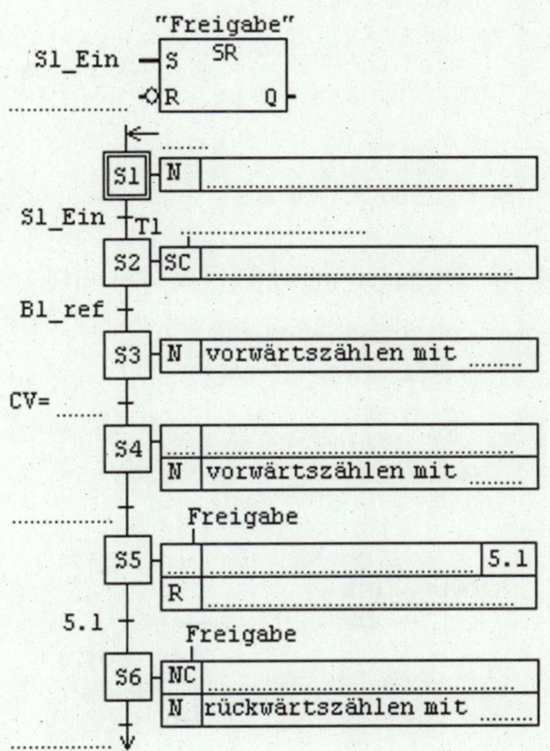

Ergänzen Sie den Grafen nach IEC 61131, um daraus das Programm zu entwickeln.

Überlegungen für die Bewertung und Präsentation des Projekts in Stichworten:

Selbsttest: Wortverarbeitung, Datentypen und arithmetische Funktionen (Datentypen, Codierung, Zähler, Vergleicher – Positionieren)

Wählen Sie die richtigen Aussagen aus.

1. Am Ausgang einer WORD-AND-Verknüpfung wird 16#0A83 angezeigt. Wie sieht das Bitmuster aus?

- ☐ 1111 1100 1000 0100
- ☐ 0000 1100 1000 0100
- ☐ 0000 1010 1000 0011
- ☐ 0000 1100 1111 0100

2. Am CU-Eingang muss

- ☐ ein 0-Signal anliegen,
- ☐ das Signal von 1 auf 0 wechseln,
- ☐ ein 1-Signal anliegen,
- ☐ das Signal von 0 auf 1 wechseln,

damit der Zählwert CV um 1 erhöht wird.

3. Am Eingang der Umwandlungsfunktion CONV Bcd16 to Int (BCD_I) liegt das Bitmuster

- ☐ 1111 1110 0000 0000.
- ☐ 0000 0010 0101 0100.
- ☐ 0010 0101 0100 0000.
- ☐ 0100 0101 0010 0000.

Die Funktion gibt 254 aus, dies ist das Bitmuster 0000_0000_1111_1110.

4. Das Bitmuster im %MW14 wird als INT-Zahl interpretiert. %Q124.1 ist dann '1', wenn

- ☐ %MB14 = 2#0000_0000; %MB15 = 2#1000_0000 ist.
- ☐ %MB14 = 2#0000_0000; %MB15 = 2#0001_0001 ist.
- ☐ %MB14 = 2#1000_0000; %MB15 = 2#0000_0000 ist.
- ☐ %MB14 = 2#0001_0000; %MB15 = 2#0000_0000 ist.

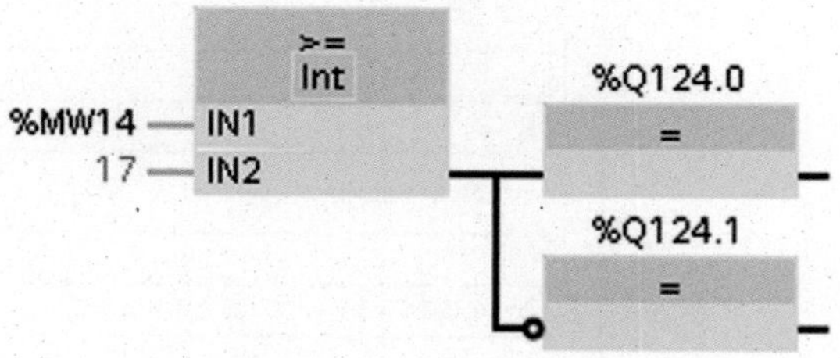

>=
Int
%MW14 — IN1
17 — IN2
%Q124.0
=
%Q124.1
=

14.2 Übung: Zähler, Vergleicher – Ampelsteuerung

Sie erhalten den Auftrag, eine Ampelanlage für einen Fußgängerübergang zu projektieren. Die Lampen in den Ampeln werden abhängig vom Zählerstand geschaltet.

1. Zunächst unabhängig vom Tag/Nachtschalter.
2. Im Nachtbetrieb (Tag/Nacht-Schalter ein) blinkt die gelbe Autoampel mit 0,5 Hz.

Hilfen finden Sie auf Buch+Web.

Ordnen Sie in der Tabelle den Zählwerten die Ausgangswerte von „Agruen“ bis „Frot“ zu.

Tragen Sie die Adressen ins Technologieschema ein.

CV	Agruen	Agelb	Arot	Fgruen	Frot
0	___	___	0	___	___
1	___	___	___	___	___
2	___	___	___	___	___
3	___	___	___	___	___
4	___	___	___	___	___
5	___	___	___	___	___
6	___	___	___	___	___

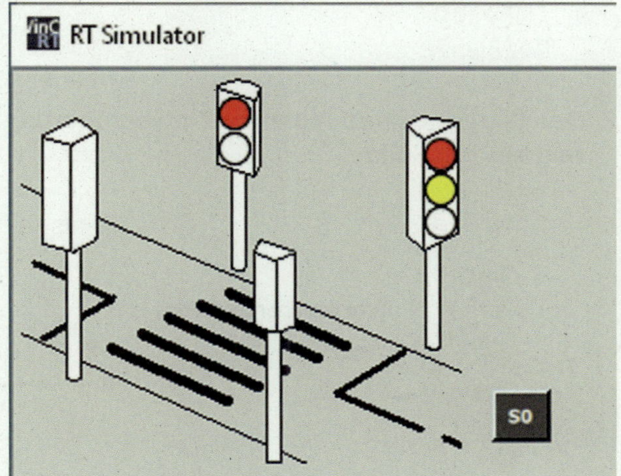

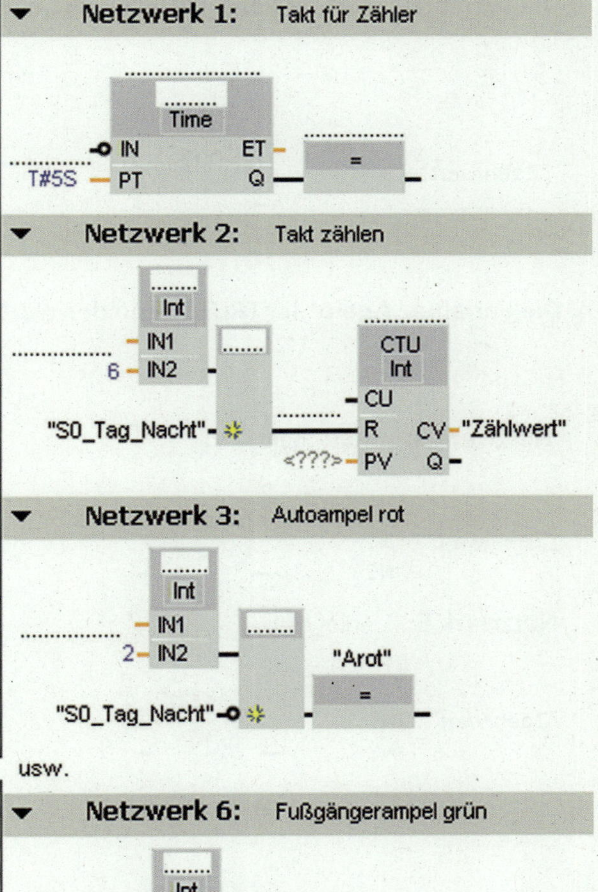

Ergänzen Sie die Aussagen und die Programmausschnitte.

1. Der Zähler wird mithilfe eines Taktgebers hochgezählt. Wie könnte der Taktgeber programmiert werden?

   Eine Zeitverzögerung, ______________________, wenn ihr Ausgang „FALSE“ ist.

2. Wenn der CV >___ ist, muss der Zähler zurückgesetzt werden.

3. Wie groß ist der maximaler Zählbereich des CTU Int?

   ____

   ____

   ____

4. Was beachten Sie bei der Programmierung der Ausgänge?

   ____

   ____

   ____

   Stichworte: ______________________

   ____

   ____

Selbsttest 14.2: Wortverarbeitung, Datentypen und arithmetische Funktionen (Zahler, Vergleicher – Ampelsteuerung)

Wählen Sie die richtigen Aussagen aus.

1. Die grüne Autoampelphase soll fünfmal so lang sein wie die grüne Fußgängerampelphase. Der Zähler muss dann bis

- ☐ 6 zählen.
- ☐ 7 zählen.
- ☐ 8 zählen.
- ☐ 9 zählen.

2. Der Taktgeber wird mit einer Zeitverzögerung, die sich selbst startet, wenn ihr Ausgang „FALSE" ist, realisiert. Im Bild

☐ 1 ☐ 2 ☐ 3 ☐ 4 ist das Taktsignal richtig dargestellt.

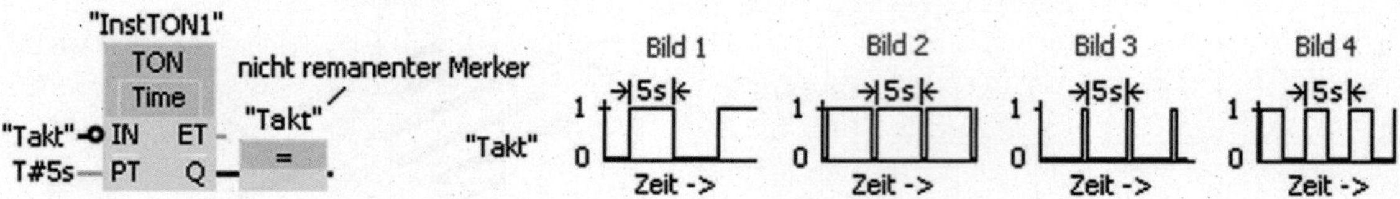

3. Die Variable „Arot" ist dann TRUE, wenn „Zaehlwert"

☐ 0 ist ☐ 1 ist ☐ 2 ist ☐ 3 ist

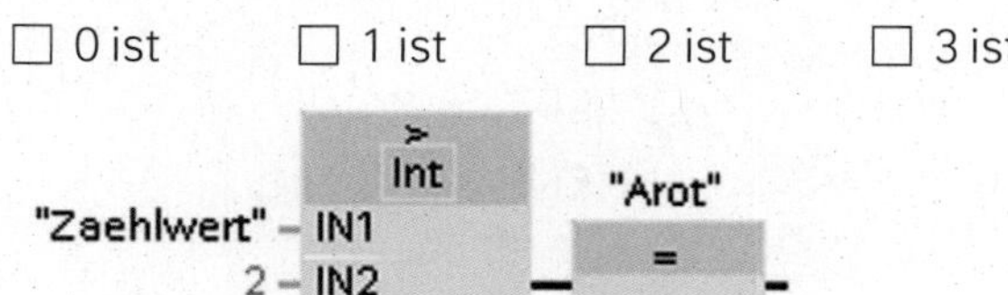

4. Die Variable „Agelb" ist TRUE, wenn der Wert der Variable „Zaehlwert"

☐ 2 ist ☐ 6 ist ☐ 2 oder 6 ist ☐ 2 und 6 ist

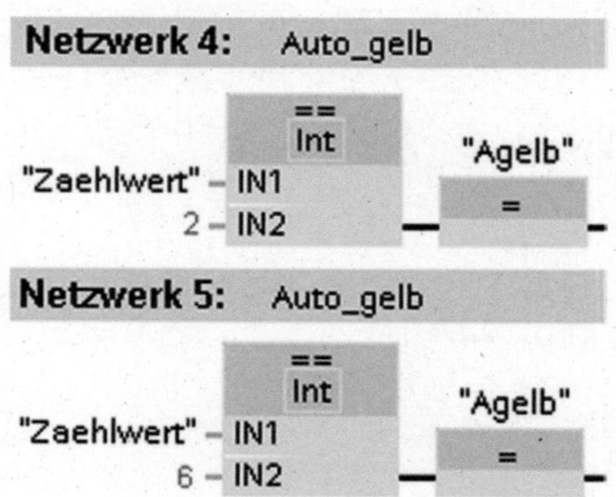

14.3 Datentypen, arithmetische Operationen – Positionsberechnung

Erweitern Sie das Programm „POSITIONIEREN" aus 14.1 mit dem Baustein FC2. Im Baustein soll ab dem Referenzpunkt die zurückgelegte Strecke der Palette in „mm" berechnet werden.

Hilfen finden Sie auf Buch+Web.

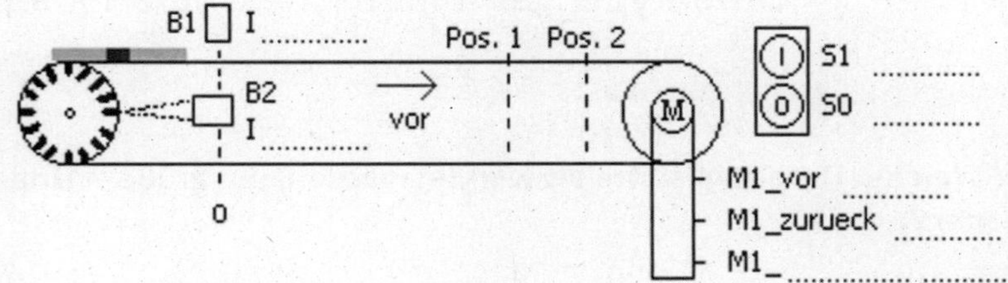

Berechnen Sie für eine Umdrehung = _____ Impulse bei einem Scheibendurchmesser = _____ cm den zurückgelegten Weg der Palette.

____

Für einen Impuls ergibt sich ein Weg von ______________ = ______ mm.

Für die Berechnung des zurückgelegten Weges muss die Anzahl der Impulse mit ______ mm multipliziert werden. Dazu ist eine ________________ Funktion ________________ notwendig.

Ergänzen Sie den Programmcode und beantworten Sie die Fragen.

FC2: Berechnung der Position
Netzwerk 1: Datentypenumwandlung, berechnen der Position in mm

CONV
.... to ......
... – EN   OUT – ....
"CTUD1".CV – IN   ENO

....
Real
EN
... – IN1   OUT – "Pos_mm"
.... – IN2   ENO –

Weshalb ist eine Datentypenumwandlung notwendig?

____

____

____

____

Begründen Sie, weshalb die Variable des Zählwerts aus dem Unterprogramm nicht lokal deklariert werden darf.

____

____

____

Für die Variable „Pos_mm" ist als Speicherbereich ein Doppel-WORD im Speicher notwendig. Begründen Sie dies.

____

____

Überlegungen für die Bewertung und Präsentation des Projekts in Stichworten:

____

____

____

Selbsttest: Wortverarbeitung, Datentypen und arithmetische Funktionen (Datentypen, arithmetische Operationen – Positionsberechnung)

Wählen Sie die richtigen Aussagen aus.

1. Welcher Datentyp sollte verwendet werden, um größere Ungenauigkeiten beim Dividieren zu vermeiden?

☐ INT

☐ DWORD

☐ DINT

☐ REAL

2. Eine Analog/Digital-Baugruppe wandelt einen Spannungswert 0 ... 10V in ein Bitmuster vom Datentyp INT mit dem Wert 0 ... 27648 um und legt es im Peripheriespeicher %IW128 ab. Dieser Wert soll mit 2 multipliziert werden. Welche Funktion/en ist/sind notwendig, damit der Zählwert CV um 1 erhöht wird.

☐ Die Funktion DIV_Int.

☐ CONV Int_to_DInt und MUL_Dint.

☐ Nur die Funktion MUL_Int.

☐ Nur die Funktion MUL_Real.

3. Das Bitmuster im %MD48 wird als

☐ WORD interpretiert.

☐ DWORD interpretiert.

☐ DINT interpretiert.

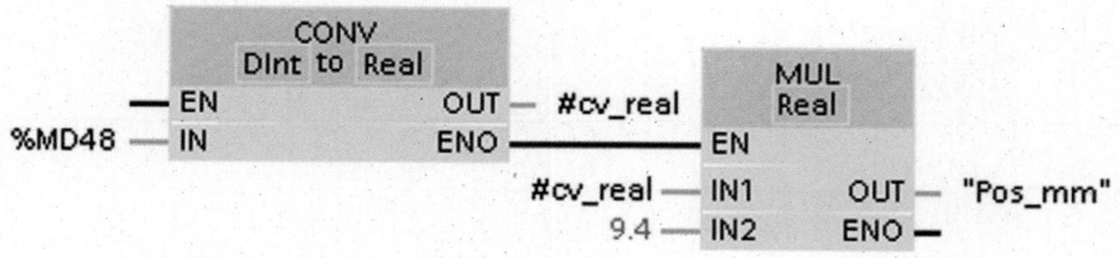

CONV
DInt to Real
EN
OUT — #cv_real
%MD48 — IN
ENO
MUL
Real
EN
#cv_real — IN1
OUT — "Pos_mm"
9.4 — IN2
ENO

Als Adresse für die Variable Pos_mm kann das

☐ %MB49 verwendet werden.

☐ %MW50 verwendet werden.

☐ %MD50 verwendet werden.

☐ %MD52 verwendet werden.

14.4 Übung: Datentypen, arithmetische Operationen – Thermoelement

Ein Thermoelement vom Typ N, das in einem Behälter eingebaut ist, ist an einer SPS-Analogeingabebaugruppe angeschlossen.

Die Baugruppe wandelt den Temperaturwert – 270 °C ... 1300 °C in eine Zahl – 2700 ... 13000 um und speichert diesen digitalisierten Wert im Peripheriespeicher. Der vorhandene FC1-Baustein rechnet den digitalisierten Wert wieder in – 270 ... 1300 um.

Sie erhalten den Auftrag, die Genauigkeit der Umrechnung zu erhöhen. Erstellen Sie dazu den Baustein "SCALE_THERM_R" FC2. Verwenden Sie die Programmelemente-Gleitpunktfunktionen.

Hilfen finden Sie auf Buch+Web.

Ergänzen Sie den Programmcode und schreiben Sie die Funktionen der Programmelemente auf.

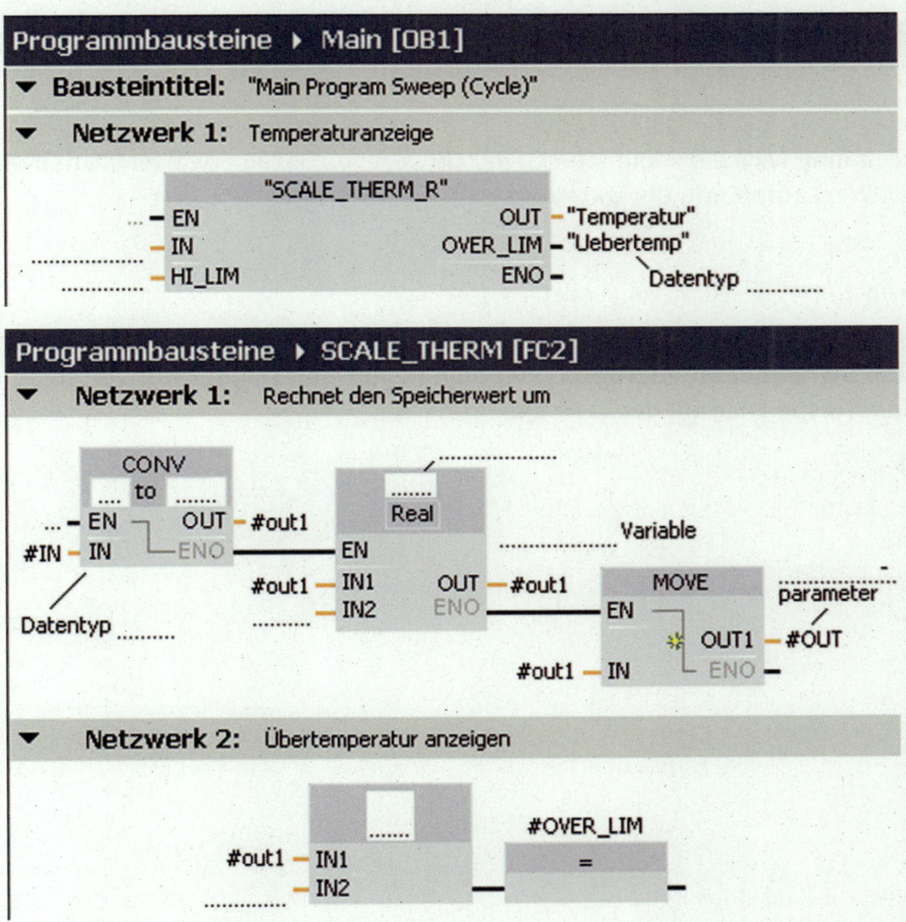

Variablen des Datentyps INT belegen _____ Bit, die vom Typ REAL Bit. _____

Werte von #OUT bei unterschiedlichen #IN-Werten								
FC-Baustein	#IN ->	– 2700	99	100	109	13000	13009
FC1- mit Festpunkt-Funktionen	#OUT ->	– 270	______	______	______	______	______
FC2- mit Gleitpunkt-Funktionen	#OUT ->	– 270.0	______	______	______	______	______

Erkenntnis: ____

____

Überlegungen für die Bewertung und Präsentation des Projekts in Stichworten:

____

____

Selbsttest: Wortverarbeitung, Datentypen und arithmetische Funktionen (Datentypen, arithmetische Operationen – Thermoelement)

Wählen Sie die richtigen Aussagen aus.

1. Ein Thermoelement besteht aus zwei Drähten unterschiedlicher Metalle, die an einem Ende miteinander verlötet sind. Besteht zwischen dieser Verbindungsstelle und den freien Drahtenden ein Temperaturunterschied, so kann an den freien Enden eine elektrische Spannung

- ☐ von 0 ... 10 V gemessen werden.
- ☐ von -10 ... +10 V gemessen werden.
- ☐ im Millivoltbereich gemessen werden.
- ☐ im Voltbereich gemessen werden.

2. Gleitpunktfunktionen verarbeiten Variablen vom Datentyp

- ☐ DWORD.
- ☐ REAL.
- ☐ INT.
- ☐ DINT.

3. Bei einer Berechnung wird ein maximaler Ganzzahlwert von 55296 erwartet. Daher wird für die Variable, die diesen Wert aufnimmt, der Datentyp

- ☐ BYTE verwendet.
- ☐ INT verwendet.
- ☐ DINT verwendet.
- ☐ REAL verwendet.

4. Die verwendete Signalmodulbaugruppe (SM) digitalisiert den Temperaturwert in eine Ganzzahl, die aus dem Peripheriespeicher mit der Variable

- ☐ "Digit_Temp"=P
- ☐ "Digit_Temp":P
- ☐ P:"Digit_Temp"
- ☐ "Digit_Temp:P"

gelesen werden kann.

14.5 Anwenderdefinierte Datentypen, Datentyp ARRAY, Datenbaustein

Auftrag

Sie erhalten den Auftrag, für eine Anlage, die aus vielen (drei) kugelförmigen Tanks besteht, ein Programm zu schreiben, welches das Füllvolumen der Tanks, abhängig von der Füllhöhe und dem Tankdurchmesser, berechnet.

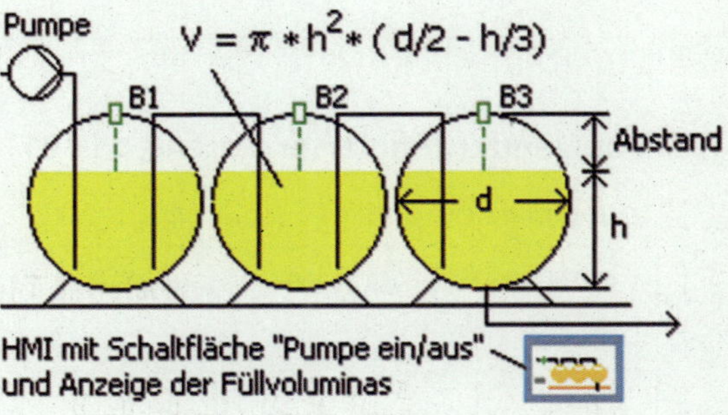

Der Abstand zur Oberfläche der Flüssigkeit wird über Sensoren erfasst. Diese liefern bei einem Abstand von 0...Tankdurchmesser den Stromwert 4...20mA.

Das Programm soll die Daten der Tankanlage in einen globalen Datenbaustein ablegen, damit ein Bedien- und Beobachtungsgerät (Human Machine Interface - HMI, Mensch-Maschinen-Schnittstelle), z. B. ein Panel, auf die Daten zugreifen kann.

1. Schreiben Sie einige Einheitssignale für Analogwerte auf.

___

2. Wann ist es sinnvoll, einen PLC-Datentyp zu erstellen? Müssen seine Komponenten vom gleichen Datentyp sein?

___

___

3. Wodurch unterscheidet sich ein Globaldatenbaustein von einem Instanzdatenbaustein?

___

___

4. Welche Besonderheiten weist der zusammengesetzte Datentyp ARRAY auf?

___

___

5. Welche Besonderheiten hat ein IN_OUT-Parameter? Darf sein Datentyp auch ein anwenderdefinierter Datentyp sein?

___

___

6. Was ist eine FOR-Schleife?

___

___

___

Selbsttest: Wortverarbeitung, Datentypen und arithmetische Funktionen (Anwenderdefinierte Datentypen, Datentyp ARRAY, Datenbaustein)

Wählen Sie die richtigen Aussagen aus.

1. Ein anwenderdefinierter Datentyp (UDT) oder PLC-Datentyp ist eine Datenstruktur, die sich aus

- ☐ nur einer Komponente zusammensetzt.
- ☐ mehreren Komponenten mit gleichem Datentyp zusammensetzt.
- ☐ mehreren Komponenten mit unterschiedlichen Datentypen zusammensetzt.
- ☐ mehreren Komponenten mit gleichem Datentyp und einem Index zusammensetzt.

2. Die Datenstruktur eines Globaldatenbausteins

- ☐ ist die des Instanz-DBs.
- ☐ besteht aus Daten, die immer als Datentyp einen UDT besitzen.
- ☐ wird in dem dazugehörigen Funktionsblock festgelegt.
- ☐ legen Sie fest.

3. In der Anweisung #r_durchmesser:=INT_TO_REAL(#i_DURCHMESSER); wird der Rückgabewert der Umwandlungsfunktion in die Variable

- ☐ #r_durchmesser vom Typ INT geschrieben.
- ☐ #i_durchmesser vom Typ INT geschrieben.
- ☐ #r_durchmesser vom Typ REAL geschrieben.
- ☐ #i_durchmesser vom Typ REAL geschrieben.

4. Der zusammengesetzte Datentyp ARRAY besteht aus Komponenten

- ☐ mit gleichen Namen, einem Index und verschiedenen Datentypen.
- ☐ mit unterschiedlichen Namen, einem Index und verschiedenen Datentypen.
- ☐ mit gleichen Namen, einem Index und gleichen Datentypen.
- ☐ mit gleichen Namen, ohne Index und verschiedenen Datentypen.

Wiederholungsfragen zu Kapitel 14

1. Welchen Sinn hat es, ein Bitmuster nicht binär sondern hexadezimal darzustellen?

2. Der Wert des CV-Ausgangsparameters eines CTU-Zählers wird ins MW4 geschrieben. Welche Bytes werden belegt und wie lautet die Adresse des niederwertigsten Bits?

3. Die Umwandlungsfunktion Bcd to Int gibt den Wert 254 aus. Welches Bitmuster liegt am Eingang und welches am Ausgang der Funktion an?

4. Wie unterscheidet sich ein Inkrementalgeber von einem Absolutwertgeber bei einer Wegmessung?

5. Was beachten Sie bei der Deklaration einer Variablen im Merkerbereich, deren Wert mit einer Gleitpunktzahl (Kommazahl) multipliziert werden soll?

6. Welche Datentypenumwandlungsfunktionen sind notwendig, um einen Zählwert mit dem Datentyp INT mit 9,4 zu multiplizieren?

Anlagenvisualisierung – Förderband

15

Befehlgeräte wie Taster, Schalter, Leuchtmelder usw. werden immer mehr durch Textdisplays, Operator Panels, Touch Panels oder den PC als HMI (*Human Machine Interface* – Mensch – Maschinen – Schnittstelle) ersetzt.

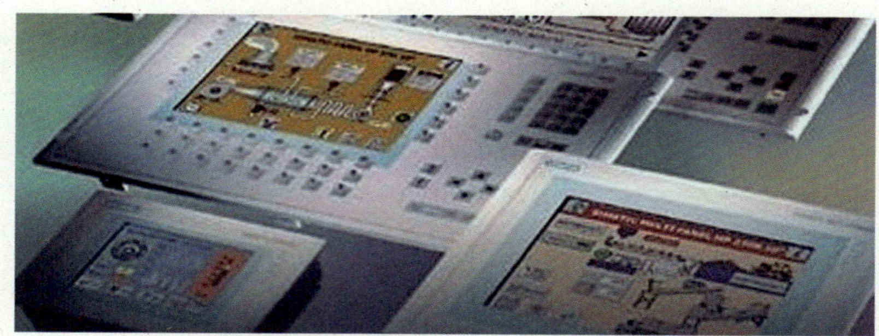

Ergänzen Sie die Aussagen.

Hilfen finden Sie auf Buch+Web.

Vorteile:

- Keine umständliche ____________________, das Bedien- und Beobachtungsgerät wird einfach über eine Schnittstellenleitung mit der Steuerung (SPS) verbunden.
- Die ____________________ der Tasten und der Anzeigen werden mit einer Tool-Software (*tool* = Werkzeug) projektiert. Eine Funktions- und Anzeigenänderung oder auch eine Anlagenerweiterung ist leicht möglich.
- Die Zahl der Bediener komplexer Fertigungssysteme kann ____________________ sein, da die Überwachung und Bedienung von einem Terminal aus möglich ist.
- Kein Stanzen oder Bohren für Taster, Leuchtmelder usw.

Auftrag:

Eine bestehende Anlage soll über ein HMI bedient und beobachtet werden. Die alten Taster und Leuchtmelder entfallen dadurch.
Sie erhalten den Auftrag, eine Visualisierung zu erstellen und das SPS-Programm entsprechend anzupassen.

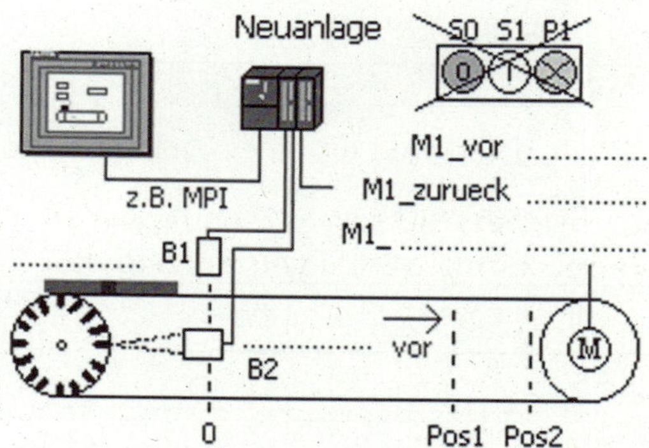

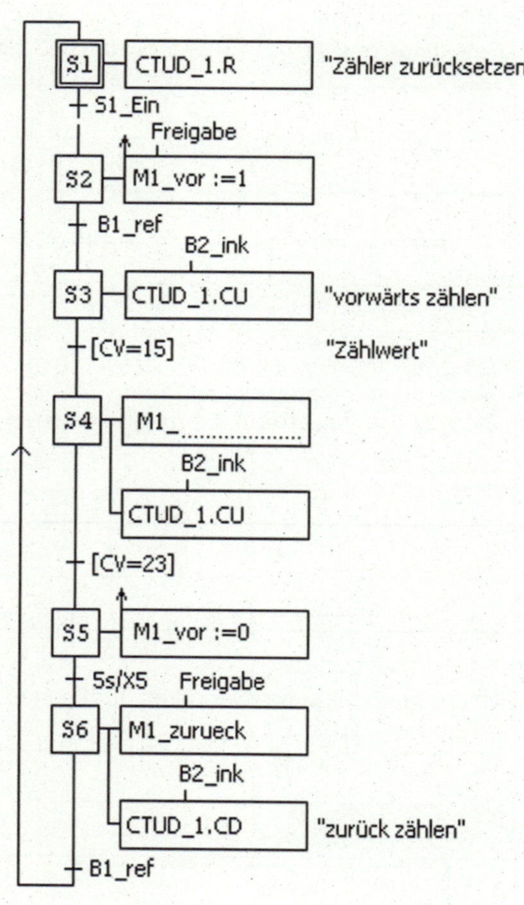

Ergänzen Sie den GRAFCET, schreiben Sie auf, welches HMI-Gerät der Kunde wünscht und über welche Schnittstelle die Verbindung zur CPU hergestellt werden soll, um die externen Variablen auszutauschen.
Ordnen Sie den Objekten Eigenschaften, Animationen, Funktionen und Variablen zu, über die das HMI mit der Steuerung kommuniziert.

Verbindungen:

Bediengerät

Station

....

Netzwerk

....

....

Adresse: ....

Adresse: ....

Bildobjekte: Eigenschaften, Animation, Variablen

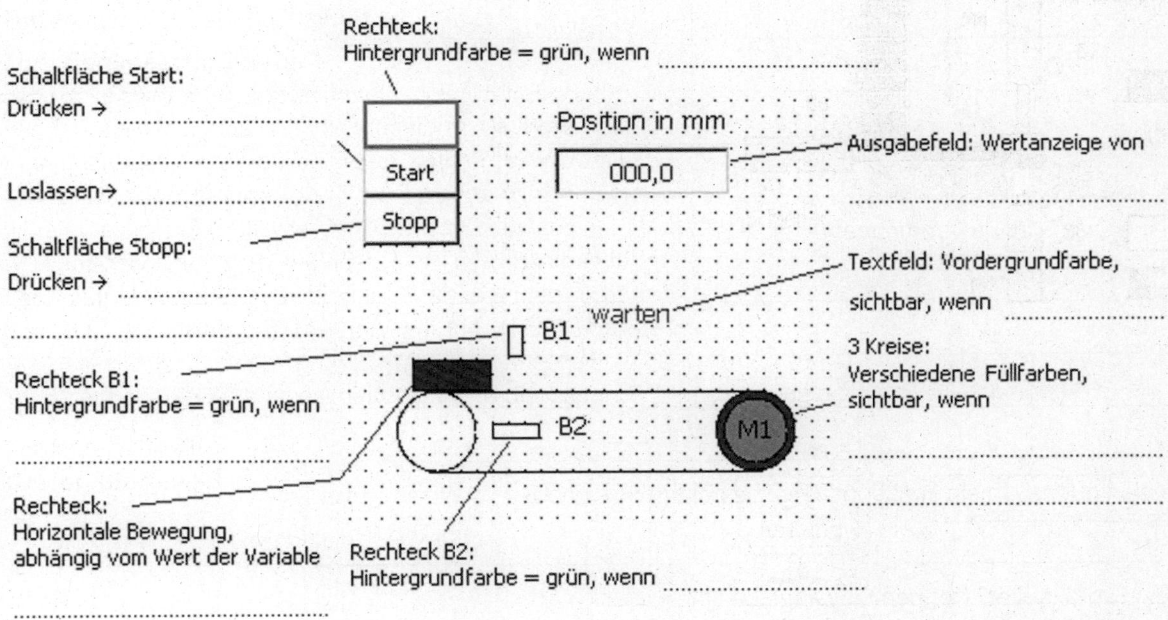

Programmänderungen:

Die Eingangsadresse von __________ wird durch eine remanente/nichtremanente Merkeradresse ersetzt, da ihr Wert über die Schaltfläche in der Visualisierung gesteuert wird.

Die Ausgangsadresse von ______________ wird durch eine Merkeradresse ersetzt, da kein Leuchtmelder mehr benötigt wird.

Da über die Schaltfläche START die Variable "P1_Freigabe"____________ und über die Schaltfläche STOPP "P1_Freigabe" zurückgesetzt wird, muss der SR-Funktionsblock im Netzwerk ______ entfernt werden.

Einstellungen am Bedien- und Beobachtungsgerät (HMI):

Welche Einstellungen sind am HMI vor der Inbetriebnahme vorzunehmen?

____

____

____

____

Überlegungen für die Bewertung und Präsentation des Projekts in Stichworten:

____

____

SCL- und AWL-Quellen 16

16.1 SCL- und AWL-Quellen bearbeiten und erstellen – Skalierung

Beantworten Sie zur Vorbereitung die Fragen.

Hilfen finden Sie auf Buch+Web.

1. Was ist SCL bzw. ST?

2. Was ist eine Quelle im Zusammenhang mit STEP 7?

3. Eine Funktion oder auch ein Funktionsblock besteht in SCL und auch AWL aus zwei Teilen: Welchen?

4. Was ist ein Syntaxfehler? Nennen Sie einige Beispiele.

5. Was ist eine externe Quelle?

6. Wie können Sie erstellte Softwarebausteine schützen?

7. Welche Vorteile hat die Programmiersprache SCL (ST)?

Auftrag:

Da der Baustein SCALE.SCL als Ergebnis den Wert nur als Ganzzahl liefert, erhalten Sie den Auftrag

1. die Genauigkeit der Umrechnung zu erhöhen. Verwenden Sie dazu den Datentyp REAL.
2. den Anweisungsteil durch eine IF-Anweisung zu erweitern. Diese **Kontrollstruktur** überprüft, ob der Wert des Ausgangsparameters OUT größer ist als der Wert des Eingangsparameters HI_LIM *(high limit)*. Bei erfüllter Bedingung wird der Wert des Ausgangsparameters OVER_LIM = TRUE.
3. den Baustein zu schützen, sodass er nicht veränder- und einsehbar ist.

Tragen Sie zunächst die Ergebnisse mit dem vorhandenen FC50 in die Tabelle ein.

Testwerte von #OUT und #OVER_LIM bei unterschiedlichen #IN-Werten								
FC-Baustein	#IN ->	0	4755	4772	27647	27648	27665
FC50- mit Festpunkt-Funktionen	#OUT ->	– 270	______	______	______	______	______
FC51- mit Gleitpunkt-Funktionen mit HI_LIM = 1000.0	#OUT ->	– 270.0	______	______	______	______	______
	#OVER_LIM	FALSE	______	______	______	______	______

Ergänzen Sie das Programm (gespeichert mit der Endung .scl und als Quelle importiert).

```
FUNCTION FC_SCALE_R : ____
// rechnet IN = 0 ... _____ in OUT = -270.0 ... ______ um
// Bausteinfamilie: Skalieren, Version: 0.1, Author: __________
________________

VAR_INPUT
// Eingangsparameter
  IN : INT; //digitalisierter Wert
  ___________; //oberer Grenzwert
END_VAR
VAR_OUTPUT
// Ausgangsparameter
  OUT : ____; // Ausgegebener Wert
  ______________; //oberer Grenzwert überschritten
END_VAR
VAR_TEMP
// temporäre Variablen
  in_real : ____;
END_VAR

// Anweisungsteil
in_real := INT_TO_REAL( __ ); // Typenumwandlung
// Berechnung
OUT := ____________________________________________
// Grenzwertüberschreitung
IF _________________
   OVER_LIM := TRUE;
  ELSE
   __________________

_______
END_FUNCTION
```

Testen Sie die Funktion FC_SCALE_R und tragen Sie die Ergebnisse oben in die Tabelle ein. Vergleichen Sie die Genauigkeit.

Überlegungen für die Bewertung und Präsentation des Projekts in Stichworten:

____

____

Selbsttest: SCL- und AWL-Quellen

Wählen Sie die richtigen Aussagen aus.

1. Die Funktion hat die Aufgabe, den digitalisierten Wert umzuwandeln in einen Wert von

- ☐ 0 ... 10 V.
- ☐ -270 ... 1300.
- ☐ 0 ... 27648.
- ☐ -2700 ... 13000.

```
FUNCTION "FC_SCALE" : Void
 VAR_INPUT
    "IN" : Int;    // digitalisierter Wert
 END_VAR
 VAR_OUTPUT
    "OUT" : Int;    // Ausgegebener Wert
 END_VAR
 VAR_TEMP
    "in_dint" : DInt;
    "out_dint" : DInt;
 END_VAR

 #in_dint:=INT_TO_DINT(#IN);
 #out_dint:=(1300+270) * #in_dint/27648 -270;
 #OUT:=DINT_TO_INT(#out_dint);
END_FUNCTION
```

2. Weshalb wurde für die Umrechnung die temporäre Variable out_dint verwendet?
Weil

- ☐ es einfacher ist.
- ☐ es genauer ist.
- ☐ der Wertebereich von INT-Variablen überschritten wird.
- ☐ weniger Speicher notwendig ist.

3. Anweisungen enden in der Sprache SCL (ST) mit einem

- ☐ Komma.
- ☐ Doppelpunkt.
- ☐ Doppelpunkt und Gleichheitszeichen.
- ☐ Semikolon.

4. Der Wert der temporären Variable in_dint ist der gleiche, wie der Wert des Parameters IN. Der Wertebereich des Parameters IN ist

- ☐ nicht von Interesse.
- ☐ jedoch größer.
- ☐ jedoch kleiner.
- ☐ der gleiche.

16.2 Übung: AWL-Quelle bearbeiten – Tankanlage

Bevor Sie das Projekt "Füllanlage" Ihrem Kunden übergeben, sollten Sie den FB"TANK" schützen, sodass er nicht verändert und eingesehen werden kann.

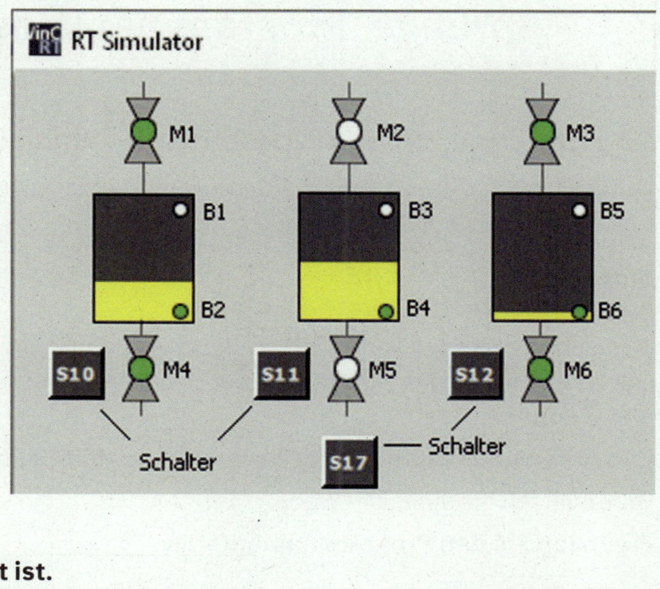

Funktionsbeschreibung:

Drei Vorratsbehälter mit den Signalgebern B1, B3, B5 für die Vollmeldung (Schließer) und B2, B4, B6 für die Leermeldung (Öffner) können von Hand in beliebiger Reihenfolge entleert werden.

Ist der Schalter "Anlage ein/aus" eingeschaltet, so werden die Behälter automatisch über die Ventile M1, M2 und M3 gefüllt.

Mit den Schaltern S10, S11 und S12 werden die Behälter über die Ventile M4, M5 und M6 entleert.

Analysieren Sie den Quelltext.

Ergänzen Sie ihn so, dass der Baustein geschützt ist.

Schreiben Sie die Adressen der Aktualparameter und die Formalparameternamen in den FUP für den Bausteinaufruf.

```
FUNCTION_BLOCK "TANK"
TITLE =Tank
VERSION : 0.1
.............................................
VAR_INPUT
  IS_FULL : BOOL ;
  IS_EMPTY : BOOL ;
  TO_EMPTY : BOOL ;
  LOCK : BOOL ;
END_VAR
VAR_OUTPUT
  OUT_FILL : BOOL ;
  OUT_EMPTY : BOOL ;
END_VAR
VAR
  sr1 : BOOL ;
END_VAR
BEGIN
NETWORK
TITLE =Tank entleeren
      AN    #LOCK;
      A     #TO_EMPTY;
      =     #OUT_EMPTY;
NETWORK
TITLE =Tank füllen
      A     #IS_EMPTY;
      S     #sr1;
      A(    ;
      O     #IS_FULL;
      O     #LOCK;
      )     ;
      R     #sr1;
      A     #sr1;
      =     #OUT_FILL;
END_FUNCTION_BLOCK
```

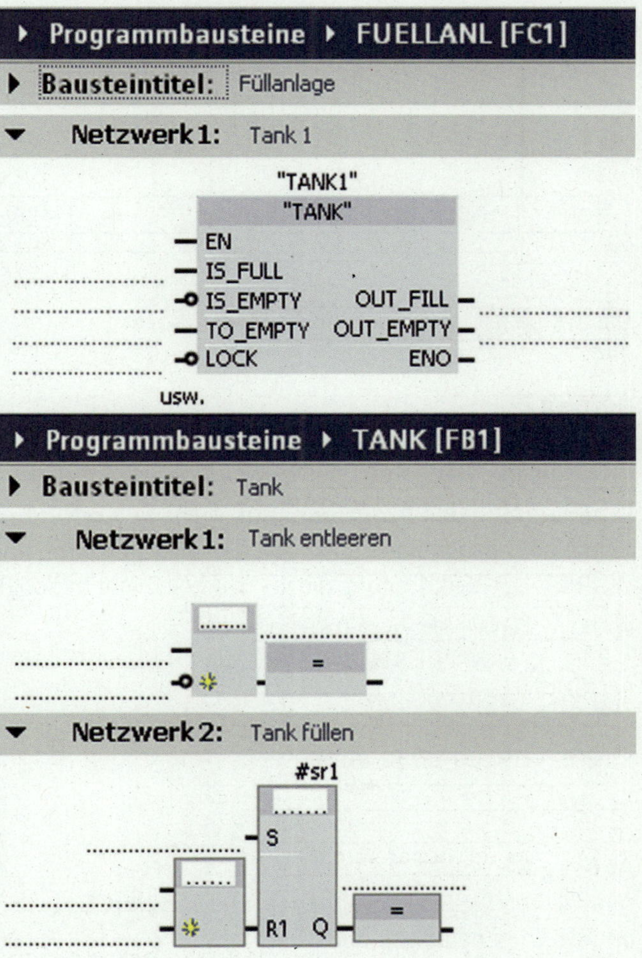

Überlegungen für die Bewertung und Präsentation des Projekts in Stichworten:

Sprünge, Programmablaufplan und SCL 17

17.1 Sprünge, WORD-Operationen – Bahnkorrektur

Mithilfe von Sprüngen innerhalb eines Softwarebausteins können Netzwerke übersprungen werden. Dadurch wird die Zeit verkürzt, die die CPU zur Abarbeitung des Bausteins benötigt.

Auftrag 1
Bahnkorrektur:
Zum sensorgeführten Verschleifen von Schweißnähten mit einem Roboter soll ein Programm entwickelt werden, das mithilfe von zwei Sensoren die Bahnkorrektursignale `"alarm, links, ok, rechts"` liefert.

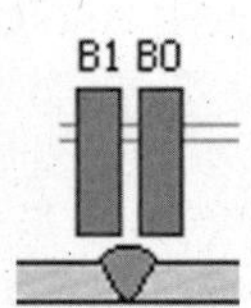

Entwerfen und testen Sie das Programm mithilfe des Programmablaufplans.

Hilfen finden Sie auf Buch+Web.

Ergänzen Sie den Programmablaufplan:

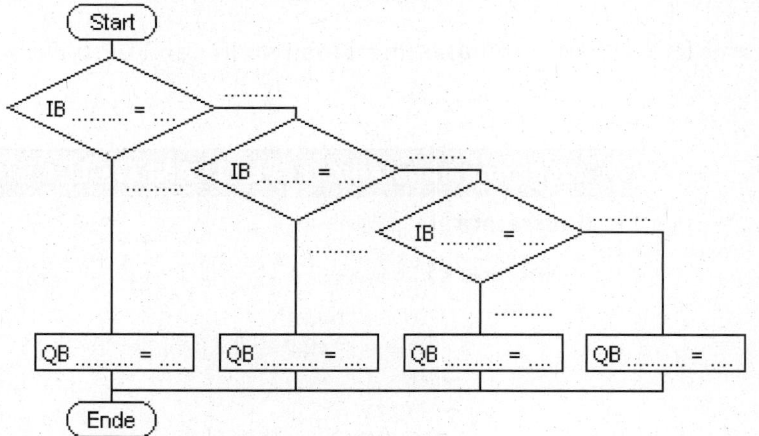

Welcher Wert muss dem Ausgangsbyte zugewiesen werden? Ergänzen Sie die Tabelle.

IB		QB				
B1	B0	alarm	links	ok	rechts	
0	0	1	0	0	0	→ $2^3 = 8$
0	1	0	0	0	1	....
1	0	....	....	....	....	....
1	1	....	....	....	....	....
I	I	Q			Q	

Die Zykluszeit der CPU kann im KOP/AWL/FUP-Editor – Menü – Zielsystem – Baugruppenzustand ermittelt werden.

Auftrag 2
Der Lösungsansatz aus Auftrag 1 funktioniert nur, wenn vom %IW_____ Bit 0 (%I _______) und Bit 1 (%I _______) für die beiden Sensoren benutzt werden. Die restlichen Eingänge dürfen nicht verwendet werden.

Ergänzen Sie das Programm aus Auftrag 1 mit folgenden Überlegungen:
Sind am Eingangsbyte mehr als die beiden Sensoren angeschlossen, so werden durch eine WORD-AND-Verknüpfung die im Baustein nicht benötigten Eingangs-Bits ausmaskiert.

WAND_W-Verknüpfung

X steht für 1 oder 0 — B1 B0

IW.......... XXXX_XXXX_XXXX_XXXX

Maske 0000_0000_0000_.......... = 16#..............

#wB0B1 ....

In den anderen Netzwerken wird das %IW _______ durch ___________ ersetzt.

Auftrag 3
Analysieren Sie, welche Funktion bei FCs oder FBs der EN-Eingang übernimmt.

____

____

Überlegungen für die Bewertung und Präsentation des Projekts in Stichworten:

____

Selbsttest: Sprünge, Programmablaufplan und SCL

Wählen Sie die richtigen Aussagen aus.

1. Wenn

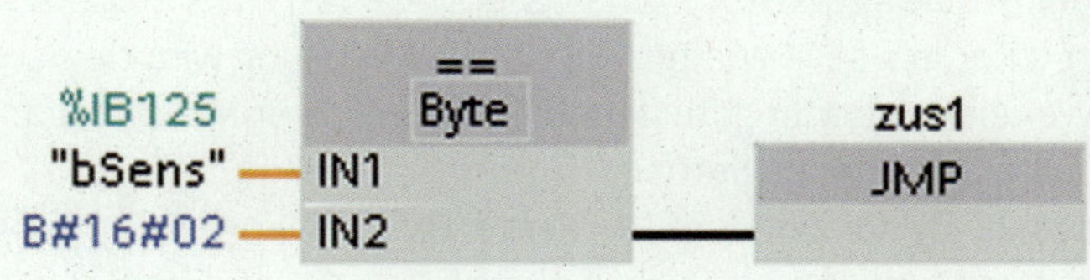

- ☐ %I125.2 'TRUE' ist,
- ☐ %I125.0 und %I125.1 'TRUE' sind,
- ☐ %I125.0 oder %I125.1 'TRUE' sind,
- ☐ %I125.1 und %I125.2 'TRUE' sind,

und alle übrigen Bits im Byte 'FALSE' sind, werden die Anweisungen (Netzwerke) bis zur Marke 'zus1' übersprungen.

2. Nur vom %I125.2 und %I125.3 abhängig, soll das Bitmuster im %MW2 verändert werden.

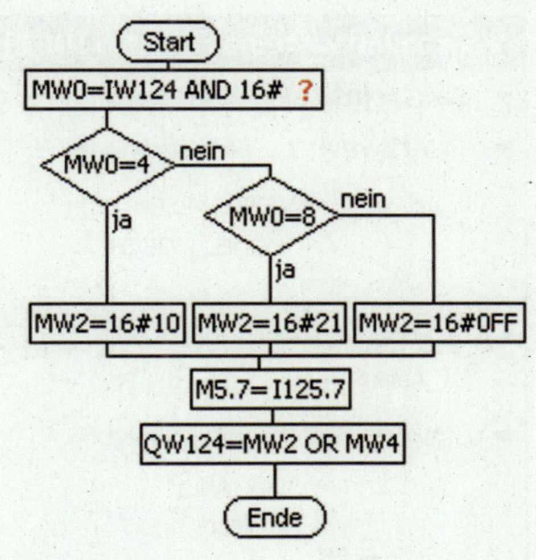

Anstelle des ?-Zeichens im Programmablauf muss

- ☐ 0020 stehen.
- ☐ 0002 stehen.
- ☐ 0003 stehen.
- ☐ 000C stehen.

3. Sind beide Eingänge %I125.2 und %I125.3 'FALSE' oder 'TRUE', so sind alle Bits im

- ☐ %MB1 'FALSE' und %MB2 'TRUE'.
- ☐ %MB2='FALSE'und im %MB3='TRUE'.
- ☐ %MB2='TRUE'und im %MB3='FALSE'.
- ☐ %MB2='TRUE'und im %MB3='TRUE'.

4. Wenn %I125.3 = 'TRUE' und %I125.7= 'TRUE' sind, so sind

- ☐ %Q124.0, %Q124.5, %Q125.7 = 'TRUE' und alle übrigen Bits im %QW124 = 'FALSE'.
- ☐ %Q124.0, %Q124.5, %Q124.7 = 'TRUE' und alle übrigen Bits im %QW124 = 'FALSE'.
- ☐ %Q125.0, %Q125.5, %Q125.7 = 'TRUE' und alle übrigen Bits im %QW124 = 'FALSE'.
- ☐ %Q125.0, %Q124.5, %Q124.7 = 'TRUE' und alle übrigen Bits im %QW124 = 'FALSE'.

17.2 Übung: Ablaufsteuerungen mit Sprüngen – Mischanlage

Erstellen Sie für die Funktionseinheit "Mischen", die in Mischanlagen häufig zu finden ist, einen Softwarebaustein.

Forderungen für eine Funktionseinheit:

Beim Betätigen des Start-Tasters werden zwei Substanzen in einen Behälter geleitet, bis der Behälter voll ist. Die Mischung wird dann über einen Schieber zur Weiterverarbeitung freigegeben. Ein weiterer Mischvorgang kann mit dem Start-Taster eingeleitet werden.

Um die Zykluszeit der CPU klein zu halten, werden, abhängig vom Schritt, nur die notwendigen Anweisungen ausgeführt, die anderen Anweisungen werden übersprungen.

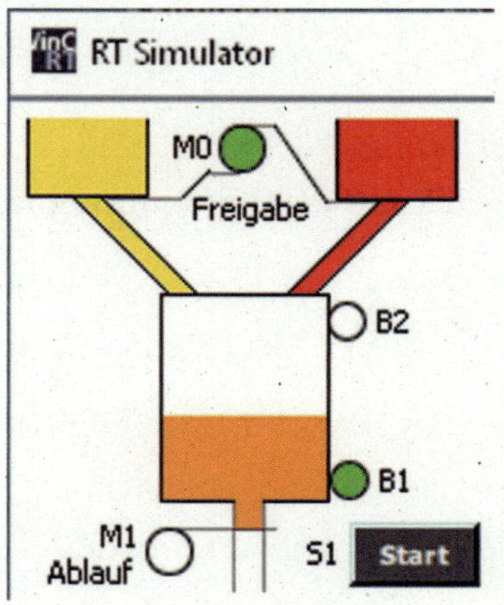

Ergänzen Sie den FUP, den Ablaufplan und den Programmablaufplan.

Hilfen finden Sie auf Buch+Web.

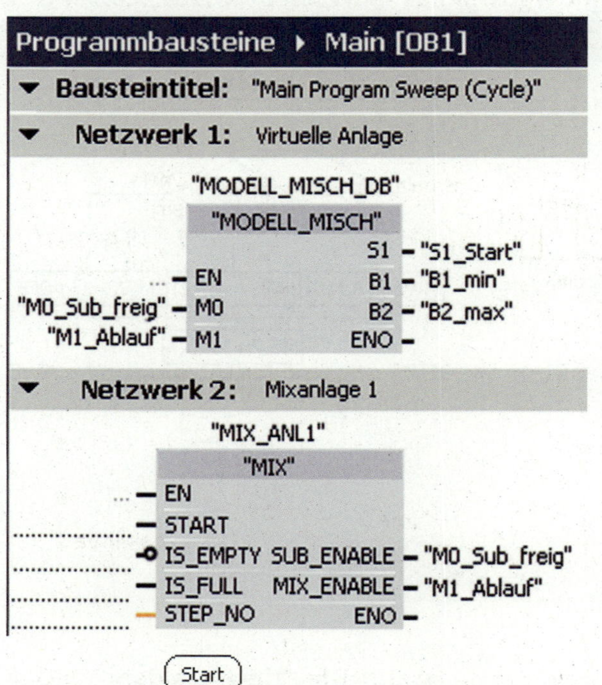

Ablaufplan (DIN EN 61131-3)

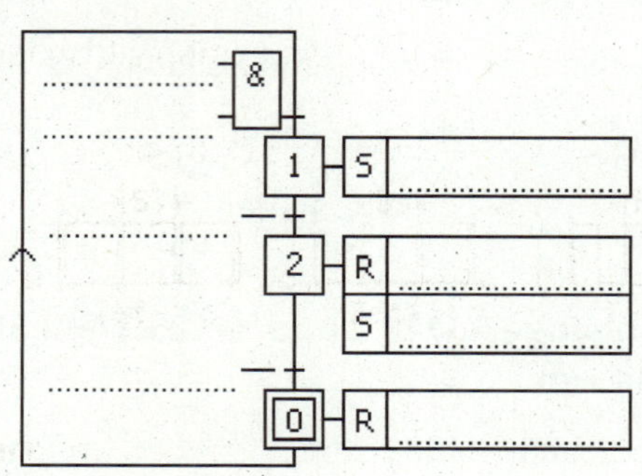

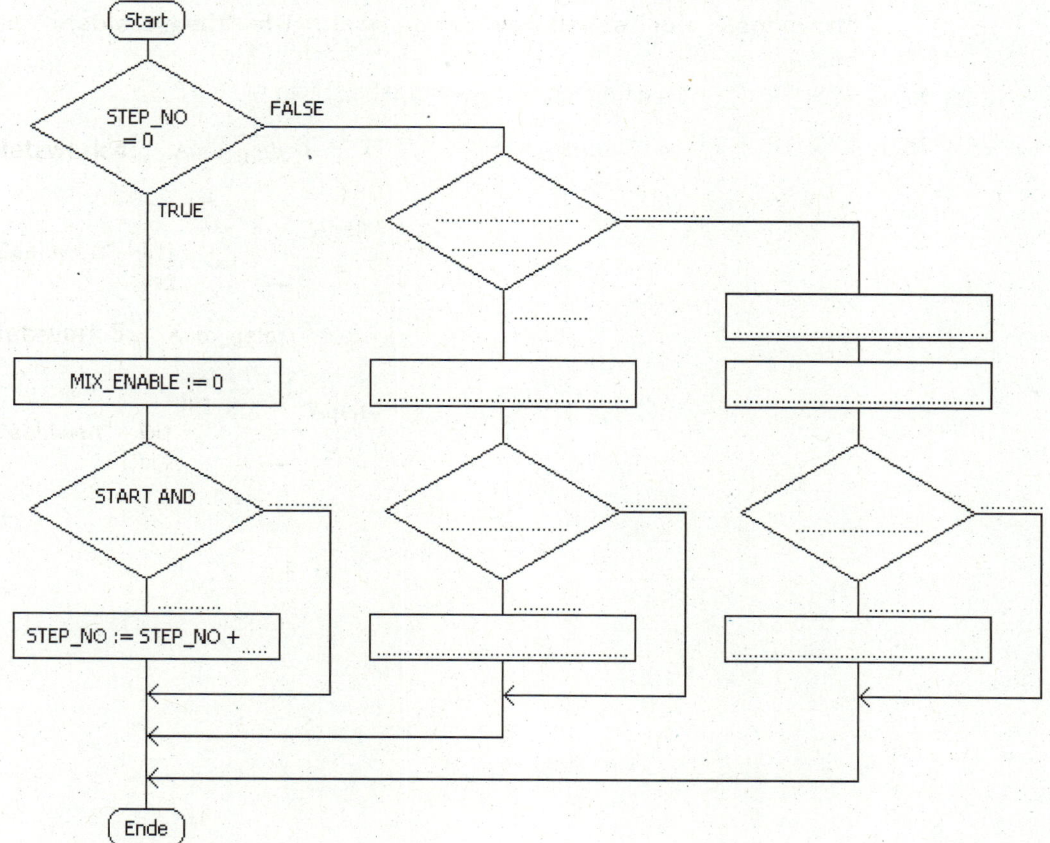

Ergänzen Sie nach dem Programmablaufplan den FUP des FBs.

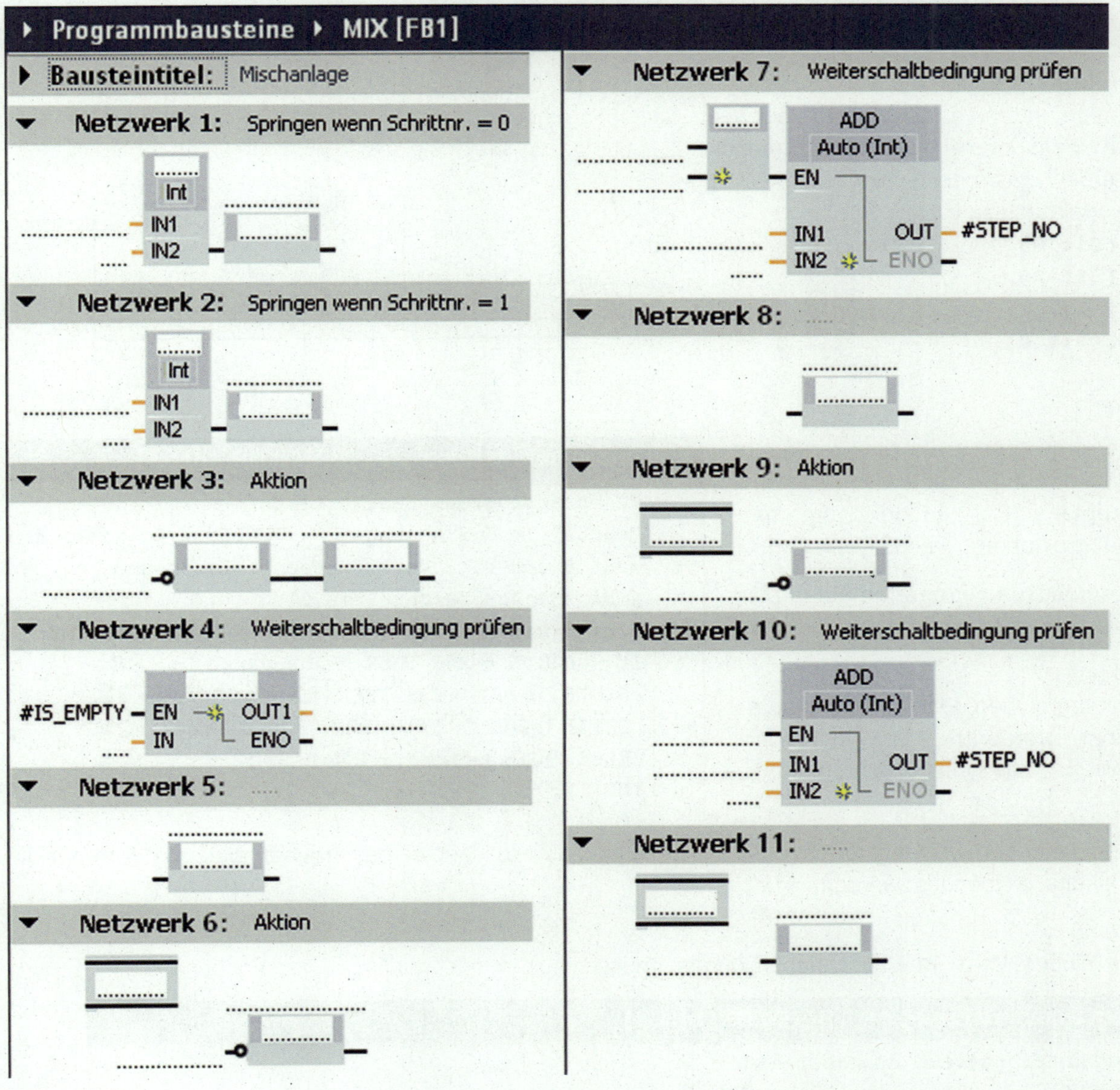

Überlegungen für die Bewertung und Präsentation des Projekts in Stichworten:

17.3 Übung: SCL – Bahnkorrektur und Mischanlage

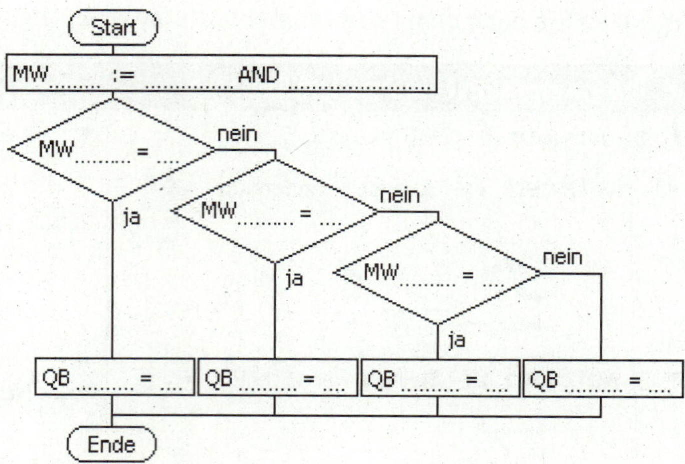

Auftrag:

Bahnkorrektur:

Zum sensorgeführten Verschleifen von Schweißnähten mit einem Roboter soll ein Programm entwickelt werden, das mithilfe von zwei Sensoren die Bahnkorrektursignale

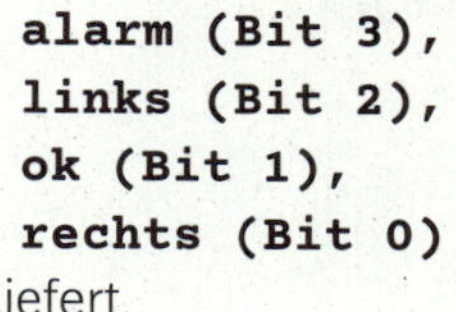
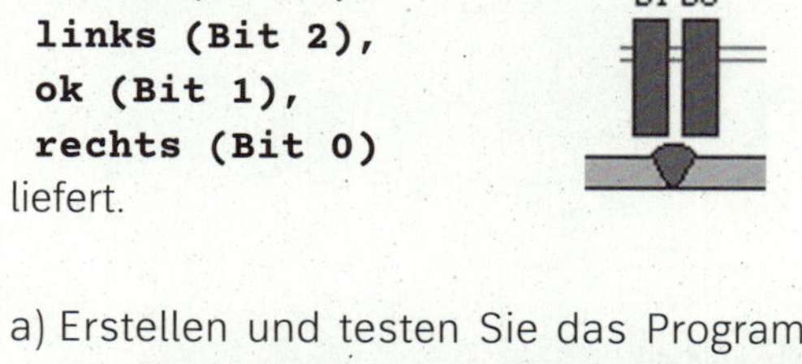

```
alarm (Bit 3),
links (Bit 2),
ok (Bit 1),
rechts (Bit 0)
```

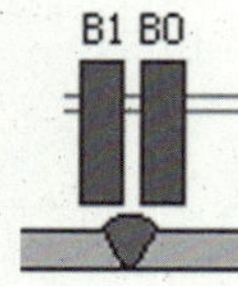

liefert.

a) Erstellen und testen Sie das Programm zur Bahnkorrektur mithilfe des Programmablaufplans (PAP) in der Programmsprache Strukturierter Text (ST bzw. SCL).

Ergänzen Sie den Programmablaufplan sowie den Programmcode.

Anmerkung:
Bei umfangreichen Programmen ist es unbedingt erforderlich, den Operanden, wie MW124 ..., ein Symbol zuzuordnen.

▸ Programmbausteine ▸ BAHNKOR_a[FC2]

```
// Unterprogramm Bahnkorrektur
"wB0B1" := "wEingaenge"........2#11; //Ausmaskieren
//Bit0 und Bit1 vom wEingaenge lesen und
//bAusgaenge beschreiben mit
//Bit3=alarm, Bit2=links, Bit1=OK, Bit0=rechts
IF "wB0B1" = 2#0 THEN "bAusgaenge" := 2#..........;
 ELSIF "wB0B1"=2#1 THEN "bAusgaenge":= 2#.......;
 ELSIF "wB0B1"=2#10 THEN "bAusgaenge":=2#..........;
 ELSE "bAusgaenge":= 2#.........;
END_IF;
```

b) Ergänzen Sie den Anweisungsteil so, dass nicht das ganze Ausgangsbyte beschrieben wird, sondern nur die Ausgangsbits, die benötigt werden.

Beachten Sie:
Bits, die mit dem Wert TRUE beschrieben wurden, müssen auch wieder mit FALSE beschrieben werden.

▸ Programmbausteine ▸ BAHNKOR_b[FC2]

```
// Unterprogramm Bahnkorrektur
"wB0B1" := "wEingaenge" AND 2#...........; //Ausmaskieren
//Bit0 und Bit1 vom %IW124 lesen und %QB125 beschreiben
IF "wB0B1" = 2#..... THEN
   "xAlarm" := TRUE; "xLinks" :=FALSE; "xOK" :=FALSE; "xRechts" :=..........;
 ELSIF "wB0B1" =2#..... THEN
   "xAlarm" := FALSE; "xLinks" :=FALSE; "xOK" :=FALSE; "xRechts" :=..........;
 ELSIF "wB0B1" =2#..... THEN
   "xAlarm" := FALSE; "xLinks" :=TRUE; "xOK" :=FALSE; "xRechts" :=..........;
 ELSE "xAlarm" := FALSE; "xLinks" :=FALSE; "xOK" :=TRUE; "xRechts" :=FALSE;
END_IF;
```

c) Benutzen Sie zum Programmentwurf die Methode von der Funktionstabelle zur Funktionsgleichung. Ergänzen Sie die Tabelle und die Funktion.

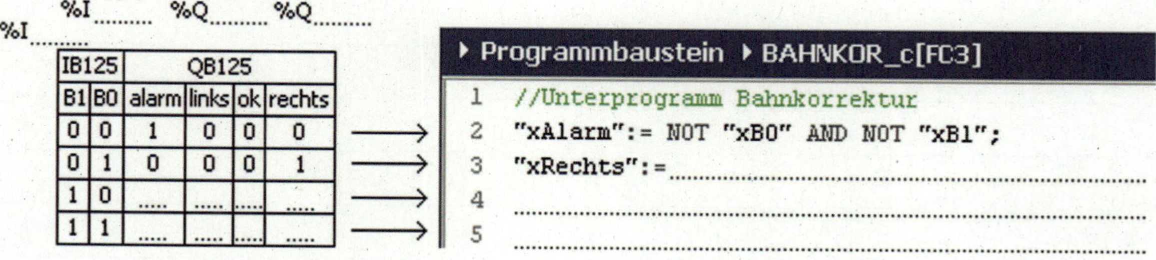

%I........ %I........ %Q........ %Q........

IB125		QB125			
B1	B0	alarm	links	ok	rechts
0	0	1	0	0	0
0	1	0	0	0	1
1	0	.....	.....	.....	.....
1	1	.....	.....	.....	.....

▸ Programmbaustein ▸ BAHNKOR_c[FC3]

```
//Unterprogramm Bahnkorrektur
"xAlarm":= NOT "xB0" AND NOT "xB1";
"xRechts":=.............................................................
...................................................................
...................................................................
```

Übung: Mischanlage
Für die Funktionseinheit "Mischen", die in Mischanlagen häufig zu finden ist, ist ein Software-Baustein in SCL zu erstellen.

Forderungen für eine Funktionseinheit:
Beim Betätigen des Start-Tasters werden zwei Substanzen in einen Behälter geleitet, bis der Behälter voll ist. Die Mischung wird dann über einen Schieber zur Weiterverarbeitung freigegeben. Ein weiterer Mischvorgang kann mit dem Start-Taster eingeleitet werden.

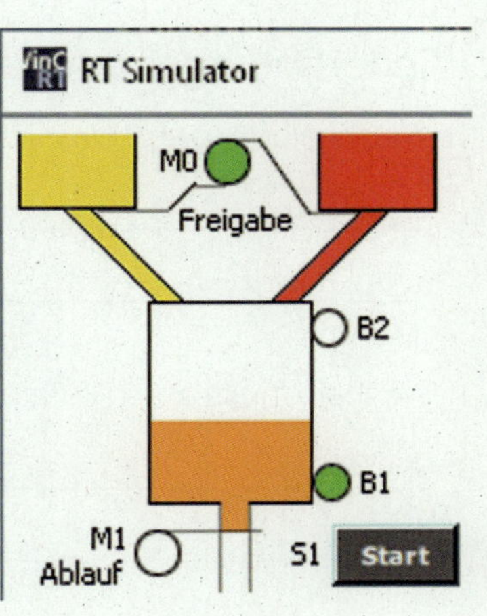

Ergänzen und testen Sie den Quellcode des FB2 "MIX_SCL" mithilfe des Programmablaufplans.

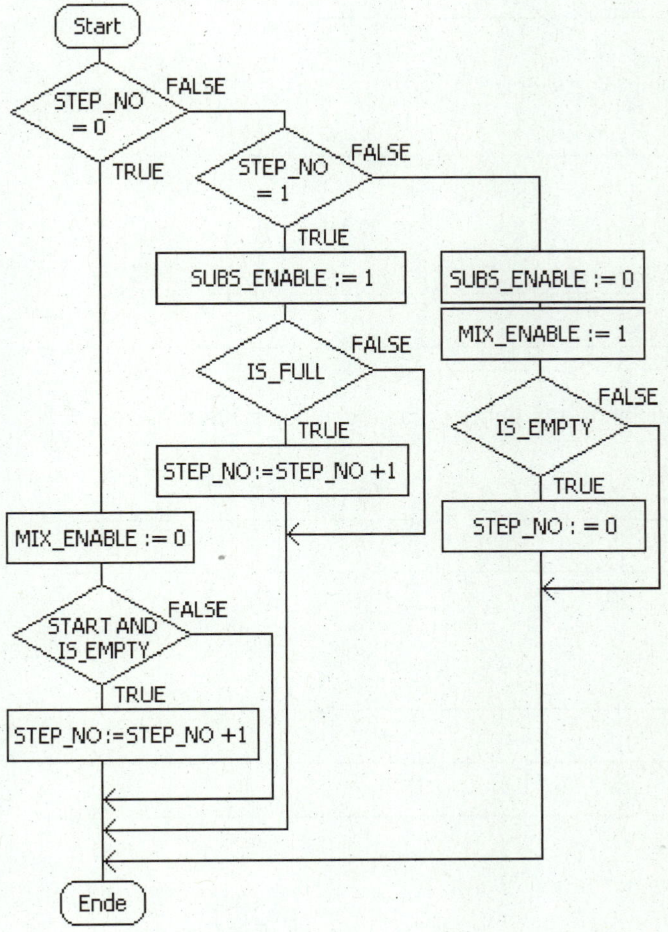


```
FUNCTION_BLOCK "MIX_SCL"
 VAR_INPUT
      START : Bool;
      IS_EMPTY : Bool;
      IS_FULL : Bool;
 END_VAR
 VAR_OUTPUT
      SUBS_ENABLE : Bool;
      MIX_ENABLE : Bool;
 END_VAR
 VAR_IN_OUT
      STEP_NO : ...............;
 END_VAR
BEGIN
 IF #STEP_NO = 0 THEN
   #MIX_ENABLE :=
   IF #START ........... #IS_EMPTY = TRUE THEN
     #STEP_NO := ...................................;
   END_IF;
  ELSIF #STEP_NO = 1 THEN
   #SUBS_ENABLE := TRUE;
   IF .................... = TRUE THEN
      #STEP_NO := #STEP_NO + 1;
   END_IF;
  ELSE #SUBS_ENABLE := 0;
       #MIX_ENABLE := ..................... ;
   IF #IS_EMPTY = TRUE THEN
      #STEP_NO := ......;
   ..........................;
 END_IF;
END_FUNCTION_BLOCK
```

Ergänzen Sie den Aufruf des Bausteins z. B. im OB1.

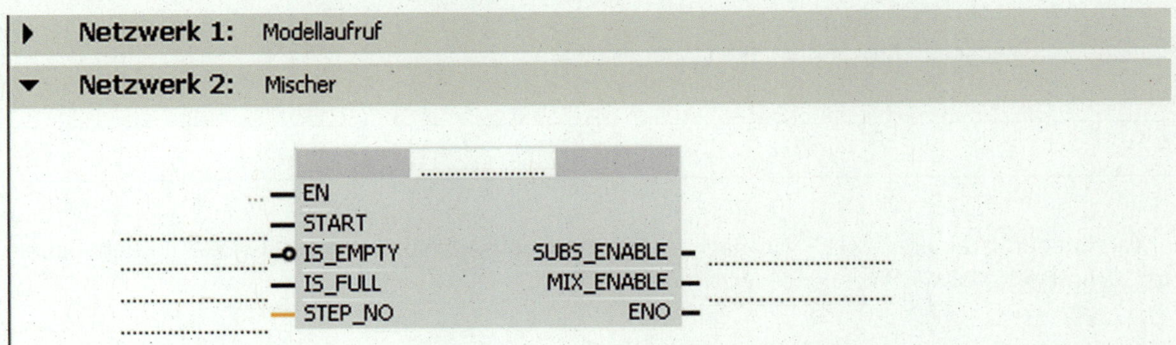

Überlegungen für die Bewertung und Präsentation des Projekts

Wiederholungsfragen zu Kapitel 17

1. Welche Vorteile ergeben sich, wenn in einem Baustein Sprünge programmiert werden?

2. Weshalb muss am IN1-Parameter des Vergleichers der Aktualparameter ein %IWxxx und nicht ein %IBxxx sein?

3. Welche Eingänge vom %IW124 sind logisch "1", wenn sein Wert 129 ist?

4. Ergänzen Sie die Funktionsgleichungen für die Variablen aus dem Projekt Bahnkorrektur.

   rechts: = NOT B1 AND B0; ok: = ; links: = ;

   alarm: = ;

5. Welchen Vorteil hat es, wenn im Projekt Bahnkorrektur nicht das ganze Ausgangsbyte, sonden nur die Bits beschrieben werden?

6. Welchen Sinn hat das Ausmaskieren?

7. Welchen Wert müsste die Maske im Projekt Bahnkorrektur haben, wenn der %I125.0 und %I125.7 für B0 und B1 verwendet wird?

8. Welche besondere Eigenschaft hat ein Durchgangsparameter?

9. Welchen Wert hat der Parameter #STEP_NO nach einem Spannungsausfall, wenn als Speicher für den Aktualparameter "Schritt_Nr" %MW200 verwendet wird?

18 Analogwertverarbeitung, digitale Softwareregler

18.1 Analogwertverarbeitung, Zwei-/Mehrpunktregelung – Siloanlage

Füllstandsregelung mit einem Zweipunktregler:
Ist der Schalter "S1_Füllen" eingeschaltet, so soll der Füllstand zwischen einem Min- und einen Max-Wert gehalten werden. Das Ablaufventil M2 wird mit dem Schalter "S2_Leeren" gesteuert.
Über den Messaufnehmer, den Messumformer und die AD-Baugruppe wird der Füllstand erfasst und in einen digitalen Wert umgewandelt, der im Peripheriespeicher abgelegt wird. Im Programm wird auf diesen Speicherbereich zugegriffen.

Ergänzen Sie die Bildeinträge und werten Sie die Tabelle aus.

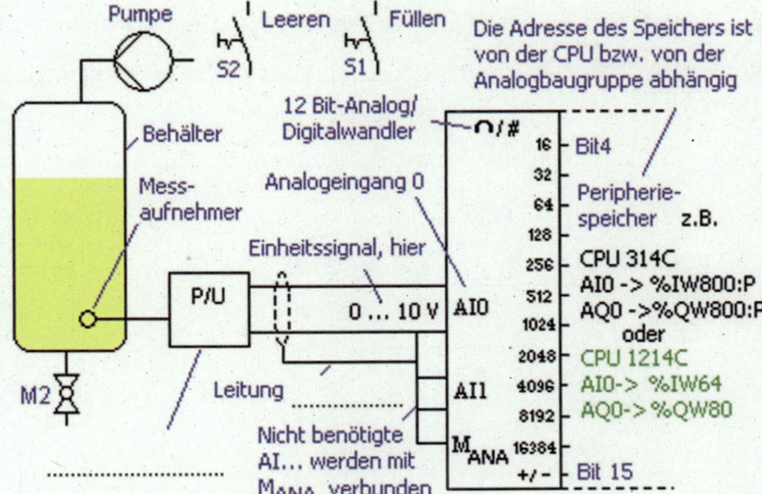

PIW															
PIB								PIB							
2^{15}	2^{14}	2^{13}	2^{12}	2^{11}	2^{10}	2^9	2^8	2^7	2^6	2^5	2^4	2^3	2^2	2^1	2^0
0	1	1	1	1	1	1	1	1	1	1	1	0	0	0	0
0	1	1	0	1	1	0	0	0	0	0	0	0	0	0	0
0	0	0	0	0	0	0	0	0	0	0	1	0	0	0	0

↑ .... └ kleinste Auflösung

Beispiele:

2^{15} - 1 - 15 =
.... ≙ V
= .... ≙ .... V ≙100%
= .... ≙ .... mV

Auftrag 1
Entwickeln und testen Sie ein Programm, das mithilfe eines Zweipunktreglers den Füllstand im Silo möglichst konstant hält.

Ergänzen Sie den Zustandsgrafen sowie den Programmcode und füllen Sie das Funktionsprotokoll aus.

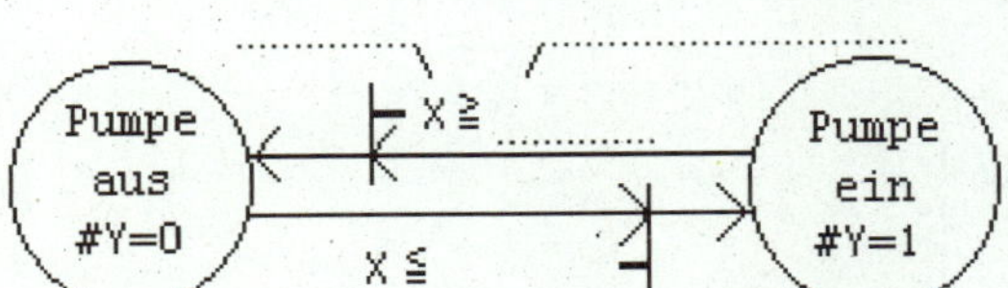

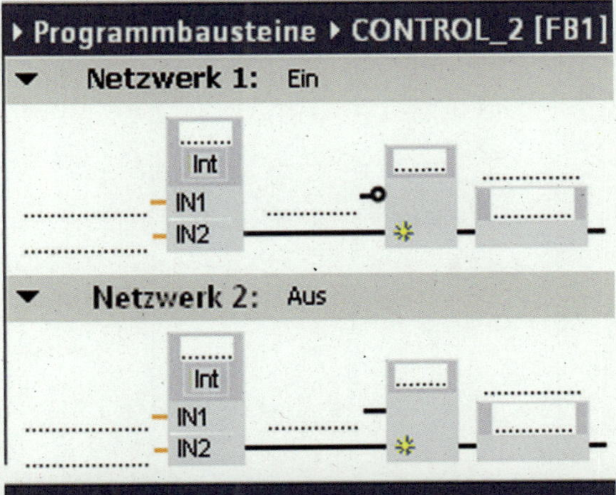

Funktionsprotokoll: Siloanlage Die Schalter Füllen und Leeren sind eingeschaltet.	
Prüfer: .... Datum:	
PIW ____, ___= Istwert, W = Schaltpunkte,	
W_MAX = 20000 entspricht ____%	x_{max} = ___%
W_MIN = 16000 entspricht ____%	x_{min} = ___%
Hysterese = ______entspricht _____%	
Pumpen-Einschaltdauer = ___s	
Pumpen-Ausschaltdauer = ___s	

Je kleiner die Hysterese, desto __________ ist die Füllstandsänderung und desto __________ schaltet das Pumpenschütz.

Programmbausteine ▸ UP_SILO [FC1]

Netzwerk 1: Regleraufruf

"REG_1"
"CONTROL_2"
EN
X
W_MAX Y
W_MIN Y ENO

Netzwerk 2: ....

"REG_1".Y

Netzwerk 3: Ablaufventil

Auftrag 2
Mehrpunktregelung:
Erweitern Sie den Auftrag 1. Der Analogausgangskanal 0 der SPS, mit einer Ausgangsspannung von 0 ... 10V, steuert die Leistung der Pumpe über den Analogeingang eines Frequenzumrichters.
Ersetzen Sie den 2-Punktregler durch einen 3-Punktregler "CONTROL_3".
Legen Sie zunächst die benötigte Schnittstelle fest. Ordnen Sie die Beschreibungen der Schnittstelle den Ein- und Ausgangsparametern im Bild rechts zu.

"Inst_CONTROL_3"

"CONTROL_3"		
ON		S1 Füllen ein.
X		Istwert des Füllstandes.
W1		Vorgabewerte für die Stellgröße.
W2		Werte für die Schaltpunkte.
W3		
VAL1_Y	OUT_Y	"Stellwert"
VAL2_Y	QUT	"Q1_Pumpe"

Ergänzen Sie den Zustandsgrafen und entwerfen Sie mit seiner Hilfe das Programm.

Testen und protokollieren Sie die Funktion in den Diagrammen.

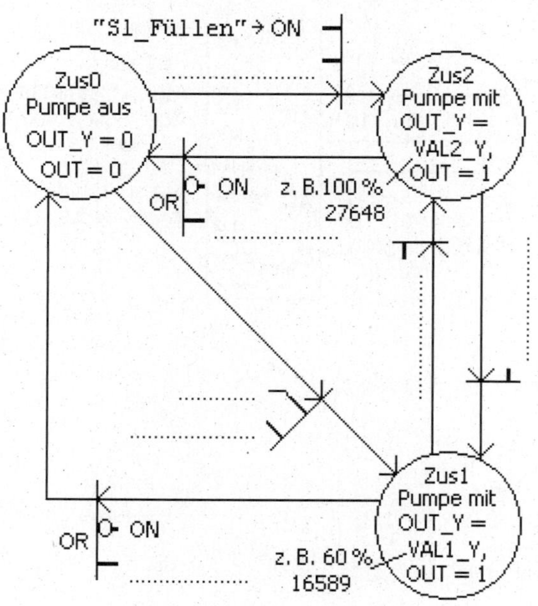

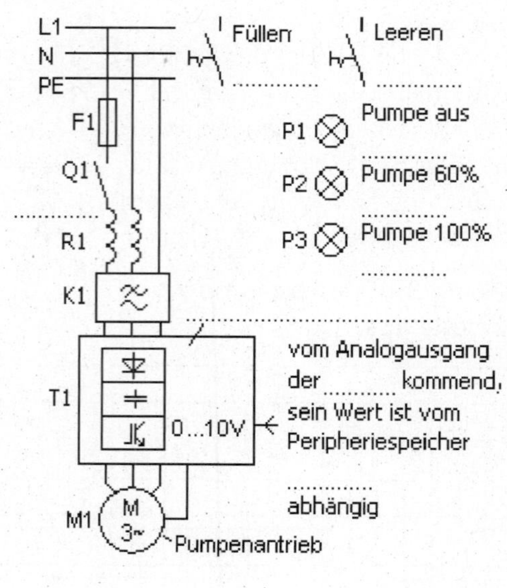

Diagramme: Ergänzen Sie die Diagramme mit den Stellwerten in % bei unterschiedlichen Abflussmengen. S1 und S2 sind eingeschaltet und W1 = 9680 -> 35 %, W2 =11056 -> 40 %, W3 =12448 -> ________

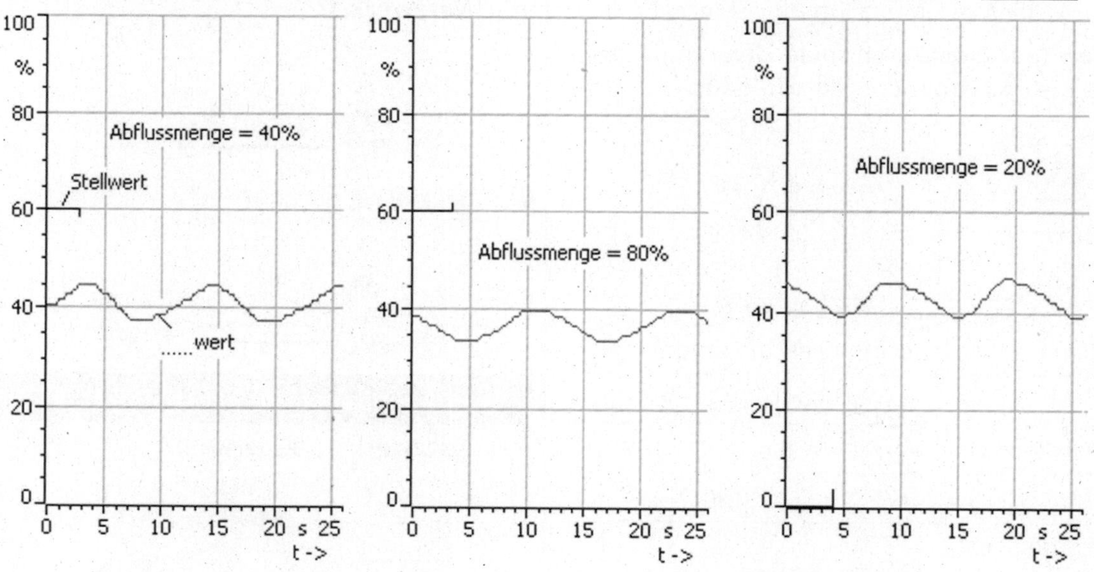

Verändern Sie im Programm die Werte der Schaltpunkte sowie die Vorgabewerte für die Pumpenleistung und beobachten Sie das Regelverhalten.

Überlegungen für die Bewertung und Präsentation des Projekts in Stichworten:

Selbsttest: Analogwertverarbeitung, digitale Softwareregler (Analogwertverarbeitung, Zwei-/Mehrpunktregelung – Siloanlage)

Wählen Sie die richtigen Aussagen aus.

1. Die Adresse des Peripherie-Eingangsspeichers für Kanal 1 mit 12 Bit-Auflösung (AI0) ist %IW800. Der Kanal 2 hat bei gleicher Auflösung dann die Adresse

☐ %IW800. ☐ %IW801. ☐ %IW802. ☐ %IW803.

2. Nicht benötigte Analogeingänge

☐ sind nicht vorhanden.

☐ werden nicht beschaltet.

☐ belegen nicht den Peripheriespeicher.

☐ werden mit der Analog-Masse verbunden.

3. Erhöht sich die Spannung am Kanal 1, bei einer Einstellung 0 ... 10 V und 12 Bit (-1Bit für Vorzeichen) Auflösung, um 5,79 mV, so erhöht sich der Zahlenwert im zugehörigen Peripheriespeicher um

☐ 0. ☐ 4. ☐ 5.79. ☐ 16.

4. Der Speicher einer Eingangsbaugruppe (Peripheriespeicher) kann im Programm

☐ verändert werden. ☐ nur beschrieben werden.

☐ gelesen und beschrieben werden. ☐ nur gelesen werden.

18.2 Füllstandsregelung mit Abtastregler – Silo

Sie erhalten den Auftrag, bei einer Füllstandsregelung die Reglerparameter des kontinuierlich wirkenden Software-Reglers FB41 bei einer Abflussmengenänderung zu optimieren.

Hilfen finden Sie auf Buch+Web.

Vorüberlegungen:
Ergänzen Sie die Aussagen.

Eine Regelung ist ein Vorgang, bei dem ______________ der Wert der zu regelnden Größe (Istwert) ______________ und mit dem Wert einer vorgegebenen Größe (______ wert) ______________ wird. Bei einer Abweichung wird über den ______________ (Stellwert) ein Angleichen vorgenommen. Dieses Angleichen sollte möglichst ______________ und ______________________ erfolgen.

Tragen Sie die fehlenden regelungstechnischen Begriffe im Blockschaltbild ein.

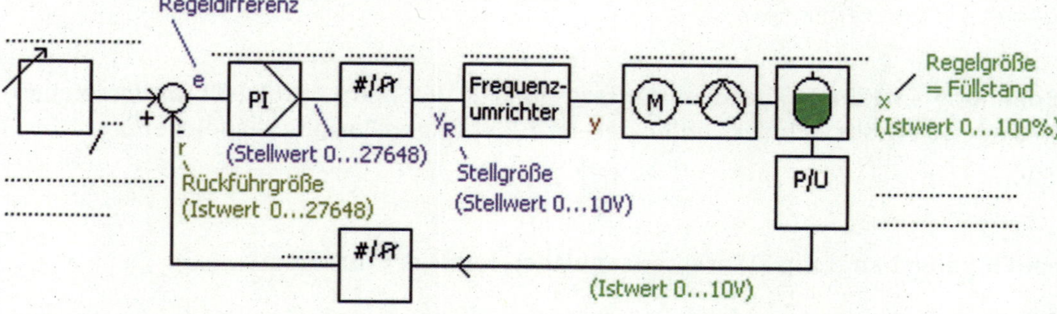

Beschreiben Sie die in diesem Projekt benötigten Parameter des Reglerbausteins CONT_C.

______________	MANUAL VALUE ON/Handbetrieb einschalten. Ist der Eingang „Handbetrieb einschalten" gesetzt, ist der Regelkreis unterbrochen. Als Stellwert wird ein Handwert vorgegeben.
______________	PROCESS VARIABLE PERIPHERY ON/Istwert Peripherie einschalten. Soll der Istwert von der Peripherie eingelesen werden, so muss der Eingang PV_PER mit der Peripherie verschaltet werden, z. B. PIW752, und der Eingang „Istwert Peripherie einschalten" gesetzt werden.
______________	SAMPLE TIME/Abtastzeit. Die Zeit zwischen den Bausteinaufrufen muss konstant sein. Der Eingang „Abtastzeit" gibt die Zeit zwischen den Bausteinaufrufen an.
______________	INTERNAL SETPOINT/Interner Sollwert (-100...100.0 (%)). Der Eingang „Interner Sollwert" dient zur Vorgabe eines Sollwertes.
______________	PROCESS VARIABLE PERIPHERY/Istwert Peripherie. Der Istwert in Peripherieformat wird am Eingang „Istwert Peripherie" mit dem Regler verschaltet.
______________	MANUAL VALUE/Handwert (-100.0...100.0 (%)). Der Eingang „Handwert" dient zur Vorgabe eines Handwertes mittels Bedien-Beobachterfunktion.
______________	PROPORTIONAL GAIN/Proportionalbeiwert (z. B. 5.1). Der Eingang „Proportionalbeiwert" gibt die Reglerverstärkung an. Er kann mit dem Tool „STEP7 – PID-Control" eingegeben und verändert werden.
______________	RESET TIME/Integrationszeit (TIME >= CYCLE T#20.5s). Der Eingang „Integrationszeit" bestimmt das Zeitverhalten des Integrierers.
______________	MANIPULATED VALUE PERIPHERY/Stellwert Peripherie. Der Stellwert im Peripherieformat wird am Ausgang „Stellwert Peripherie" mit dem Regler verschaltet.

Beschreiben Sie Ihr Testergebnis.

____

____

Optimierung:
Werten Sie die Sprungantwort aus, um daraus die Reglerparameterwerte zu berechnen.

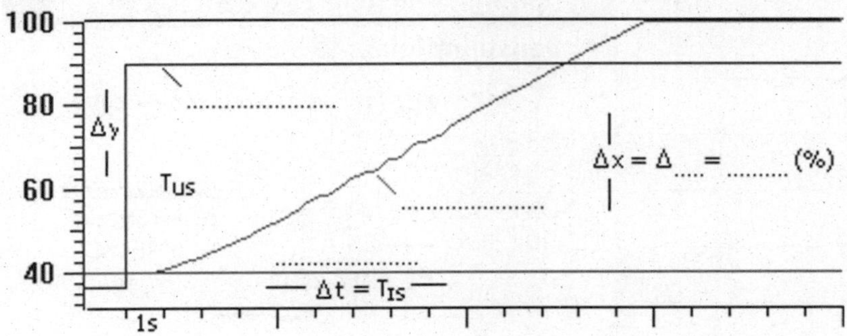

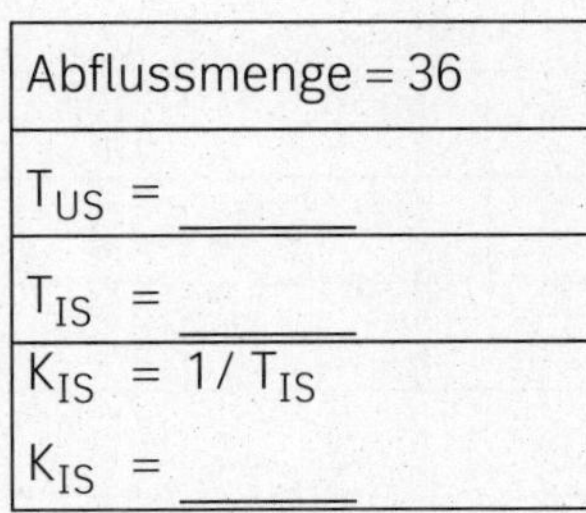

Abflussmenge = 36
T_{US} = ______
T_{IS} = ______
K_{IS} = 1/ T_{IS}
K_{IS} = ______

Berechnen Sie die Reglerparameter.

Proportionalbeiwert ___ $_{PR}$ = 0,42 / ________ ; K_{PR} = ___
Integrationszeit ___ $_{IR}$ = T_n = 5,8 · ____ ; T_{IR} = _____

Bestimmen Sie die Regelgüte bei einer Abflussänderung von 36 % auf 40 % bei doppelten bzw. halben K_{PR} und T_{IR} Werten. Schalten Sie bei einem Versuch den I-Anteil bzw. den P-Anteil aus.

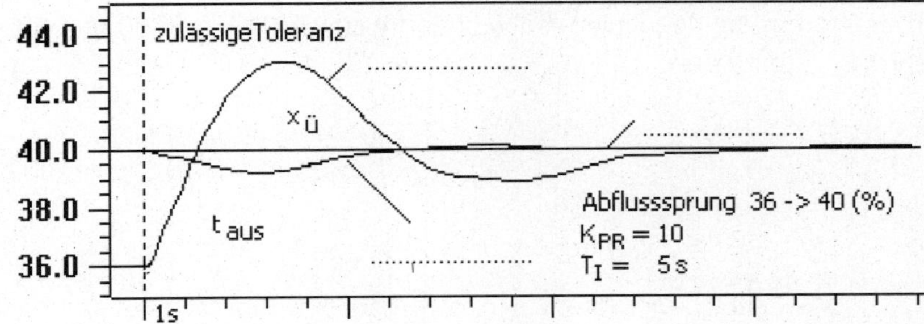

Zulässige Toleranz = 0,5 (%)
t_{aus} = ______
$x_{ü}$ = ______
$e_{(t=\infty)}$ = ______

Reglereinstellungen		Strecke		
K_{PR}	T_{IR} / s	$x_{ü}$ / %	t_{aus} / s	$e_{(t=\infty)}$ / %
	*			
**			–	–

K_{PR} - Proportionalbeiwert
T_{IR} - Integrationszeit

$x_{ü}$ - Überschwingweite
t_{aus} - Ausregelzeit
$e_{(t=\infty)}$ - Regeldifferenz

* ohne I-Anteil

** ohne P-Anteil

Erkenntnis:

Große ______ und kleine ______ machen den Regelkreis schnell, aber er neigt zur Instabilität.

Nur mit dem __-Anteil des Reglers schwingt der Regelkreis bei einer Strecke mit I-Verhalten.

18.2.1 Temperaturregelung mit Regelglieder-Bausteinen

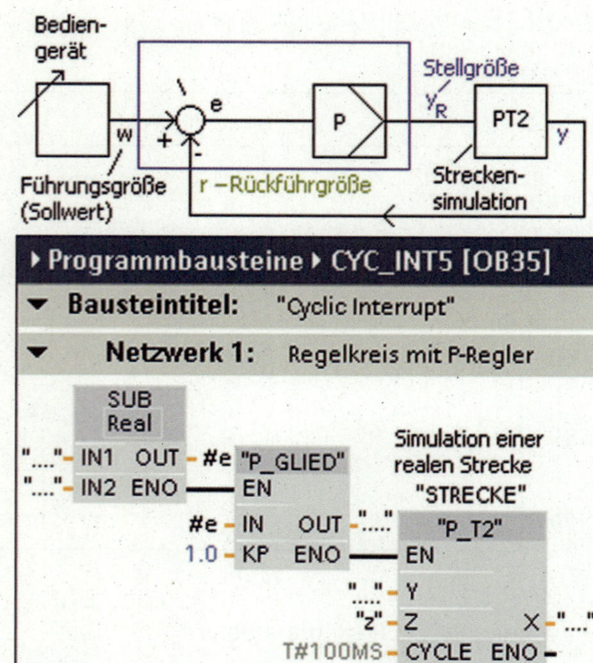

Mithilfe von Versuchen sollen Regelkreisglieder untersucht und eine Temperaturregelung optimiert werden.

Beschreiben Sie die Aufgabe einer Regelung.

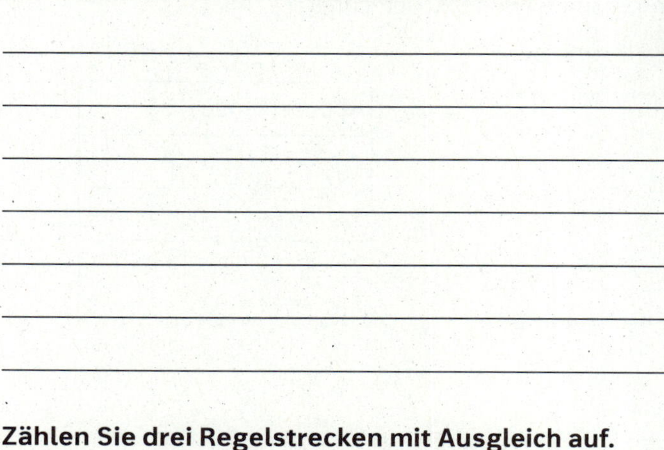

Zählen Sie drei Regelstrecken mit Ausgleich auf.

Welche Aufgabe hat das Vergleichsglied im Regelkreis?

Ergebnisse aus dem Versuch mit P-Regler:

Wie groß sollte K_P sein? Beschriften Sie im Diagramm die Kennlinien mit w, x und y sowie K_P = 1; 5; 10 und 50. Bestimmen Sie in den vier Fällen die bleibende Regeldifferenz.

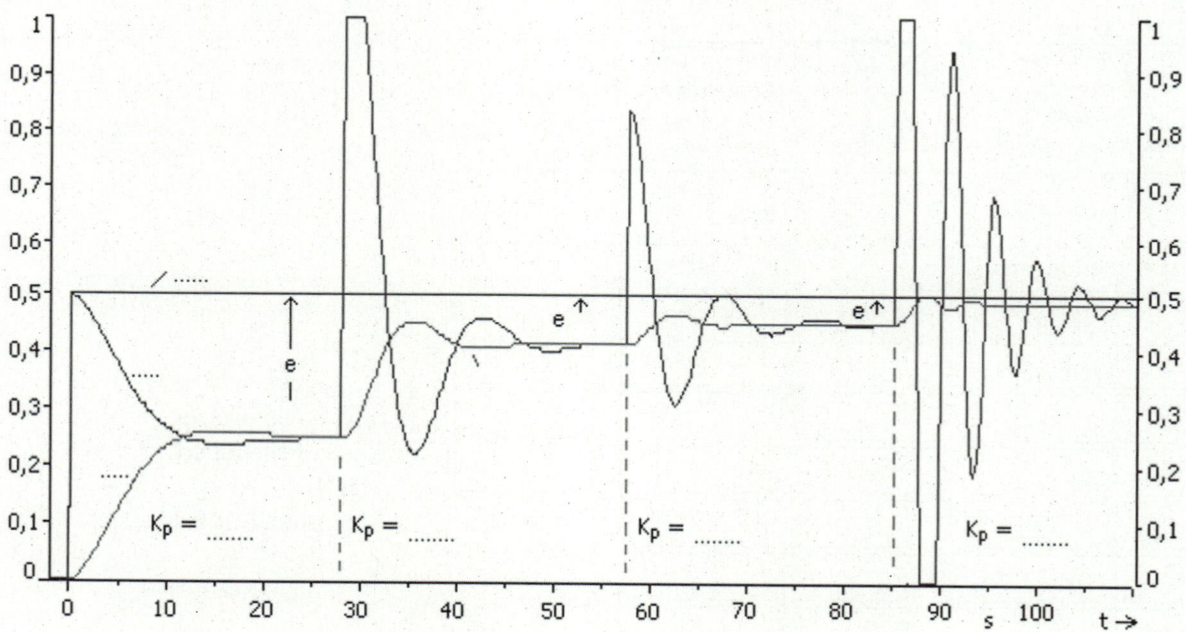

Schreiben Sie Ihre Erkenntnisse aus dem Diagramm auf.

I-Glied: Beschreiben Sie die Aufgabe eines I-Glieds.

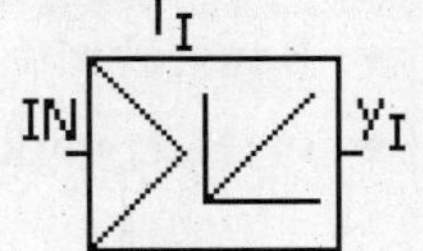

____

____

Ergebnisse und Erkenntnisse aus dem Versuch „I-Glied“:
Zeichnen Sie im Diagramm den Verlauf von y_I ein und schreiben Sie Ihre Erkenntnisse auf.

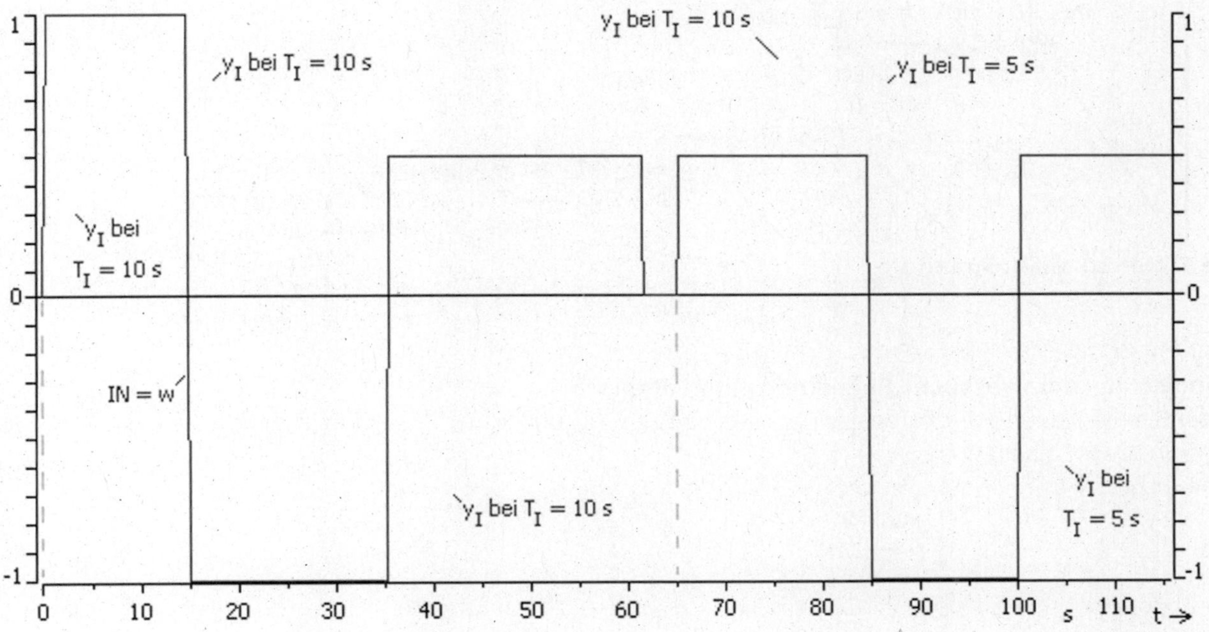

Erkenntnis:

____

____

____

____

Regelkreis mit PI-Regler:
Wie groß sollten die Reglerparameter K_P und T_I sein? Bestimmen Sie zunächst die **Streckenparameterwerte** der PT2-Strecke mithilfe der Sprungantwort (Bild rechts) und berechnen Sie daraus die Reglerparameterwerte. Verschalten Sie die Glieder zu einem technischen PI-Regler, damit $T_I = T_n$ ist.

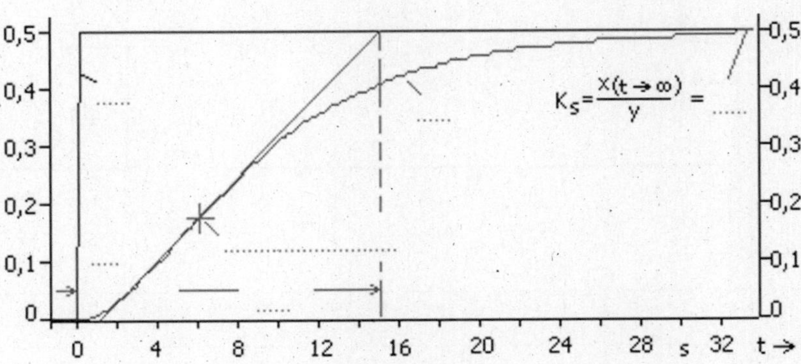

K_s = ________	T_u = ________	T_g = ________
K_p = ________		T_i = ________

Ergänzen Sie Ihr Programm und beurteilen Sie die Regelgüte.
Korrigieren Sie die Reglerparameter so, dass die Regelgröße möglichst schnell erreicht wird und x max. 20%, bezogen auf den Sollwert, überschwingt ($x_ü$ < 20%).

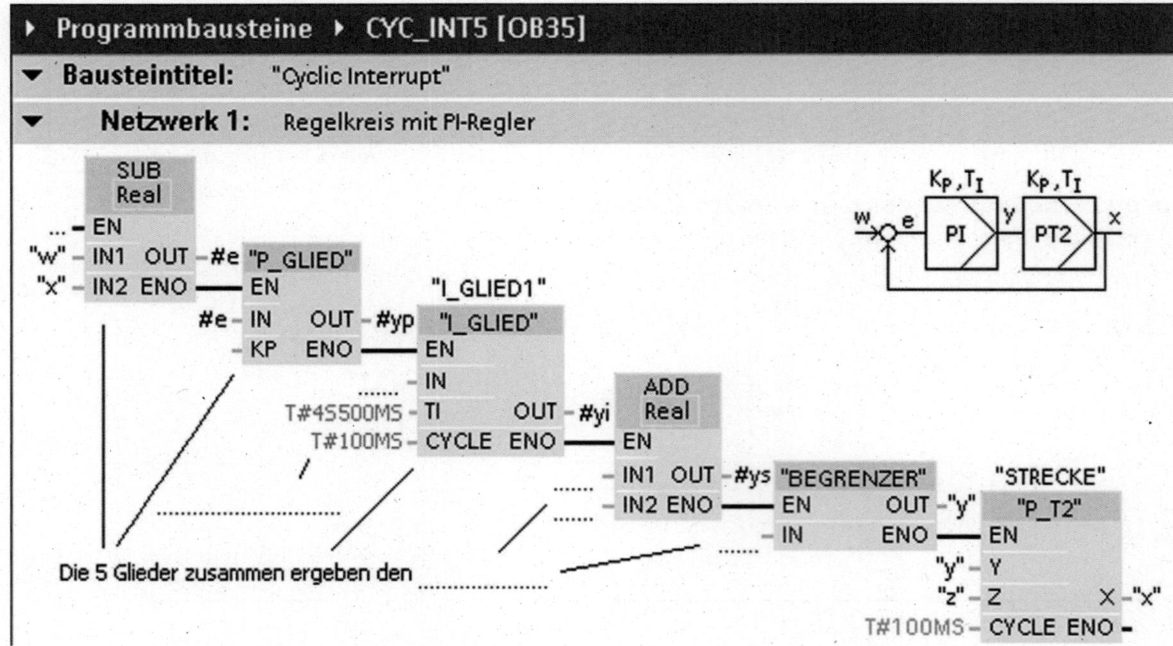

Ergebnisse aus dem Versuch „Regelkreis mit PI-Regler":
Ermitteln Sie die Kenngrößen Anregelzeit t_{an}, Ausregelzeit t_{aus} und $x_{ü}$ der Regelgüte. Nehmen Sie eine zulässige Toleranz von 0,01 Einheiten an.

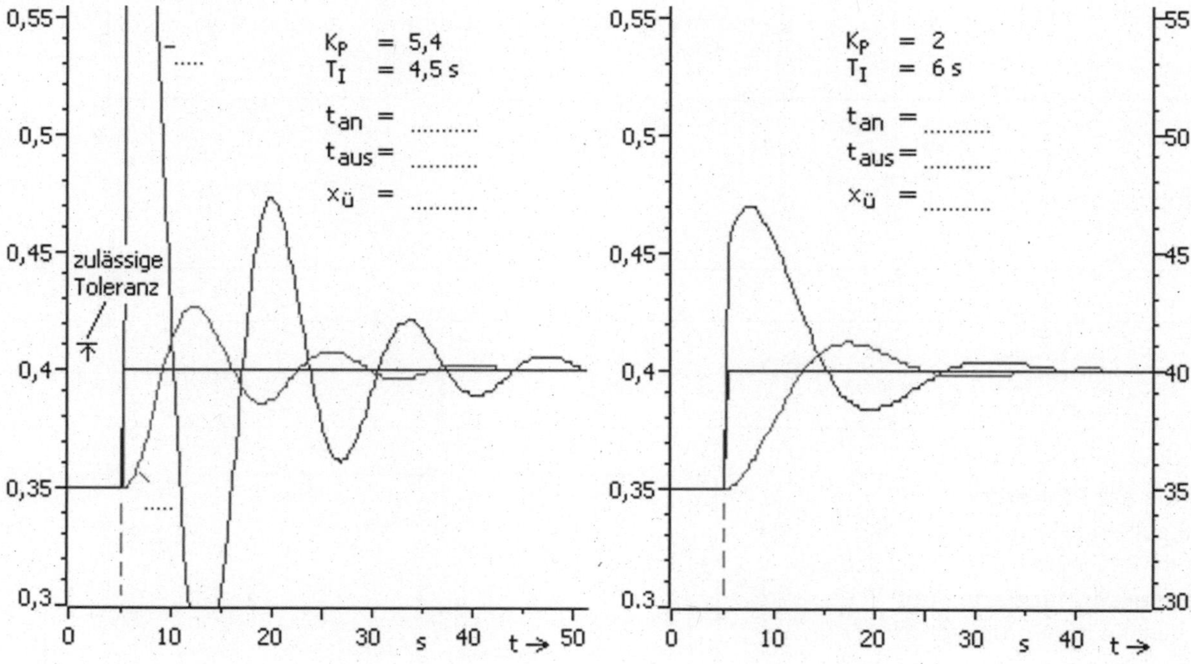

____

____

____

D-Glied:
Ergebnisse aus dem Versuch „D-Glied":

____

____

____

____

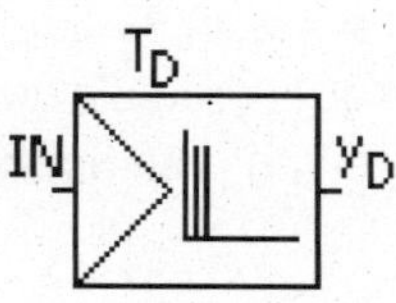

Regelkreis mit PID-Regler:

Der PID-Regler vereinigt die drei Regleranteile.
Wie groß sollten die Reglerparameter K_P , T_I und T_D sein?
Berechnen Sie diese mithilfe der Streckenparameterwerte, die Sie aus der Streckensprungantwort ermittelt haben.
Verschalten Sie die Glieder zu einem technischen PID-Regler, damit $T_I = T_n$ und $T_D = T_V$ ist.

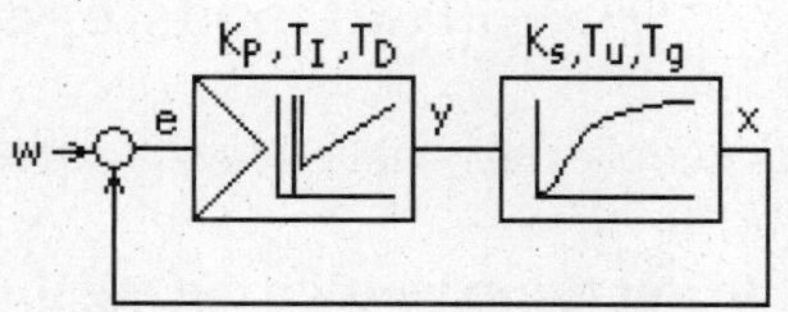

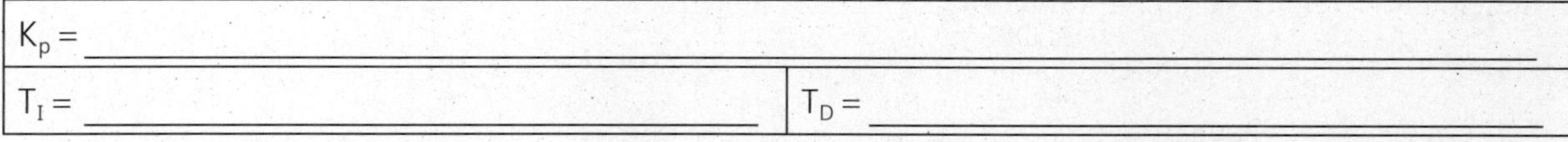

K_p =	
T_I =	T_D =

Korrigieren Sie die Reglerparameter so, dass die Regelgröße nach einem Führungsgrößensprung möglichst schnell erreicht wird und max. 20%, bezogen auf den Sollwert, überschwingt ($x_ü$ < 20%).
Vergleichen Sie die Regelgüte, d. h. t_{an}, t_{aus} und x, mit der im Versuch PI-Regelkreis von oben.

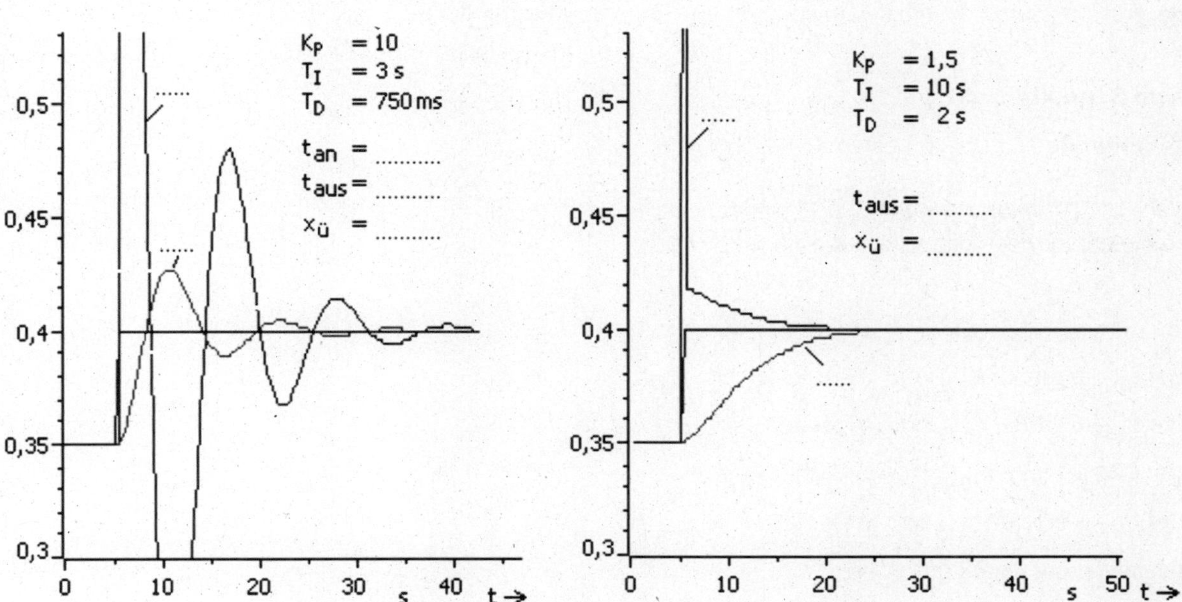

Optimieren Sie die Regelung so, dass die Regelgröße nicht überschwingt, sie also aperiodisch verläuft, aber eine kurze Anregelzeit erreicht wird.

K_P =	T_I =	T_D =

Erkenntnis:

Überlegungen für die Bewertung und Präsentation des Projekts:

Selbsttest: Analogwertverarbeitung, digitale Softwareregler (Füllstandsregelung mit Abtastregler – Silo)

Wählen Sie die richtigen Aussagen aus.

1. In der Norm werden die regelungstechnischen Größen wie folgt den Buchstaben zugeordnet:

- ☐ w=Regelgröße; e=Regeldifferenz; y=Führungsgröße; x= Stellgröße.
- ☐ w=Regeldifferenz, e=Regelgröße, y=Führungsgröße, x= Stellgröße.
- ☐ w=Führungsgröße, e=Regeldifferenz, y=Regelgröße, x= Stellgröße.
- ☐ w=Führungsgröße, e=Regeldifferenz, y=Stellgröße, x= Regelgröße.

2. Beim

☐ P-Glied ☐ I-Glied ☐ D-Glied ☐ PT2-Glied

steigt der Ausgangswert bei positivem konstantem Eingangswert mit der Zeit.

3. Bei einem Regelkreis mit

☐ einer Störgröße ☐ einem P-Regler

☐ einem PI-Regler ☐ einem PID-Regler

tritt eine bleibende Regeldifferenz auf.

4. Je

- ☐ größer t_{an}, je größer t_{aus} und je größer $x_{ü}$ ist,
- ☐ größer t_{an}, je größer t_{aus} und je kleiner $x_{ü}$ ist,
- ☐ kleiner t_{an}, je kleiner t_{aus} und je kleiner $x_{ü}$ ist,
- ☐ größer t_{an}, je kleiner t_{aus} und je kleiner $x_{ü}$ ist,

desto besser ist die Regelgüte.

18.3 Pulsweitenmodulation – Temperatursteuerung

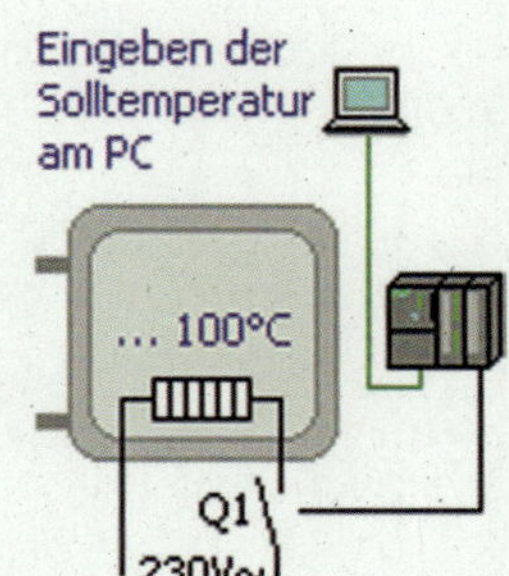

Die Steuerung der Temperatur in einem Behälter ist mithilfe eines Pulsweitenmodulators zu realisieren.
Der Heizwiderstand wird, je nach erforderlicher Temperatur, zyklisch ein- und ausgeschaltet. Ist die Temperaturstrecke träge, so ändert sich der Temperaturwert bei gleichbleibender Ein- und Ausschaltzeit nahezu nicht.
Die Heizleistung ist vom Verhältnis der Pulsweite t_{ein} zur Periodendauer T abhängig.

P_{Heiz} =

Das Verhältnis Pulsweite zur Periodendauer wird als **Tastgrad** g bezeichnet.

g =

Beschreiben Sie die in diesem Projekt benötigten Parameter des PWM-Bausteins PULSEGEN.

______________	INPUT VARIABLE/Eingangsvariable (REAL -100.0 … 100.0). Am Eingangsparameter wird eine analoge Stellwertgröße aufgeschaltet.
______________	PERIOD TIME/Periodendauer. Am Parameter „Periodendauer“ wird die konstante Periodendauer der Pulsbreitenmodulation eingegeben.
______________	THREE STEP CONTROL ON/Dreipunktregelung einschalten. Bei der Dreipunktregelung arbeiten beide Ausgangssignale.
______________	COMPLETE RESTART/Neustart. Der Baustein hat eine Initialisierungsroutine, die bearbeitet wird, wenn der Eingang gesetzt ist.
______________	SAMPLE TIME/Abtastzeit. Die Zeit zwischen den Bausteinaufrufen muss konstant sein. Der Eingang gibt die Zeit zwischen den Bausteinaufrufen an.
______________	OUTPUT POSITIVE PULSE/Ausgangssignal positiver Impuls. Der Ausgangsparameter ist gesetzt, wenn ein Impuls ausgegeben werden soll.

"PWM_1"
PULSEGEN
EN
INV
PER_TM
P_B_TM
RATIOFAC
STEP3_ON
ST2BI_ON
MAN_ON
POS_P_ON
NEG_P_ON
SYN_ON QPOS_P
COM_RST QNEG_P
CYCLE ENO

Untersuchen Sie bei unterschiedlichen Periodendauern T die Abhängigkeit des Temperaturwerts vom Sollwert (INV) und der Pulsweite t_{ein}.

Tragen Sie die Werte in die Tabelle ein.
Beurteilen Sie die Konstanz der Temperatur Δδ. Berechnen Sie den Tastgrad sowie die Heizleistung.

P_{max} = 2,2 kW									
T / s	10			5			20		
INV	20	50	80	20	50	80	20	50	80
t_{ein} / s									
g									
P / kW									
Δδ / %									

Ergänzen Sie die drei Diagramme.

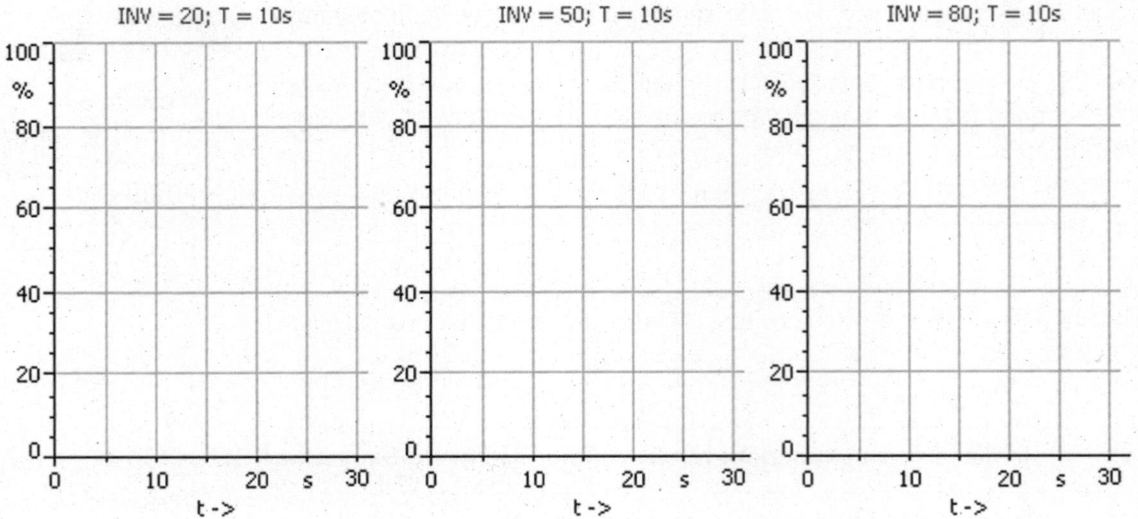

Werten Sie die Sprungantwort aus, um den Zusammenhang zur Periodendauer untersuchen zu können.

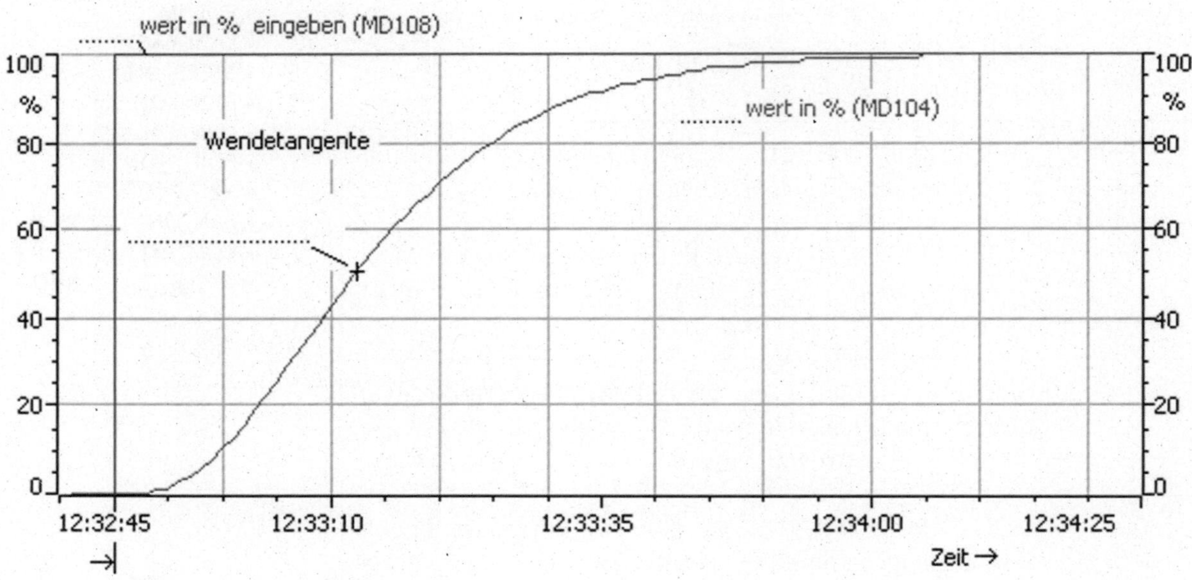

Sollwertsprung = ______ %	Verzugszeit T__ = __ s	Ausgleichszeit T__ = __ s

Vergleichen Sie die Periodendauer mit der dominierenden Zeitkonstante der Strecke.

____

____

Überlegungen für die Bewertung und Präsentation des Projekts in Stichworten:

____

____

Selbsttest: Analogwertverarbeitung, digitale Softwareregler (Pulsweitenmodulation – Temperatursteuerung)

Wählen Sie die richtigen Aussagen aus.

1. Über einen Pulsweitenmodulationsbaustein wird die Temperatur in einem Behälter gesteuert. Wird der Wert des Bausteinparameters INV erhöht, so steigt die Heizleistung, da sich

☐ die Ein- und Ausschaltdauer erhöht.

☐ die Frequenz erhöht.

☐ der Tastgrad erhöht.

☐ die Periodendauer erhöht.

2. In welchen Zeitabständen der Pulsweitenmodulationsbaustein bearbeitet wird, wird über dem Parameter

☐ STEP3_ON ☐ PER_TM ☐ SYN_ON ☐ CYCLE

festgelegt.

3. Die Sprungantwort gibt Aufschluss über das zeitliche Verhalten der Strecke.

Sie kann durch eine sprunghafte Änderung

☐ des Istwerts ☐ des Sollwerts

☐ der Frequenz ☐ der Periodendauer

aufgenommen werden.

4. Je größer die dominierende Zeitkonstante der Strecke ist, desto größer kann

☐ die Heizleistung sein.

☐ die Frequenz der Pulsfolge sein.

☐ die Periodendauer der Pulsfolge sein.

☐ der Tastgrad sein.

Das Zeitintervall des Bausteinaufrufes kann dadurch größer gewählt werden.

Wiederholungsfragen zu Kapitel 18

1. Nennen Sie ein Beispiel für einen Binärgeber und einen Analoggeber.

2. a.) Über einen Messumformer wird der Temperaturbereich 500 ... 1500 °C in einen Spannungsbereich 0 ... 10 V umgewandelt. Berechnen Sie den Spannungswert bei 800 °C.

   b) Welche Auflösung ergibt sich bei einer 12-Bit-AD-Baugruppe? Beachten Sie, dass das hochwertigste Bit das Vorzeichenbit ist und der größte Spannungswert 11,8515 V beträgt.

3. a.) Was ist beim Zweipunktregler die Hysterese?

   b) Weshalb ist bei einer Füllstandsregelung mit einem Zweipunktregler eine Hysterese erforderlich?

4. Was kennzeichnet eine Steuerung im Vergleich zu einer Regelung?

5. Welche Aufgabe hat der Regler?

6. Der Reglerbaustein CONT_C[FB41] ist ein kontinuierlich wirkender Abtastregler. Was heißt das?

7. Welcher Wert für die Abtastzeit eines Abtastreglers sollte gewählt werden?

19 Netzwerksysteme in der Automatisierungstechnik

19.1 Industrielle Kommunikation, Netzwerke

Hilfen finden Sie auf Buch+Web.

1. Ordnen Sie den Kommunikationsebenen geeignete Netzwerk- bzw. Bussysteme zu.

2. Welche Aufgabe hat ein Gateway und welche ein Repeater?

3. Was versteht man unter Topologie?

4. Was ist ein Telegramm?

5. Nennen Sie einige Netzwerkzugriffsverfahren.

6. Erklären Sie den Begriff „echtzeitfähig“.

7. Was ist ein Netzwerkprotokoll und was ist in ihm vereinbart?

19.2 Aktuator Sensor-Interface, ein Feldbus – Grundlagen

Eine Maschinensteuerung beinhaltet eine Vernetzung mit dem AS-Interface. Suchen Sie dazu Informationen und beantworten Sie die Fragen.

Hilfen finden Sie auf Buch+Web.

1. Erklären Sie den Begriff „AS-Interface“.

2. Welche Vorteile bietet AS-Interface im Vergleich zur klassischen Lösung bei einer Anlage?

3. Alle Netzwerkteilnehmer sind über eine Leitung miteinander verbunden. Wie viele Adern beinhaltet diese Leitung? Muss sie abgeschirmt sein?

4. Was ist ein Ein-Ausgabemodul?

5. Die Netzwerkleitung ist an ein spezielles Netzteil angeschlossen. Weshalb?

6. Welches Netzwerkzugriffsverfahren wird beim AS-Interface verwendet und wie funktioniert es?

19.3 Aktuator Sensor-Interface – Förderanlage

In einer ausgedehnten Förderbandanlage ist jedes Förderband über ein Bedientableau steuer- und überwachbar. Für die Vernetzung der Sensoren und der Bedientableaus im Feld wird das AS-Interface eingesetzt (der Antrieb könnte über einen 3~Verbraucherabzweig auch über AS-I gesteuert werden).

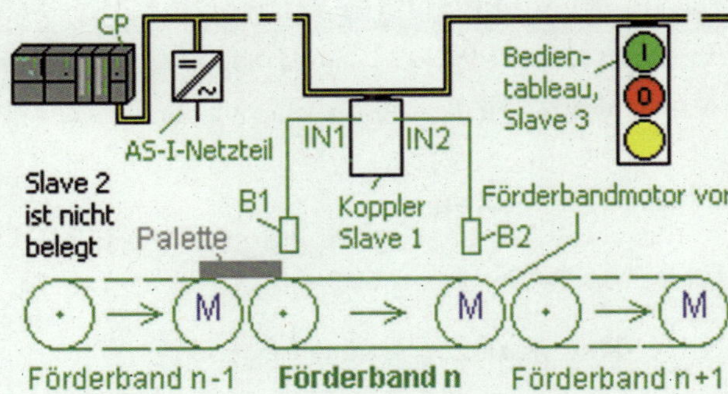

Entwickeln Sie das Programm nur für das Förderband n und testen Sie es.

Hilfen finden Sie auf Buch+Web.

Forderungen:

1. Über den Taster „Ein“ und den Taster „Stopp“ im Bedientableau ist die Anlage ein- und ausschaltbar. Ihr Zustand wird über die Leuchtmelder im Bedientableau angezeigt.
2. Erkennt der Positionsschalter eine Palette, so schaltet der Bandantrieb speichernd ein. Erreicht die Palette das Ende des Bandes, so läuft der Antrieb noch 200 ms (ausschaltverzögert) nach.
3. Wird die Endposition nach 5 s nicht erreicht, stoppt das Band und die Störung wird am Bedientableau blinkend angezeigt.
   Wird der Quittiertaster am Bedientableau betätigt, ist das Band wieder betriebsbereit.

Ergänzen Sie das Technologieschema.

Ordnen Sie den Sensoren und Aktoren den dazugehörigen Peripheriespeicher zu.

CPU	ASi-Master	
ASI-Adresse	Slave .... z.B.	Slave .... z.B. ....
Speicheradresse	% .... % .... B.... IN.... B.... IN....	%........ %........ %........ ....-Taster -> IN.... ....-Taster -> IN.... ....-Taster -> IN....

ASI-Adresse		Slave ....
Speicheradresse		%........ %........ %........ .... <- OUT.... .... <- OUT.... .... <- OUT....

Ergänzen Sie den FUP. Netzwerk 1 und 4 ist nur bei der CPU 300 notwendig.

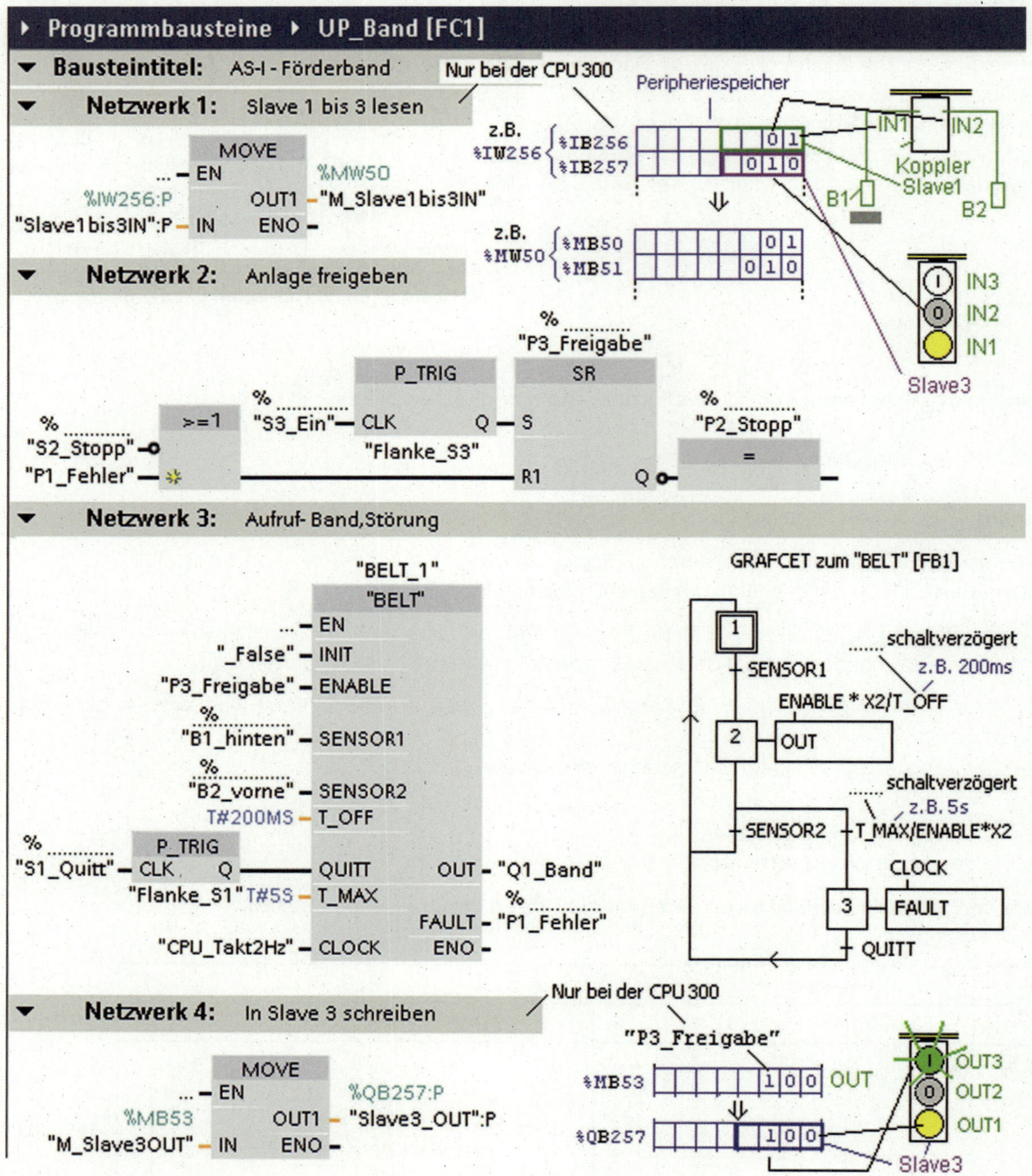

Beschreiben Sie, wie Sie den Ausfall des Slaves 1 diagnostizieren.

____

____

____

Überlegungen für die Bewertung und Präsentation des Projekts in Stichworten:

____

____

____

____

____

19.4 PROFIBUS-DP, dezentrale Peripherie

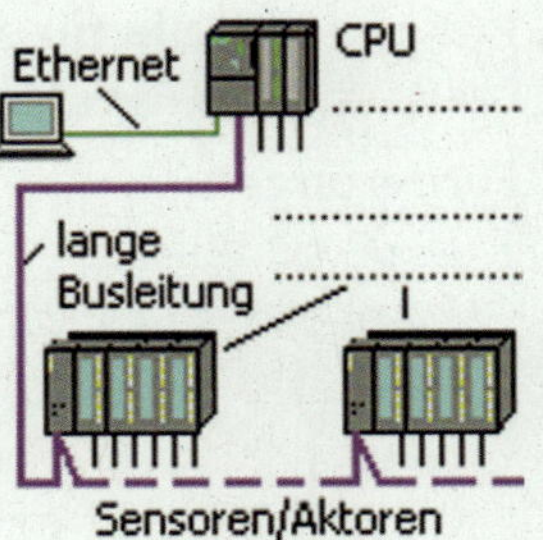

Bei größeren Entfernungen der Ein- und Ausgaben zum Automatisierungssystem kann die Verdrahtung sehr umfangreich und unübersichtlich werden, elektromagnetische Störeinflüsse können die Zuverlässigkeit beeinträchtigen.
Für solche Anlagen eignet sich der Einsatz von dezentralen Peripheriegeräten. Die Steuerung mit der CPU befindet sich an zentraler Stelle, die Peripheriegeräte (Anschaltbaugruppe, Ein- und Ausgabe-Baugruppen ...) arbeiten dezentral vor Ort.
Das PROFIBUS-System **PROFIBUS-DP** sorgt mit einer hohen Datenübertragungsgeschwindigkeit dafür, dass die zentrale CPU mit den Peripheriegeräten kommuniziert.

Ergänzen Sie die Aussagen:

Als Schnittstelle wird beim PROFIBUS-DP die __________ verwendet.

Die Informationsübertragung erfolgt über eine __________ und __________ Zweidrahtleitung.

In jedem Bussegment können bis zu ___ Teilnehmer __________ miteinander verbunden werden.

Die beiden Enden der Bus-Leitung werden mit ____________________ abgeschlossen

um ____________________ zu vermeiden.

Die maximale Busleitungslänge ohne Repeater beträgt bei _____ kbit/s 1000 m, bei 12 Mbit/s _____ m.

Beantworten Sie die Fragen:

1. Auf was achten Sie bei der Konfiguration des PROFIBUS-DP-Subnetzes?

____

____

____

____

2. Welches Buszugriffsverfahren wird beim Monomastersystem mit PROFIBUS-DP angewandt?

____

3. Wenn der Schirm sowie die Leitung A und B an den Enden der Busleitung angeschlossen sind, so wird der Widerstandsmesser ca. 110 Ω anzeigen.
Begründen Sie diese Aussage.

A
B
3
8
1
weitere Teilnehmerstecker
Brücke zur Messung des Widerstandes
Ω
Stecker
Stecker

____

____

Beobachtungen nach einer Busleitungsunterbrechung zur dezentralen Peripherie:

Ohne OB86: ____

____

____

Mit OB86: ____

____

____

Überlegungen für die Bewertung und Präsentation des Projekts in Stichworten:

____

____

Übung: Temperaturregelung mit einem Zweipunktregler

Projektieren Sie für eine Ofenheizung, die in größerer Entfernung von der zentralen Steuerung aufgebaut ist, eine Temperaturregelung mit einem Zweipunktregler.

Forderungen:

1. Die Elektroheizung eines Ofens wird über ein Halbleiterschütz geschaltet. Übersteigt die Temperatur 400 °C, so schaltet das Schütz die Heizung aus, sinkt die Temperatur unter 200 °C, so schaltet die Heizung ein. Ein Messaufnehmer, z. B. PT100, ist an einen Messumformer angeschlossen, der Temperaturwert 0 ... 500 °C wird in ein Einheitssignal 0 ... 10 V umgewandelt. Die Analogeingangsbaugruppe digitalisiert das Einheitssignal in einen Wert von 0 ... 27648. (Hier könnte auch ein Sensor mit Profibusanschluss verwendet werden. Er wäre dann ein weiterer Slave im Bussystem. Eine AI-Baugruppe wäre dann nicht notwendig.)
2. Beim Ausfall der ET200 soll die zentrale CPU weiterarbeiten.
3. Über eine HMI (Anlagen-Visualisierung) werden die Prozesswerte Heizungsschütz ein-/ausgeschaltet, die Ofentemperatur und ein Ausfall der Station ET200 angezeigt.

Ergänzen Sie die Aussagen und die Einträge im FUP sowie im DB.

Der FC105 "SCALE" rechnet den Wert 0 ... 27648 am Parameter ________ in einen Wert um, der zwischen dem Wert des Parameters ______________ und dem Wert des Parameters ______________ liegt und schreibt das Ergebnis in den Parameter __________.

Überschreitet der Wert am Parameter ________ des FBs "CONTROL_2_R" den Wert des Parameters #W_Max, so wird der Parameter ________ mit __________ beschrieben.

Unterschreitet der Wert am Parameter ________ den Wert des Parameters #W_MIN, so wird der Parameter ________ mit __________ beschrieben.

UP_OFENHEIZUNG [FC1]

Bausteintitel: Ofenheizung

Netzwerk 1: Skalieren

SCALE
- ... – EN
- "Per_Temp":P – IN
- 500.0 – HI_LIM; RET_VAL – #fehlerwert
- 0.0 – LO_LIM; OUT – "Temperatur"
- "False" – BIPOLAR; ENO –

Netzwerk 2: Regeln

"ZWEIPUNKT_REG" "CONTROL_2R"
- ... – EN
- "Temperatur" – X
- 400.0 – W_MAX; Y –
- 200.0 – W_MIN; ENO –

Netzwerk 3: Heizung

& – "Q1_Heizung" =
- "S1_Heizung" –
- "ZWEIPUNKT_REG".Y –

RACK_FLT [OB86]

1		Temp		
3		OB86_FLT_ID	Byte	1.0

Bausteintitel: "Loss Of Rack Fault"

Netzwerk 1: Fehlererkennung

MOVE
- .. – EN; OUT1 – "Baugruppentraegerausfall" z.B. %..............
- #OB86_FLT_ID – IN; ENO –

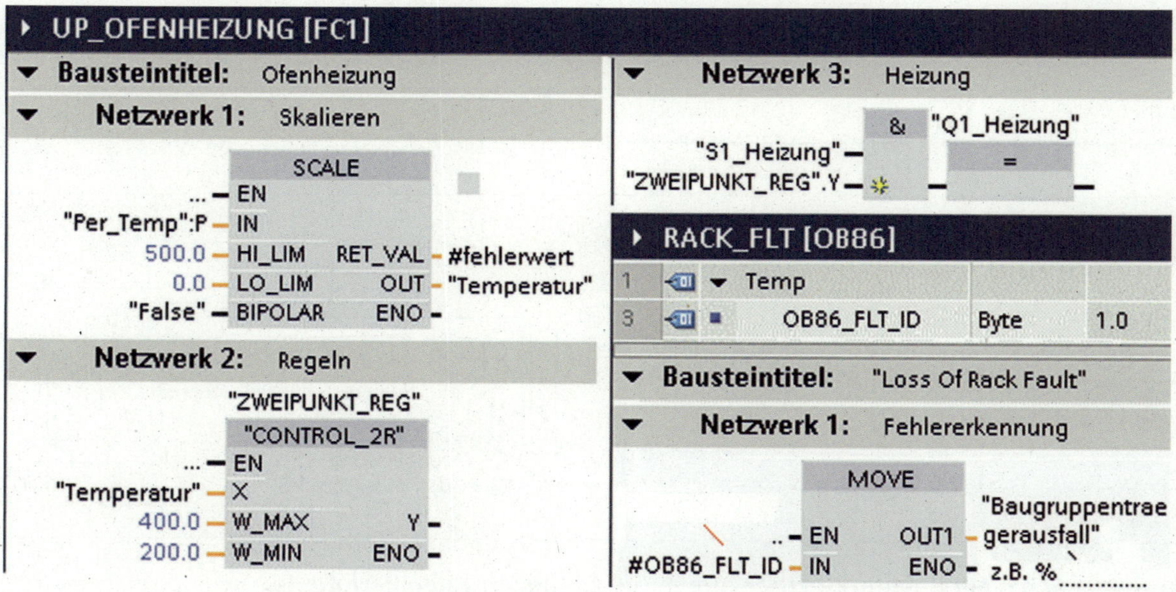

Wird der OB86 geladen, so geht die CPU nach einem ______________________ nicht in den ________-Zustand.

Die lokalen Variablen #OB86... werden ______________________ beschrieben. Die Variable vom zusammengesetzten Datentyp STRING wird mit ihrem Wert im DB10 für das HMI gespeichert.

Datenbaustein MELDUNG[DB10]		
Static		
Name	Datentyp	Startwert (Anfangswert)
______________	______________	„Busfehler-Ausfall Ofenheizung“

Überlegungen für die Bewertung und Präsentation des Projekts in Stichworten:

____

Selbsttest: Netzwerksysteme in der Automatisierungstechnik (PROFIBUS-DP, Dezentrale Peripherie)

Wählen Sie die richtigen Aussagen aus.

1. Welchen Zweck haben die Abschlusswiderstände, die an den beiden Enden der Busleitung eingeschaltet werden?
Sie sollen die

- ☐ Teilnehmer mit Spannung versorgen.
- ☐ Baudrate umschalten.
- ☐ die Signalreflexionen vermeiden.
- ☐ sollen Abschirmung aktivieren.

2. Der Profibus wird überwiegend in der

- ☐ Leitebene eingesetzt.
- ☐ Feld- und Zellenebene eingesetzt.
- ☐ Planungsebene eingesetzt.
- ☐ für die vertikale Vernetzung eingesetzt.

3. Je länger die Busleitung ist, desto

- ☐ größer muss die Teilnehmeradresse sein.
- ☐ kleiner muss der Abstand zu Energieleitungen sein.
- ☐ kleiner muss die Datenübertragungsrate sein.
- ☐ größer muss der Abschlusswiderstand sein..

4. An der Busleitung ist kein Teilnehmer angeschlossen.
Der A-Leiter der Busleitung ist unterbrochen.
Welchen Wert zeigt der Widerstandsmesser an?

☐ Unendlich. ☐ 110 Ω. ☐ 220 Ω. ☐ 390 Ω.

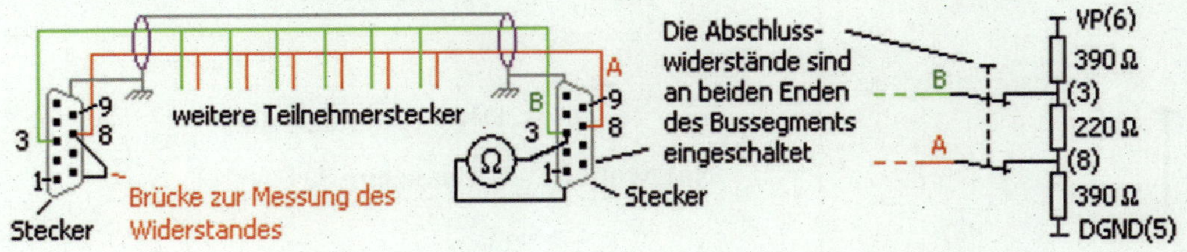

19.5 PROFIBUS-DP, dezentrale Peripherie, Frequenzumrichter – Förderband

Ein Drehstromantrieb, der ruckfrei an- und auslaufen, in der Drehrichtung umsteuerbar und mit unterschiedlichen Drehfrequenzen betrieben werden soll, wird über einen Frequenzumrichter am Wechselstromnetz angeschlossen.

Projektieren Sie diesen Antrieb.

Hilfen finden Sie auf Buch+Web.

Ergänzen Sie die Aussagen.

Die Parameterwerte des Frequenzumrichters müssen abhängig vom ______________________________ eingestellt werden.

In einer GSD-Datei (Geräte-Stammdaten-Datei) sind ______________________________

STEP 7 benötigt für jeden DP-Slave eine GSD-Datei, damit der DP-Slave im ____________________ gewählt werden kann.

Wird das PPO3 (Parameter-Prozessdaten-Objekt) verwendet, so beinhalten die Nutzdaten beim __________ Datenverkehr ______ Worte im Prozessdatenbereich (PZD), die in jedem Telegramm übertragen werden können:

– zum Schreiben in den Umrichter ______________________________,

– zum Lesen aus dem Umrichter ______________________________.

Ergänzen Sie den FUP und ordnen Sie dem Bitmuster des Steuerworts die Begriffe durch Linien zu.

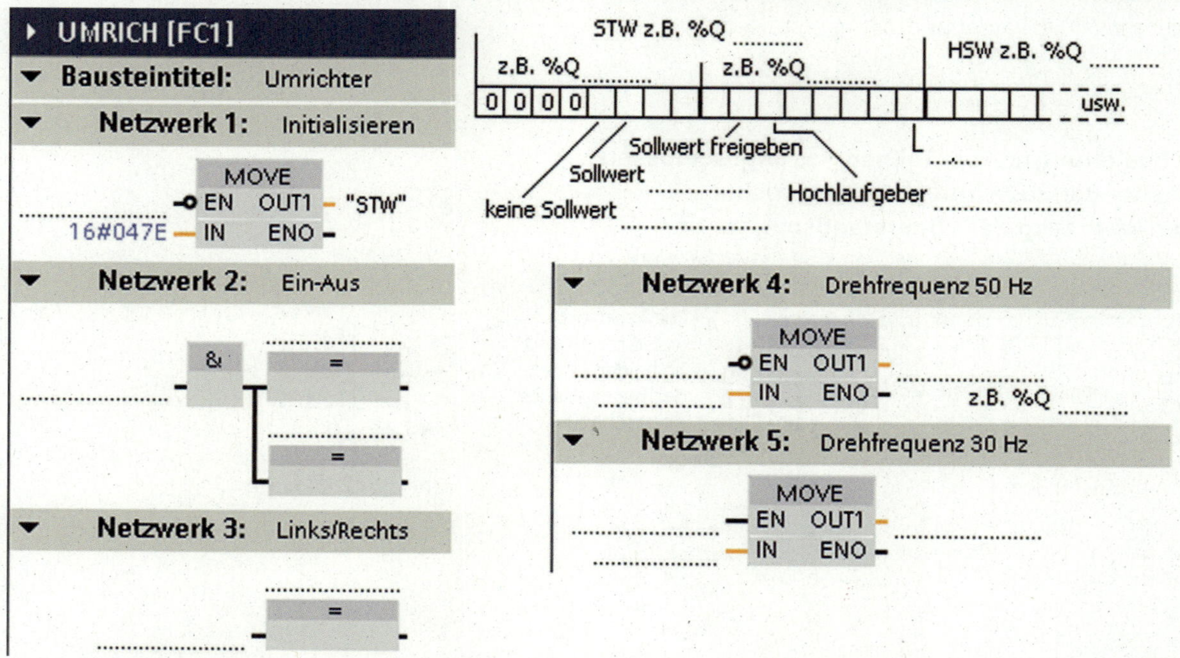

Diagnose: Beschreiben Sie die Auswirkungen einer Busleitungsunterbrechung zum Umrichter.

CPU: ______________________________

____

Umrichter: ______________________________

____

STEP 7: ______________________________

____

19.6 PROFIBUS-DP, verteilte „Intelligenz" – Förderanlage

Projektieren Sie die Kommunikation zwischen zwei Stationen, wobei die Station 1 der Master und die Station 2 der Slave sein soll (Monomastersystem). Beide Stationen sind über den PROFIBUS-DP verbunden.

Hilfen finden Sie auf Buch+Web.

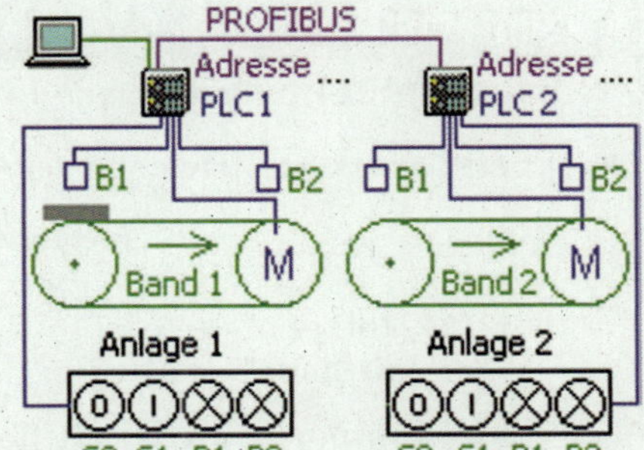

Forderungen:

Jedes Band wird von einer SPS gesteuert.

1. Die jeweilige Anlage wird mit S1 freigegeben bzw. mit S0 gestoppt. P1 zeigt an, ob die Anlage 1 (=A1) freigegeben ist und P2 zeigt an, ob die Anlage 2 (=A2) freigegeben ist.
2. Sind beide Anlagen freigegeben, so schaltet =A1-B2 das Band 2 ein und =A2-B1 das Band 1 aus.
3. Ist nur die Anlage 1 bzw. die Anlage 2 freigegeben, so wird Band 1 durch =A1-B2 ausgeschaltet bzw. Band 2 durch =A2-B1 eingeschaltet.

Fällt die SPS 1 bzw. SPS 2 aus, so kann die Anlage 2 bzw. 1 weiterbetrieben werden.

Planen Sie die Kommunikation.

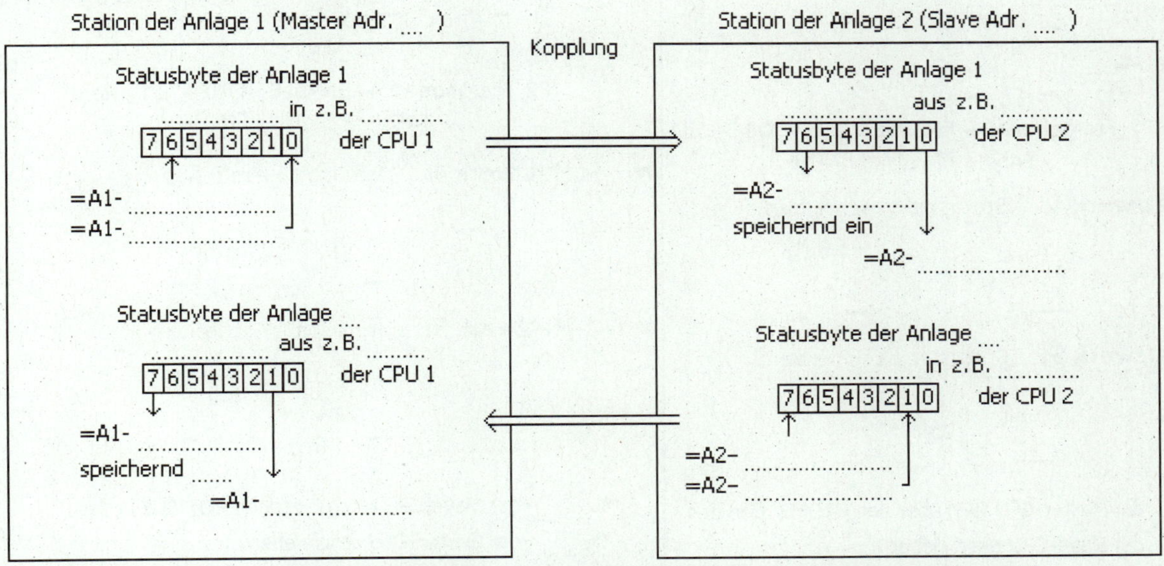

Was beachten Sie bei der Adressvergabe für die Kommunikation im E/A-Operandenbereich?

____

____

____

____

I-Slave-Kommunikation				
Transferbereiche	**Master-Adresse**		**Slave-Adresse**	**Länge**
Master -> I-Slave	%Q100	->	%I100	1 Byte
I-Slave -> Master	____________	<-	%Q100	1 Byte

Wie erreichen Sie, dass bei einem Stationsausfall die CPUs nicht von RUN auf STOP gehen?

____

____

____

____

Ergänzen Sie den FUP und schreiben Sie die Adressen zu den Statusvariablen hinzu.

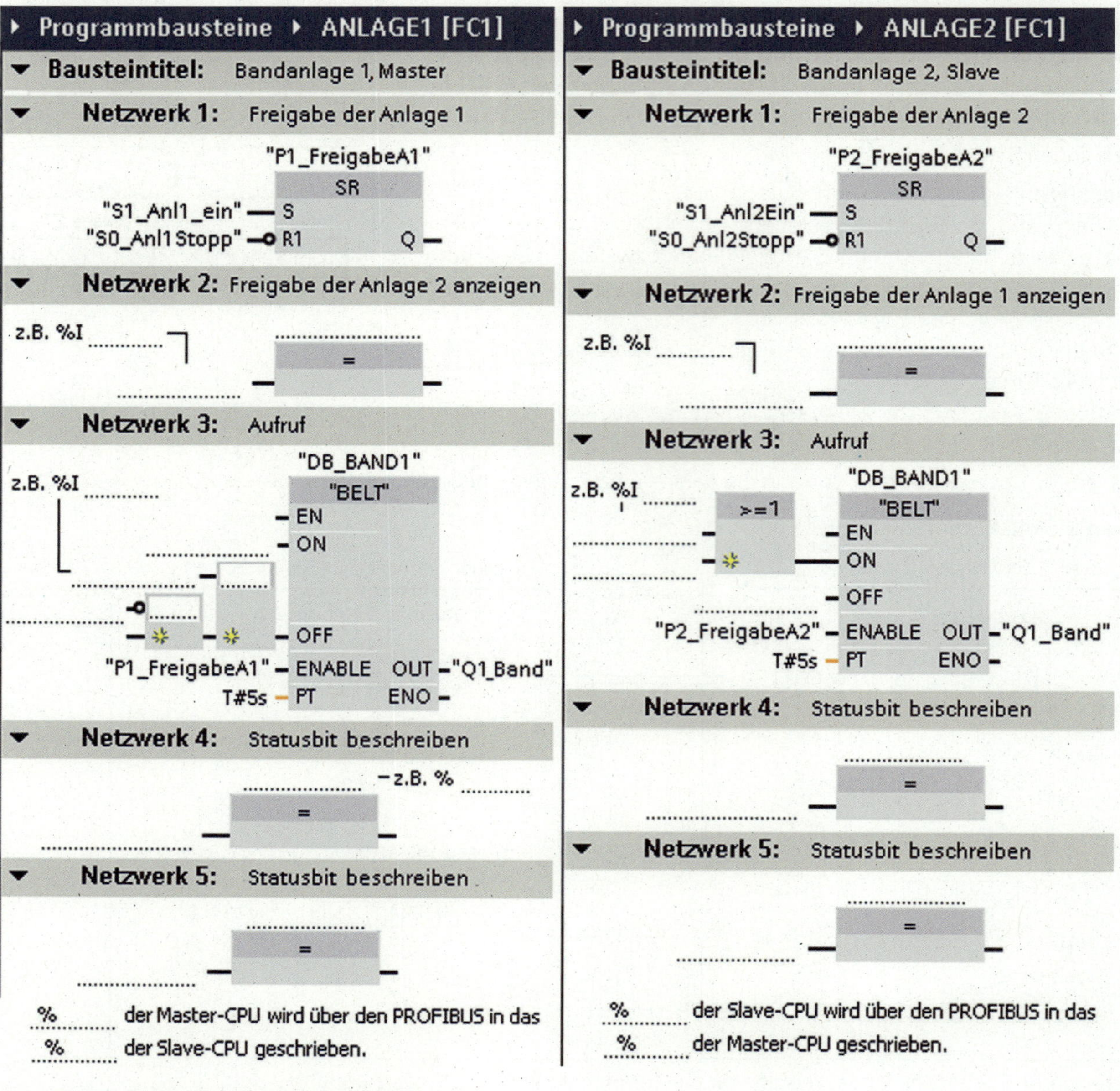

Testen Sie die Notwendigkeit der OBs.

Schalten Sie dazu im Betrieb den Hauptschalter der Slave-Station aus, um die Funktion der Alarm-OBs zu testen.

Beobachtung: ______________________________

____

____

Schalten Sie den Hauptschalter wieder ein.

Beobachtung: ______________________________

____

Entfernen Sie den OB86 über den SIMATIC-Manager „Ansicht“, „Online“... aus dem Ladespeicher der Master-CPU und beobachten Sie die Auswirkungen.

Beobachtung: ______________________________

____

Überlegungen für die Bewertung und Präsentation des Projekts in Stichworten:

____

19.7 Industrial Ethernet, PROFINET – Einführung

1. **Was ist Industrial Ethernet? Warum wird es in der Automatisierungstechnik verwendet?**

2. **Welche Datenübertragungsrate und Übertragungsmedien verwendet das PROFINET?**

3. **Welche Aufgabe hat ein Switch? Welche Netztopologien entstehen?**

4. **Weshalb ist eine IP-Adresse nötig?**

5. **Wie werden eine SPS, eine dezentrale Peripherie und der PC als Inbetriebnahme- und Diagnosegerät im Zusammenhang mit Ethernet noch genannt?**

6. **Was ist eine MAC-Adresse?**

Selbsttest: Netzwerksysteme in der Automatisierungstechnik (Industrial Ethernet, PROFINET – Einführung)

Wählen Sie die richtigen Aussagen aus.

1. Was bedeutet „offener Standard" beim PROFINET?

- ☐ Ein IO-Controller kann über das TCP/IP-Protokoll mit dem IO-Device kommunizieren.
- ☐ Die Netzwerkleitung ist nicht abgeschlossen.
- ☐ Es können PROFINET-Geräte von unterschiedlichen Herstellern miteinander vernetzt werden.
- ☐ Es ist kein Schutz gegen unberechtigten Zugriff projektiert.

2. Was heißt Full-Duplex?

- ☐ Schutz gegen unberechtigten Zugriff.
- ☐ Die Daten werden symmetrisch übertragen.
- ☐ Es ist ein Lichtwellenleiter aus Kunststoff.
- ☐ Es können Daten über die Leitung gleichzeitig gesendet und empfangen werden.

3. Welche Aufgabe hat ein Gerät mit Proxifunktionalität?

- ☐ Es erhöht die Übertragungsrate von 100 Mbit/s auf 1000 Mbit/s.
- ☐ Es verbindet das Ethernet-Netzwerk mit anderen, Feldbussen z. B. einem Profibus.
- ☐ Es regeneriert und verteilt empfangene Signale anhand der MAC-Adressen.
- ☐ Es stellt die GSD-Datei zur Verfügung.

4. Welchen Wert muss die Subnetzmaske haben, wenn sich die Geräte mit den IP-Adressen 10.50.199.60, 10.50.199.61, 10.50.200.188 im gleichen Netz befinden?

- ☐ 10.50.199.0.
- ☐ 10.50.200.0.
- ☐ 255.255.0.0.
- ☐ 255.255.255.0.

19.8 Steuern und beobachten über das Ethernet – Förderband

Mithilfe einer HTML-Seite, die mit einem Browser, z. B. dem Internet-Explorer, dargestellt werden kann, soll über das LAN (oder Internet) das Förderband gesteuert werden.
Dazu ist eine CPU oder ein Kommunikationsprozessor mit integriertem **Webserver** (*server* = Servierer), der die HTML-Seiten bereitstellt, im Automatisierungssystem einzubinden und zu konfigurieren.

Hilfen finden Sie auf Buch+Web.

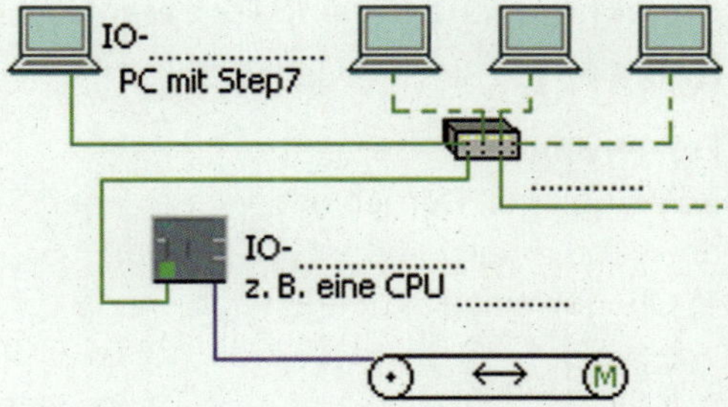

Was ist ein Webserver?

____

Wie ist der Zugriffsschutz (*security*) auf die anwenderdefinierte Webseite realisiert?

____

Was bedeutet "Aktualisierungszeit 2 s" im Zusammenhang mit der Konfiguration des Webservers?

____

____

Was sind Tags in einer HTML-Datei und welche Aufgaben haben sie?

____

____

Was bedeutet HTML?

____

Welche Aufgabe haben die AWP-Kommandos im HTML-Code (ab STEP7 V5.5)?

____

____

Überlegungen für die Bewertung und Präsentation des Projekts in Stichworten:

____

19.9 Ethernet, PROFINET, verteilte „Intelligenz“ – Förderanlage

Projektieren Sie für eine Förderanlage die Steuerung.

Hilfen finden Sie auf Buch+Web.

Forderungen:

Beide Anlagen werden mit einer eigenen Station gesteuert. Die Stationen kommunizieren

1. Die jeweilige Anlage wird mit S1 freigegeben bzw. mit S0 gestoppt. P1 zeigt an, ob die Anlage 1 (=A1) freigegeben ist und P2 zeigt an, ob die Anlage 2 (=A2) freigegeben ist.
2. Sind beide Anlagen freigegeben, so schaltet =A1-B2 das Band 2 ein und =A2-B1 das Band 1 aus.
3. Ist nur die Anlage 1 bzw. die Anlage 2 freigegeben, so wird Band 1 durch =A1-B2 ausgeschaltet bzw. Band 2 durch =A2-B1 eingeschaltet.

Fällt die Station 1 bzw. 2 aus, so kann durch die Dezentralisierung die Anlage 2 bzw. 1 weiterbetrieben werden und umgekehrt.

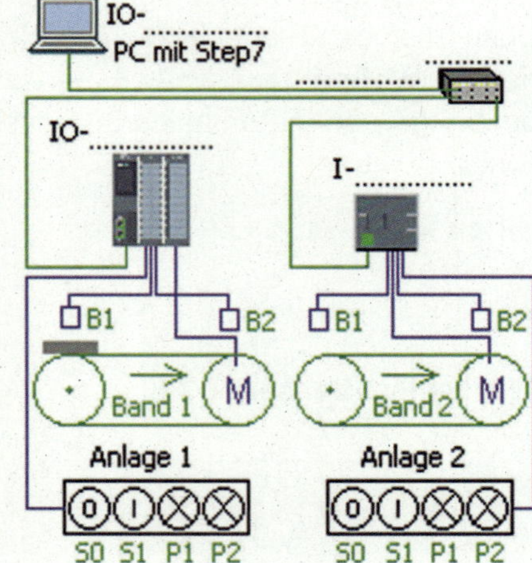

Was ist ein I-Device?

____

____

Planen Sie die Kommunikation.

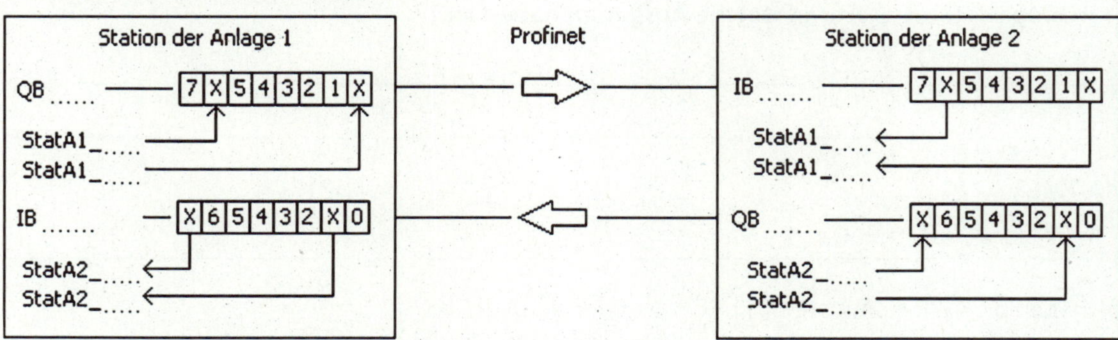

Welche Vorteile hat ein I-Device?

____

Was ist der Transferbereich?

____

____

Überlegungen für die Bewertung und Präsentation des Projekts in Stichworten:

____

____

19.10 PROFINET-IO, Dezentrale Peripherie

Bei größeren Ausdehnungen von Anlagen kann die Verdrahtung zur zentralen CPU sehr umfangreich und unübersichtlich werden. Aus diesem Grund werden dezentrale Peripherien, z. B. die ET200S, zusätzlich zur CPU verwendet. Die Verbindungen sollen über das PROFINET realisiert werden.

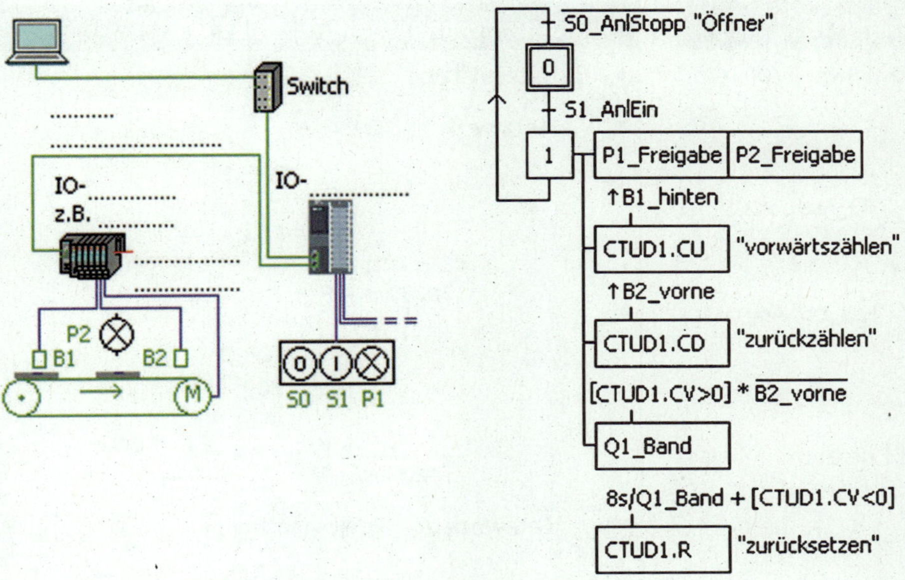

Hilfen finden Sie auf Buch+Web.

Beantworten Sie die Fragen:
Weshalb wird für die Signalübertragung eine vieradrige Leitung verwendet?

____

Weshalb sind jeweils zwei Adern der Ethernetleitung verdrillt?

____

____

Welches Konzept von PROFINET wird bei einer Anlage mit mehreren IO-Devices und einem IO-Controller verwendet?

____

Nennen Sie die Besonderheiten von PROFINET IO.

____

Welche Bedingung muss erfüllt sein, damit der Palettenzähler im Programm vorwärts zählt?

____

____

Wann schaltet der Bandantrieb ein?

____

Wie kann auf die Ein- bzw. Ausgänge der dezentralen Peripherie im Programm zugegriffen werden?

____

Auftrag

Konfigurieren und programmieren Sie ein System mit dezentraler Peripherie. Über die dezentrale Peripherie wird ein Förderband gesteuert, das zentral über S1 freigegeben wird. Dem Förderband ist eine Anzeige, ob die Anlage freigegeben wurde, zugeordnet. Die Funktion ist im GRAFCET beschrieben. Sie finden diesen auf Buch+Web.

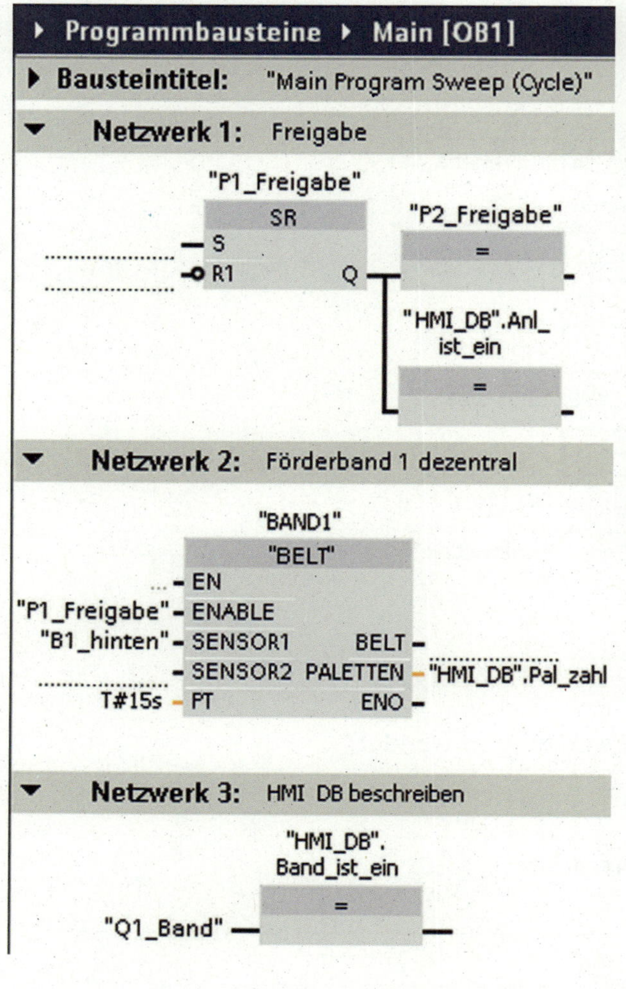

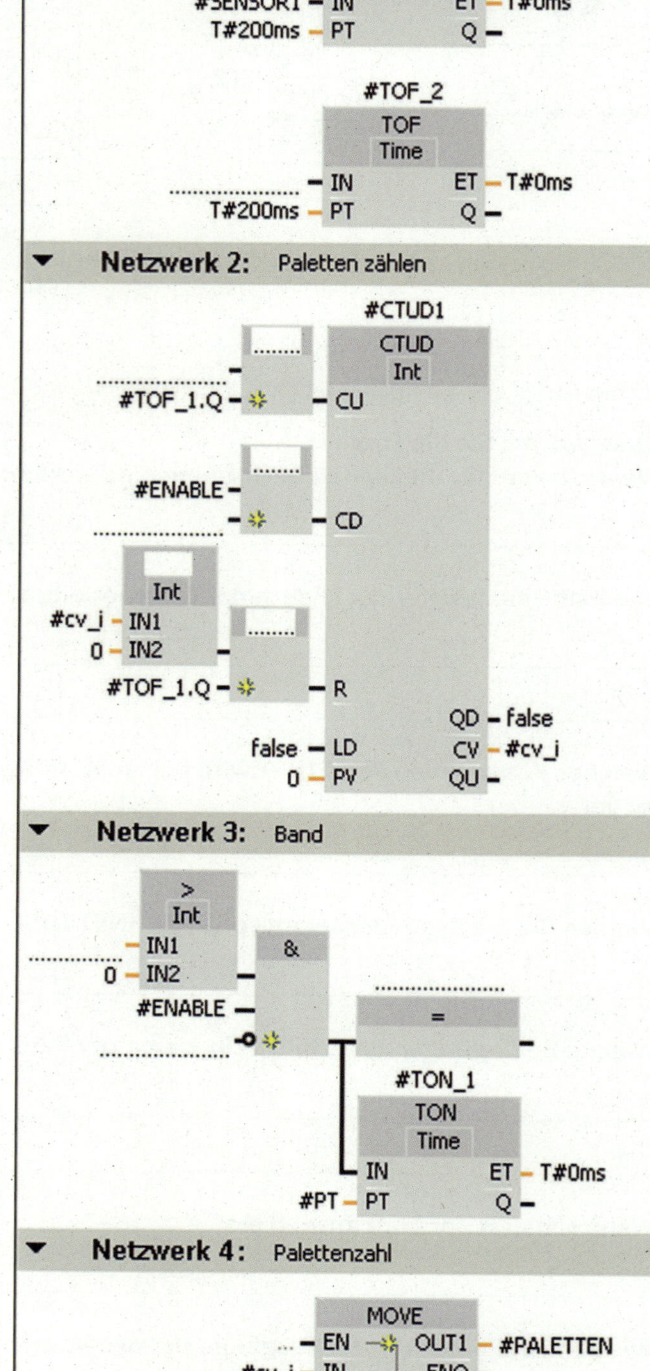

Inbetriebnahme, Diagnose:
Beantworten Sie die Fragen

Was beachten Sie bei der Festlegung der IP-Adresse des IO-Controllers?

____

____

____

____

Weshalb muss das IO-Device einen Gerätenamen erhalten?

____

____

____

____

Welche Fehler könnten vorliegen, wenn die CPU-LED
a) SF rot leuchtet? Beschreiben Sie zwei Fälle.
b) BF2 rot leuchtet?
c) BF2 rot blinkt?

Welche Bedeutung hat die CPU-LED
a) LINK?
b) RX/TX?

Die IO-Device-LED BF blinkt. Welche Ursachen könnten vorliegen?

Beschreiben Sie anhand zweier Beispiele Möglichkeiten, um auf Alarmereignisse zu reagieren.

Überlegungen für die Bewertung und Präsentation des Projekts in Stichworten:

Selbsttest: Netzwerksysteme in der Automatisierungstechnik (PROFINET-IO, Dezentrale Peripherie)

Wählen Sie die richtigen Aussagen aus.

1. Das dezentrale Feldgerät ET200S gehört zur Geräteklasse

- ☐ IO-Parameterserver.
- ☐ IO-Device.
- ☐ IO-Controller.
- ☐ IO-Supervisor.

2. PROFINET-IO-Kommunikation benutzt

- ☐ PROFINET CBA.
- ☐ TCP/IP.
- ☐ UDP/IP.
- ☐ den RT-Kanal.

3. Ein IO-Device erhält seine IP-Adresse

- ☐ von der Subnetzmaske.
- ☐ während des Systemanlaufs vom IO-Controller.
- ☐ vom Webserver.
- ☐ im GRAFCET.

4. Beim PROFINET-IO-Konzept ist eine Diagnose

- ☐ nur offline über den Webserver der CPU möglich.
- ☐ nur offline über STEP7 möglich.
- ☐ nur online über den Webserver der CPU und STEP7 möglich.
- ☐ on- und offline über den Webserver der CPU und STEP7 möglich.

19.11 PROFINET-IO, dezentrale Peripherie und IO-Link

Auftrag
Ein Förderband, das über eine dezentrale Peripherie gesteuert wird, soll ein Werkstück an verschiedene Positionen fördern. Der Vorgang wird zentral über S1 eingeleitet und kann mit S0 gestoppt werden. Die Position wird mit einem IO-Link-fähigen Distanzsensor am Port 1 des IO-Link-Masters erfasst. Über Port 2 und 3 des IO-Link-Masters werden die Standardausgänge für die Antriebsrelais „Band vor" und „Band zurück" gesteuert. Am Port 4 wird der binäre Standardsensor B2 angeschlossen. Er übernimmt das Abschalten am Ende des Bands, wenn der Laserstrahl des Distanzsensors unterbrochen wäre.
Konfigurieren und programmieren Sie ein System mit dezentraler Peripherie und einem IO-Link-Master mit vier Ports für die Positionssteuerung.
Hilfen finden Sie auf Buch+Web.

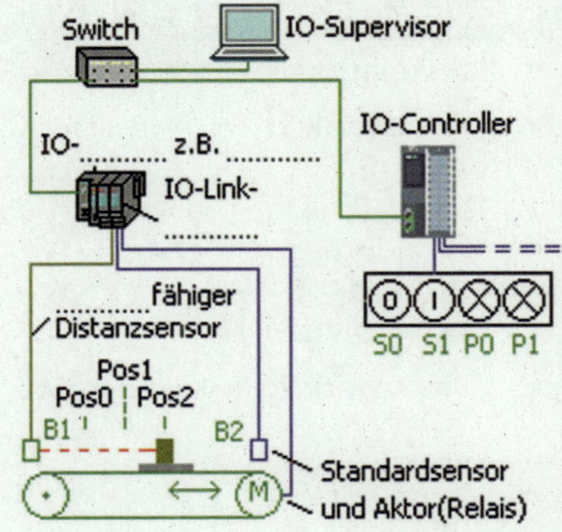

Beantworten Sie die Fragen.

1. Welche Art von Verbindung wird bei einem IO-Link zwischen Master und Sensor hergestellt? Wie lang darf die Leitung sein? Welche Art von Leitung verwenden Sie?

____

____

2. Welche Aufgaben übernimmt der IO-Link-Master?

____

3. Wie wird der Sensor oder Aktor parametriert?

____

4. Können nur IO-Link-fähige Geräte am IO-Link-Master angeschlossen werden?

____

5. Welche Aufgabe übernimmt die IODD?

____

____

Überlegungen für die Bewertung und Präsentation des Projekts in Stichworten:

____

____

____

Analysieren Sie den ausgewählten Softwarebaustein. Ergänzen Sie dazu den GRAFCET.

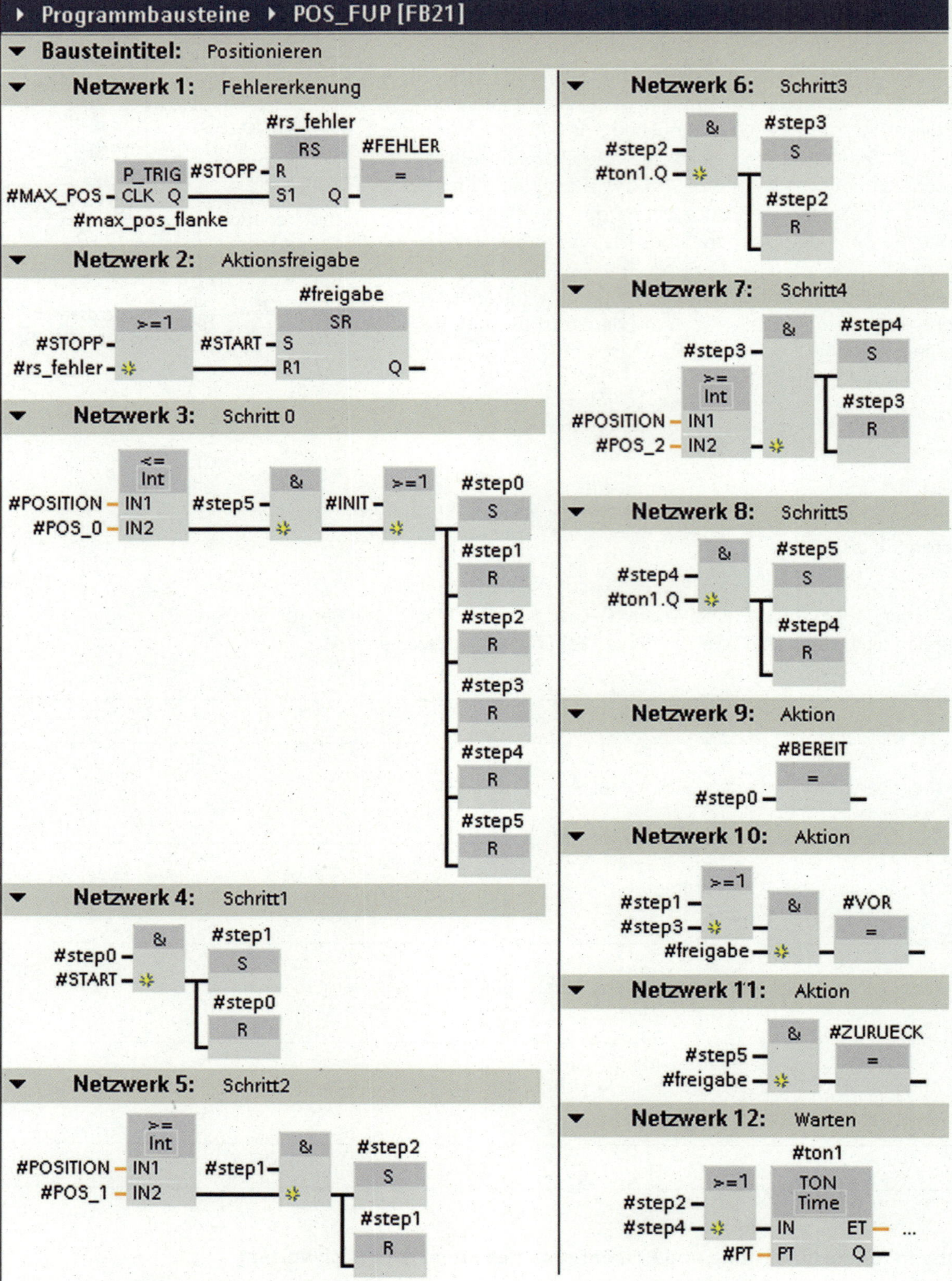

```
// Positionieren: Bei #START werden die
//                  Positionen verzögert angefahren
//Fehlererkennung
 #max_pos_flanke:=#MAX_POS AND NOT #gedaechtnis;
 #gedaechtnis:=#MAX_POS;
 IF #max_pos_flanke THEN #FEHLER:=TRUE;
  ELSIF #STOPP THEN #FEHLER:=FALSE;
 END_IF;
//Aktionsfreigabe
IF #STOPP OR #FEHLER THEN #freigabe:=FALSE;
 ELSIF #START THEN #freigabe:=TRUE;
END_IF;
//Ablaufsteuerung
 CASE #SCHRITT_NR OF
    0 : #ZURUECK:=FALSE; #BEREIT:=TRUE;//Aktionen
        #TON1(IN:=FALSE, PT:=T#3s);
        #TON2(IN:=FALSE, PT:=T#3s);
        IF #START = TRUE THEN //Weiterschaltbedingung
          #SCHRITT_NR:= #SCHRITT_NR+1;END_IF;
    1 : #VOR:=#freigabe; #BEREIT:=FALSE;
        IF #POSITION >= #POS_1 THEN
          #SCHRITT_NR:= #SCHRITT_NR+1;
        END_IF;
    2 : #VOR:=FALSE; #TON1(IN:=TRUE, PT:=T#3s);
        IF #TON1.Q=TRUE THEN
          #SCHRITT_NR:= #SCHRITT_NR+1;
        END_IF;
    3 : #VOR:=#freigabe;
        IF #POSITION >= #POS_2 THEN
          #SCHRITT_NR:= #SCHRITT_NR+1;
        END_IF;
    4 : #VOR:=FALSE; #TON2(IN:=TRUE, PT:=T#3s);
        IF #TON2.Q THEN
          #SCHRITT_NR:= #SCHRITT_NR+1;
        END_IF;
    5 : #ZURUECK:=#freigabe;
        IF #POSITION<=#POS_0 THEN
          #SCHRITT_NR:= 0;
        END_IF;
 END_CASE;
```

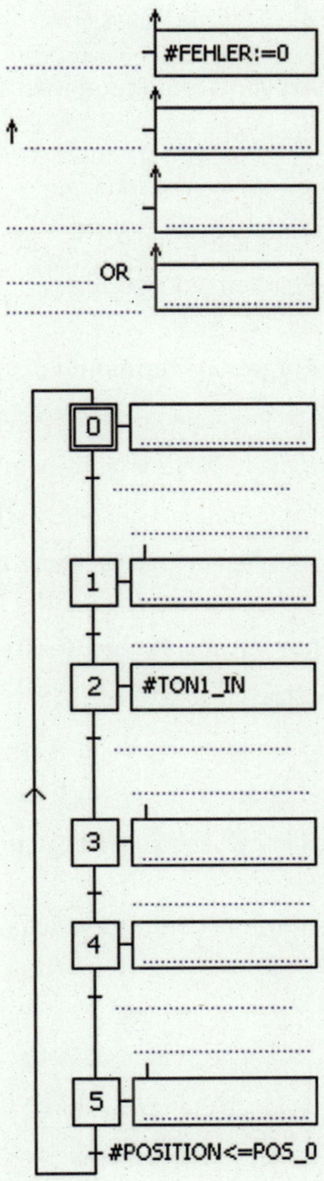

#FEHLER:=0

OR

0

1

2 #TON1_IN

3

4

5

#POSITION<=POS_0

Selbsttest: Netzwerksysteme in der Automatisierungstechnik (PROFINET-IO, dezentrale Peripherie und IO-Link)

Wählen Sie die richtigen Aussagen aus.

1. Welche Art von Verbindung wird bei IO-Link zwischen Master und Sensor hergestellt?

- ☐ IO-Busverbindung.
- ☐ Punkt-zu-Punkt-Verbindung.
- ☐ PROFINET-Verbindung.
- ☐ Push-Pull-Verbindung.

2. Welche Aufgaben übernimmt der IO-Link-Master?

- ☐ Er ersetzt die Spannungsversorgung der Sensoren.
- ☐ Er stellt die IODDs zur Verfügung.
- ☐ Es stellt die Kommunikation zwischen Sensor und Aktor her.
- ☐ Er ist zwischen dem Sensor bzw. Aktor und der Steuerung eingebaut, er steuert deren Kommunikation.

3. Können nur IO-Link fähige Geräte am IO-Link-Master angeschlossen werden?

- ☐ Ja, Sensoren und Aktoren.
- ☐ Nein, es können auch Standardsensoren bzw. -Aktoren (binäre Geräte) angeschlossen werden.
- ☐ Ja, nur Sensoren, die Analogwerte liefern.
- ☐ Ja, nur binäre Sensoren mit einem PNP-Ausgang.

4. Wie lang darf die Leitung zwischen Sensor und IO-Link-Master sein? Welche Art von Leitung verwenden Sie?

- ☐ 100 m, 2-adrige Profilleitung.
- ☐ 100 m, 3-adrige Standardleitung.
- ☐ 20 m, 3-adrige Standardleitung.
- ☐ 20 m, 3-adrige abgeschirmte Standardleitung.

Inhaltsverzeichnis Buch+Web

Lernsituationen		Angestrebte Kompetenzen	Hilfen, Selbsttests
1	**Verknüpfungssteuerung ohne Speicherverhalten untersuchen**		
	Überwachung eines Behälters	– Umgang mit STEP 7 – prinzipieller Aufbau einer SPS – Sprachen: FBS(FUP), AWL, KOP – Drahtbruchsicherheit – Programmstruktur – bewerten und präsentieren	SIMATIC- Automatisierungssysteme Aufbau der CPUs Begriffe: OB1, Prozessabbild, Speicher Programmentwurf Gestaltung einer Präsentation Selbsttest
2	**Bibliotheksfähige Funktionen (FCs) erstellen**		
2.1	Überwachung eines Behälters mit einem FC	– strukturiertes Programm – bibliotheksfähigen FC schreiben – Bibliothek anlegen	Begriffe: FCs, Lokalvariablen Umgang mit STEP 7 im TIA-Portal Programmentwurf Selbsttest
2.2	Übungen: FCs erstellen	– bibliotheksfähigen FC schreiben – Bibliothek anlegen	Begriffe: FCs, Lokalvariablen
3	**Speichernde Verknüpfungssteuerung mit SR-Tabelle entwerfen**		
3.1	Förderanlage	– Lasten- und Pflichtenheft – Betriebsmittel auswählen – CAD-Zeichnung ergänzen, Kennzeichnungsblöcke – Programmentwurf mit der SR-Tabelle, Testen – NOT-AUS, Sensoren – Inbetriebnahme, Protokolle	Einführung in CAD Betriebsmittelkennzeichnung Hilfe zum Katalog CA 01 Optische Sensoren NOT-AUS-Einrichtungen Umgang mit STEP 7 Baugruppenzustand, Operandenbereich Archivdatei für CAD Archivdatei für STEP 7 im TIA-Portal Anlagenvisualisierung Selbsttest
3.2	Übung: Bandförderanlage mit Klappe	– CAD-Zeichnung ergänzen – Programmentwurf mit der SR-Tabelle	Hilfe zum Katalog CA 01 Umgang mit STEP 7 im TIA-Portal Archivdatei für CAD Archivdatei für STEP 7 Anlagenvisualisierung Lösungshinweise
4	**Bibliotheksfähige Funktionsblöcke (FBs) erstellen**		
4.1	Förderanlage mit FB	– bibliotheksfähigen FB schreiben – Programmstruktur – Instanz-Datenbaustein – Verhalten der CPU beim Neustart	Begriffe: FCs und FBs Umgang mit STEP 7 im TIA-Portal Archivdatei für STEP 7 Anlagenvisualisierung Selbsttest
4.2	Übung: Tankfüllanlage mit FB	– bibliotheksfähigen FB schreiben – Instanz-Datenbaustein – Funktionsprotokoll	Begriffe: FCs und FBs Umgang mit STEP 7 Archivdatei für STEP 7 Anlagenvisualisierung
4.3	Übung: Bandförderanlage mit Klappe	– bibliotheksfähigen FB schreiben – Instanz-Datenbaustein – Bibliothek bearbeiten – Verhalten der CPU beim Neustart	Begriffe: FCs und FBs Umgang mit STEP 7 Archivdatei für STEP 7 Anlagenvisualisierung

Lernsituationen		Angestrebte Kompetenzen	Hilfen, Selbsttests
5	**FC im FB aufrufen**		
	Meldung mit Quittierung	– RS-Speicherglied – FC im FB aufrufen – auf Instanz-DB zugreifen – Taktmerker und Referenzdaten nutzen	Bibliothek benutzen Begriffe: FCs und FBs
6	**Flankenauswertung benutzen**		
	Förderanlage mit Drehrichtungsumkehr	– Flankenauswertung – FBs-programmieren – Inbetriebnahme	Archivdatei für CAD Archivdatei für STEP 7 Anlagenvisualisierung Multiple Choice Selbsttest-FC,FB
7	**Zeiten programmieren**		
7.1	Bandsteuerung mit S5- und IEC-Timer	– CPU tauschen, Adressbereich anpassen – Zeiten programmieren – S5-Timer benutzen – IEC-Timer, SFBs benutzen – Bibliothek bearbeiten	Archivdatei für STEP 7 Baugruppenzustand, Operandenbereich Anlagenvisualisierung
7.2	Bandsteuerung – Multiinstanz	– einen SFB im FB aufrufen -> Multiinstanzen	Archivdatei für STEP 7 Anlagenvisualisierung Selbsttest
8	**Programmentwurf mit Aktionssymbolen**		
8.1	YΔ-Anlasser	– CAD-Zeichnung ergänzen, Betriebsmittel auswählen – Aktionssymbole – temp. Lokalvariable – YΔ-Motorschutz – NOT-AUS	Einführung in CAD Archivdatei für CAD Selbsttest
8.2	YΔ-Anlasser als FB	– Aktionssymbole – Lokalvariable – Durchgangsparameter-IN_OUT – IEC-Timer verwenden – Multiinstanzen	Selbsttest
9	**Programmentwurf mit dem Zustandsgraf**		
9.1	YΔ-Anlasser und Wendesteuerung	– CAD-Zeichnung ergänzen, Betriebsmittel auswählen – Programmentwurfsmethode-Zustandsgraf – OB100	Archivdatei für CAD Archivdatei für STEP 7 Anlagenvisualisierung Selbsttest
9.2	YΔ-Anlasser und Wendesteuerung als FB	– Programmentwurfsmethode-Zustandsgraf – Richtimpuls	Archivdatei für STEP 7 Anlagenvisualisierung
9.3	Übung: Lastenaufzug	Zustandsgraf	Archivdatei für STEP 7 Anlagenvisualisierung

Lernsituationen		Angestrebte Kompetenzen	Hilfen, Selbsttests
10	**KOP, Zeiten**		
	Schleifring- läufer Anlasser	– KOP, Timer – parametrierbarer FB	Archivdatei für STEP 7 Anlagenvisualisierung Selbsttest
11	**Ablaufsteuerungen entwerfen**		
11.1	Waschanlage	– lineare Ablaufsteuerung – Befehlssymbole, Aktionen – Freigabe – bedingte Aktionen – Remanenzmerker	Archivdatei für STEP 7 Anlagenvisualisierung Selbsttest Puzzle-GRAFCET
11.2	Prägesteuerung als FB	– lineare Ablaufsteuerung – Ablaufsprache – GRAFCET – Befehlssymbole, Aktionen – Freigabe – bedingte Aktionen – Remanenzmerker – pneumatische Komponenten – Qualitätsmanagement	Archivdatei für STEP 7 Anlagenvisualisierung Arbeitsblatt: Qualitätsmanagement Selbsttest Puzzle- GRAFCET
11.3 11.3.1	Verzweigter Ablauf Ablaufauswahl Farben mischen	– verzweigte Ablaufsteuerung – geeignete Sensoren auswählen	Archivdatei für STEP 7 Anlagenvisualisierung Sensoren Selbsttest
11.3.2	Waschanlage mit parallelen Ketten	– Mehrere GRAFCETs – Parallele Ablaufketten – Bibliotheksfähige Bausteine – Multiinstanzen	Arbeitsblatt Archivdatei für STEP 7 Anlagenvisualisierung Selbsttest
11.4	Teil-GRAFCETs Prägesteuerung 2 mit Betriebs- arten Übung Waschanlage	– Teil-GRAFCET, zwangsgesteuerte Befehle	Archivdatei für STEP 7 Anlagenvisualisierung Selbsttest Puzzle-GRAFCET Übersicht: GRAFCET und Strukturierung
11.5	Waschanlage Kette mit ein- schließendem Schritt	– GRAFCET-Struktur mit Einschließung	Arbeitsblatt Archivdatei für STEP 7 Anlagenvisualisierung Selbsttest Übersicht: GRAFCET und Strukturierung
11.6	Farben mischen Verzweigung und Makros	– GRAFCETs mit Makroschritte – Bibliotheksfähige Bausteine – Multiinstanzen – IN_OUT-Parameter	Archivdatei für STEP 7 Anlagenvisualisierung Hilfen Übersicht: GRAFCET und Strukturierung

Lernsituationen		Angestrebte Kompetenzen	Hilfen, Selbsttests
12	**Mit Zähler programmieren**		
12.1	Parkhaus	– Funktionsblöcke-Zähler verwenden	Baugruppenzustand, Operandenbereich Archivdatei für STEP 7 Anlagenvisualisierung Selbsttest
12.2	Übung: Bandanlage	– Funktionsblöcke-Zähler verwenden – Programmentwurf mithilfe des GRAFCETs vertiefen	Baugruppenzustand, Operandenbereich Archivdatei für STEP 7 Anlagenvisualisierung
13	**Programmieren in der Ablaufsprache (AS) mit S7-GRAPH**		
13.1	Ablaufsprache S7-GRAPH (AS), Betriebsarten – Prägesteuerung	– Ablaufsteuerungen mit S7-GRAF programmieren – Verriegelung, Schrittüberwachung – Betriebsarten, Diagnose – Gefahrenabschaltung	S7-GRAPH Referenzdaten Selbsttest
13.2	Übung: S7-GRAPH – Rührwerk	– mit S7-Graph programmieren – Betriebsarten umschalten	Arbeitsblatt Lösung
14	**Wortverarbeitung, Datentypen und arithmetische Funktionen**		
14.1	Datentypen, Codierung, Zähler, Vergleicher – Positionieren	– Datentypen, Codierung – Wortverarbeitung – Zähler – Vergleichs-, Move-, Umwandlungs-Funktionen – Inkrementalgeber	Taktmerker Drehgeber Selbsttest
14.2	Übung: Zähler, Vergleicher – Ampelsteuerung	– Zeitgeführte Ablaufsteuerung mit Zähler programmieren – Variablentabelle: Ausgänge steuern	Hilfe: Taktmerker Hilfe: Multiinstanz Selbsttest 1 Selbsttest 2 Lösung: FUP ...
14.3	Datentypen, arithmetische Operationen – Positionsberechnung	– Datentyp REAL – Umwandlungs- und arithmetische Funktionen anwenden	Selbsttest
14.4	Übung: Datentypen, arithmetische Operationen – Thermoelement	– Datentyp REAL – Umwandlungs- und arithmetische Funktionen anwenden – AI-Baugruppe – Systemfunktion SFC46 benutzen	Thermoelement Selbsttest Lösung: FUP ...
14.5	anwenderdefinierter Datentyp, ARRAY, Datenbaustein	– anwenderdefinierten Datentyp, Datentyp ARRAY, Umwandlungs- und mathematische Funktionen anwenden – Datenbaustein, AI-Baugruppe	Lösung TIA-Portal
15	**Anlagenvisualisierung**		
	Visualisierung: Förderband	– PC oder ein Panel als Bediengerät mit WinCC fexible oder ProTool programmiert – DB erstellen und verwenden – PC als HMI	WinCC flexible-Kurzanleitung ProTool/Pro-Kurzanleitung WinCC flexible Runtime, PC als HMI

Lernsituationen		Angestrebte Kompetenzen	Hilfen, Selbsttests
16	**SCL- und AWL-Quellen**		
16.1	SCL- und AWL-Quellen bearbeiten und erstellen – Skalierung	– AWL-, SCL(ST)-Quelle benutzen – SCL-Code ergänzen – Baustein schützen – arithmetische Funktionen	Start-Simatic-Dokumentation-Deutsch-S7-SCL ... Selbsttest
16.2	Übung: AWL-Quelle bearbeiten – Tankanlage	– FB als AWL-Quelle bearbeiten – Baustein schützen	
16.3	Bibliotheksfähige FCs in SCL erstellen	– FCs in der Sprache SCL erstellen	Funktion 2 aus 3 Selbsttest
17	**Sprünge, Programmablaufplan und SCL**		
17.1	Sprünge, WORD-Operationen – Bahnkorrektur	– Programmablaufplan verstehen – Sprünge programmieren – WORD-Operationen – Variablentabelle benutzen	Selbsttest PAP und Struktogramme
17.2	Übung: Ablaufsteuerung mit Sprüngen – Mischanlage	– Ablaufsteuerungen mit Sprüngen programmieren	Selbsttest
17.3	Übung: SCL – Bahnkorrektur und Mischanlage	– Kontrollstrukturen in SCL, Sprünge durch IF... ELSIF ersetzen	
18	**Analogwertverarbeitung, digitale Software-Regelungen**		
18.1	Analogwertverarbeitung, Zwei-/ Mehrpunktregler – Siloanlage	– Analog Ein- und Ausgänge – Analogwertverarbeitung – Zwei-/Mehrpunktregler – Zustandsgraf verwenden	A/D-Einführung Zweipunktregler Zustandsgraf Selbsttest
18.2	Füllstandsregelung mit Abtastregler – Silo	– Digitale Regelung – Reglerbaustein benutzen – Weckalarm-OB benutzen – Regler parametrieren, optimieren	Selbsttest
18.2.1	Temperaturregelung mit Regelgliederbausteinen	– Digitale Regelung – Strecke mit Ausgleich, P-T2 – P-,I- und D-Verhalten – Regler selbst programmieren	Reglereinstellungen Selbsttest
18.2.2	Übung: Füllstandsregelung mit Abtastregler – Silo	– Strecke ohne Ausgleich – Regelung optimieren	Lösung...
18.3	Pulsweitenmodulation - Temperatursteuerung	– Bibliothek benutzen, OB35 – Pulsweitenmodulation verstehen	Selbsttest
18.4	Übung: Mehrpunktregler – Druckluftnetz	– Mehrpunktregler – Zustandsgraf verwenden	Arbeitsblatt, Lösung: FUP
18.5	FUZZY-Regler – Füllstandsregelung	– Fuzzy-Logik kennenlernen – Fuzzy-Regler	Arbeitsblatt

Lernsituationen		Angestrebte Kompetenzen	Hilfen, Selbsttests
19	**Netzwerke in der Automatisierungstechnik**		
19.1	Industrielle Kommunikation, Netzwerke – Grundlagen	– Grundbegriffe	Netzwerkzugriffsverfahren Fragen
19.2	Aktuator Sensor-Interface – ein Feldbus, Grundlagen	– Grundbegriffe AS-Interface	AS-I Geräte Fragen
19.3	Aktuator Sensor-Interface – Förderanlage	– Feldgeräte über AS-I verbinden, adressieren und programmieren – auf Datenbausteine zugreifen	Netzwerkzugriffsverfahren Globale Datenbausteine
19.4	PROFIBUS-DP, dezentrale Peripherie	– PROFIBUS-DP kennenlernen – Monomastersystem konfigurieren, aufbauen und testen – Fehlervermeidung, Diagnose, OB86- asynchrone Fehler	Buszugriffsverfahren Selbsttest
19.5	PROFIBUS-DP, Frequenzumrichter-Förderband	– Über den PROFIBUS-DP einen Frequenzumrichter steuern – OB86- asynchrone Fehler	MM4_Profibus-Bedienungsanleitung Selbsttest
19.6	PROFIBUS-DP, verteilte „Intelligenz“-Förderanlage	– SPSn über PROFIBUS-DP vernetzen – Alarm-OBs benutzen	Netzwerkzugriffsverfahren Selbsttest
19.7	Industrial Ethernet, PROFINET – Einführung	– Grundbegriffe	Selbsttest, Mindmap
19.8	Steuern und beobachten über das Ethernet – Förderband	– SPS über Ethernet im LAN einbinden – SPS über Web-Seite steuern und beobachten	IT.htm
19.9	Ethernet, PROFINET-IO, verteilte „Intelligenz“-Förderanlage	– PLCs übers Ethernet vernetzen – Transferbereiche verwenden	
19.9.1	Ethernet, PROFINET, verteilte „Intelligenz“-Förderanlage	– PLCs übers Ethernet vernetzen – BSEND, BRCV verwenden	
19.10	PROFINET IO, dezentrale Peripherie	– Dezentrale Peripherie mit PROFINET konfigurieren, – Diagnose, Webbased Management	Selbsttest
19.11	PROFINET-IO, dezentrale Peripherie und IO-Link	– dezentrale Peripherie mit PROFINET und IO-Link-Master konfigurieren – Diagnose	Selbsttest

Bildquellenverzeichnis

|stock.adobe.com, Dublin: Eisenhans Titel. |© Siemens AG: Schmitt, Karl 6.1, 6.2, 7.1, 9.1, 9.2, 9.3, 11.1, 11.2, 13.1, 14.1, 14.2, 15.1, 15.2, 16.1, 16.2, 19.1, 20.1, 20.2, 21.1, 21.2, 22.1, 22.2, 22.3, 25.1, 25.2, 26.1, 26.2, 26.3, 26.4, 28.1, 28.2, 29.1, 29.2, 30.1, 31.1, 31.2, 32.1, 32.2, 35.1, 35.2, 36.1, 36.2, 37.1, 37.2, 38.1, 39.1, 39.2, 40.1, 40.2, 41.1, 41.2, 42.1, 42.2, 42.3, 42.4, 43.1, 43.2, 45.2, 45.2, 45.3, 45.4, 45.5, 45.6, 46.1, 46.2, 47.1, 47.2, 48.1, 48.2, 48.3, 49.1, 49.2, 49.3, 49.4, 49.5, 49.6, 50.1, 50.2, 50.3, 52.1, 52.2, 52.3, 52.4, 52.5, 52.6, 53.2, 53.2, 53.3, 53.4, 53.5, 53.6, 54.1, 54.2, 54.3, 55.1, 55.2, 56.1, 56.2, 56.3, 56.4, 56.5, 57.1, 57.2, 58.1, 58.2, 58.3, 58.4, 58.5, 60.1, 60.2, 61.1, 61.2, 63.1, 63.3, 63.3, 64.1, 64.2, 64.3, 65.1, 65.2, 65.3, 66.1, 66.2, 66.3, 68.1, 68.2, 69.1, 69.2, 70.1, 70.2, 71.1, 73.1, 73.2, 73.3, 77.1, 77.2, 77.3, 77.4, 77.5, 78.1, 79.1, 79.2, 80.1, 80.2, 80.3, 81.2, 81.2, 81.3, 82.1, 83.1, 83.2, 85.1, 88.1, 88.3, 88.3, 88.5, 88.5, 89.1, 89.3, 89.3, 92.1, 93.1, 93.2, 93.3, 93.4, 94.1, 94.3, 94.3, 94.4, 94.5, 94.6, 94.7, 95.1, 95.2, 96.1, 96.2, 96.4, 96.4, 96.5, 96.6, 97.1, 98.2, 98.2, 98.3, 98.4, 98.5, 98.6, 99.1, 99.2, 99.3, 99.4, 99.5, 100.1, 100.2, 101.1, 101.3, 101.3, 101.4, 101.6, 101.6, 102.1, 102.3, 102.3, 102.4, 102.5, 102.7, 102.7, 104.1, 105.2, 105.2, 105.4, 105.4, 106.1, 106.2, 106.3, 106.4, 107.1, 107.3, 107.3, 107.5, 107.5, 108.1, 108.3, 108.3, 108.4, 109.1, 109.3, 109.3, 111.1, 111.2, 112.2, 112.2, 112.4, 112.4, 117.1, 117.3, 117.3, 118.1, 119.1, 119.2, 120.1, 121.1, 122.1, 122.2, 123.1, 123.3, 123.3, 124.1, 127.1, 128.1, 128.3, 128.3, 129.1, 129.2, 130.1, 130.2, 133.1, 134.1, 135.1.

Wir arbeiten sehr sorgfältig daran, für alle verwendeten Abbildungen die Rechteinhaberinnen und Rechteinhaber zu ermitteln. Sollte uns dies im Einzelfall nicht vollständig gelungen sein, werden berechtigte Ansprüche selbstverständlich im Rahmen der üblichen Vereinbarungen abgegolten.